돈 [money] 버는
유튜브
처음부터
제대로
만들기

초판 인쇄일 2018년 5월 14일
초판 발행일 2018년 5월 21일
2쇄 발행일 2018년 10월 30일

지은이 이영호
발행인 박정모
등록번호 제9-295호
발행처 도서출판 혜지원
주소 (10881) 경기도 파주시 회동길 445-4(문발동 638) 302호
전화 031) 955-9221~5 팩스 031) 955-9220
홈페이지 www.hyejiwon.co.kr

기획편집 박민혁
디자인 디자인상상
영업마케팅 김남권, 황대일, 서지영
ISBN 978-89-8379-961-6
정가 14,000원

이 도서의 국립중앙도서관 출판시도서목록(CIP)은 서지정보유통지원시스템 홈페이지(http://seoji.nl.go.kr)와 국가자료공동목록시스템(http://www.nl.go.kr/kolisnet)에서 이용하실 수 있습니다.(CIP제어번호 : CIP2018013440)

돈 [money] 버는 유튜브 처음부터 제대로 만들기

이영호 저

혜지원

유튜브에서 돈 버는 1인 방송, 영상(영화), 케이팝, 전자책

유튜브 1인 제작자가 매월 대기업 연봉에 버금가는 수입을 번다?

그런데 제대로 알려 주는 도서가 없다?

해외의 고수익 유튜브 채널 사용자들은 연간 수백억 원의 수익을 올리면서 스타가 되고 속칭 '재벌' 대열에 착착 올라서는 중이다. 국내에선 아프리카TV로 촉발된 인터넷 방송 콘텐츠가 모바일 시대의 새로운 직업 영역으로 각광받으면서 많은 젊은이들이 관심을 갖고 뛰어드는 중인 데 비해 일찌감치 유튜브로 시장 진입을 이룬 해외에서는 본격적인 산업으로서 성장하는 중이다.

그런데 시중엔 이런 폭발적인 관심을 충족시켜 주고 니즈(needs)를 해소해줄 마땅한 가이드북이 없다. 청소년들이 원하는 인터넷 방송 하는 법, 대학생들이 원하는 유튜브 채널 만들기에 대한 책이 전무하다. 그뿐만이 아니다. 자영업자들이나 기업체들이 눈여겨 보는 모바일 광고 만들기에 대한 책도 없다. 사람들은 하루가 다르게 스마트폰에 빠지고 인터넷에 더욱 몰두하지만 수요를 뒷받침해줄 관련 도서가 전무한 셈이다.

이는 다방면에 대해 해박한 전문지식을 가진 전문가의 부재가 원인이기도 하다. 노래면 노래, 전자책이면 전자책, 영화면 영화에만 치중하는 전문가는 많지만 모바일 환경에 특화된 콘텐츠로서 영화와 전자책, 노래 콘텐츠를 만드는 방법을 두루 섭렵한 전문가는 거의 찾아보기 어려웠던 탓이다.

그래서 이 책이 필요하다.

필자는 국내에 스마트폰이 본격적으로 보급될 무렵부터 스마트폰으로 촬영한 영상을 만들어 선보였다. 그 영상이 국내 최초의 스마트폰 영화가 되어 TV에도 출연했고, 노래 한 곡이 세계를 휩쓸 시기에는 컴퓨터 한 대로 케이팝을 만드는 방법을 소개했다. 이뿐 아니다. 이제는 책 쓰기 열풍에 발맞춰 누구나 손쉽게 전자책 만들기까지 공개한다. 영화와 노래, 전자책까지 두루 섭렵한 저자이기에 이번에 제대로 된 유튜브 채널 만들기를 소개하려는 이유다.

스마트폰으로 만든 영화를 국제영화제에 출품하였고, 컴퓨터와 스마트폰으로 만든 케이팝과 뮤직비디오로 유튜브에서 채널을 운영했다. 뿐만 아니라 작가로서 전자책 만들기 과정을 포함하여, 1인 콘텐츠 제작자가 벌 수 있는 수입의 종류와 전략까지 골고루 공개했다.

이 책 '돈 버는 유튜브 처음부터 제대로 만들기' 한 권만 있으면 1인 콘텐츠 제작자로서 1인 방송뿐만 아니라 영상(영화), 노래, 전자책까지 만드는 방법을 알게 되고 유튜브에서 수익을 올리는 방법까지 배울 수 있다고 자부한다.

이영호

차 례

Contents

Contents

3장   케이팝(노래) 콘텐츠 만들기   ▶▶▶

Contents

Contents

1

장 돈 버는 유튜브 처음부터 제대로 만들기

유튜브는 세계 최대 동영상 공유 사이트로 인기를 얻고 있다. 물론, 유튜브 외에도 다양한 동영상 사이트가 있는데, 인터넷에서 가장 많이 알려진 곳이 유튜브이고, 유튜브 서비스를 운영하는 모기업이 구글이라는 점을 감안하여 본 책에서는 유튜브를 위주로 소개한다.

1인 제작자들이 수입을 올리는 유튜브(www.youtube.com)에 대해 알아보면서 동영상 콘텐츠를 만들고 노래를 만들어 유튜브 채널에 올리는 방법을 소개한다. 또한, 네이버 등의 포털 사이트에 업로드한 동영상이 검색 결과에서 어떻게 표시되는지 알아보고 동영상 노출에 유용한 파일 이름에 대해 살펴보도록 하자.

  유튜브 계정 만들고 올리기

1. 계정 만들기

유튜브에는 이미 많은 영상들이 올라와 있는데, 인기 스타나 TV 드라마, 혹은 완성도가 높은 영상들의 경우 구글(www.google.com)에서 각 콘텐츠 제작사와 제휴 관계를 맺고 콘텐츠를 공급받는 경우가 많다. 구글에서 각 콘텐츠 제작사가 만들어 올리는 콘텐츠를 유튜브에 등록하고 그에 대한 수수료를 지급하는 방식이다.

그럼 나만의 영상을 만들어서 조회 수를 높이고 많은 사람들에게 알릴 방법에는 뭐가 있을까? 전문적인 기업들이나 사람들보다 내 콘텐츠가 경쟁력을 갖추려면 어떤 전략을 써야 할까? 이제부터 하나씩 알아보도록 하자.

먼저 유튜브 채널 만들기를 위해 유튜브에 회원으로 가입하자.

[본격적으로 들어가기 전에]

왕초보의 유튜브 채널 만들기를 위해 처음부터 하나씩 순서대로 설명함을 밝힌다. 어느 정도 컴퓨터를 사용할 수 있는 독자들에겐 다소 따분할 수 있는 내용이겠지만 '왕초보까지 배려한다'는 마음가짐으로 널리 양해해주시기를 부탁드린다. 그리고 본문 설명에 사용된 채널 만들기 화면들은 불변의 것이 아니므로 독자가 이 책을 읽는 시점에 따라 설명에 인용된 화면이 다를 수 있음도 밝혀 둔다.

1) 아이디, 비밀번호 정하기

유튜브 사이트에서 '로그인'을 누르면 '로그인' 단계로 이동한다. '로그인' 화면 아래에 있는 '계정 만들기'를 누르고 유튜브 회원으로 가입한다.

유튜브 채널
만들기 (1)-a

이름과 gmail(www.gmail.com)을 사용하는 경우 gmail 주소를, 아니라면 자신이 사용하는 이메일 주소를 입력한다. 자동가입 방지를 위한 단어를 입력하고 지역 설정까지 마친 후 약관에 동의하면 가입신청 절차가 완료된다.

이제 만든 아이디와 비밀번호로 유튜브에 로그인 해보자.

유튜브 첫 화면이 표시된다.

첫 화면 오른쪽 위에 있는 계정을 클릭하면 제작자 스튜디오로 이동할 수 있다.

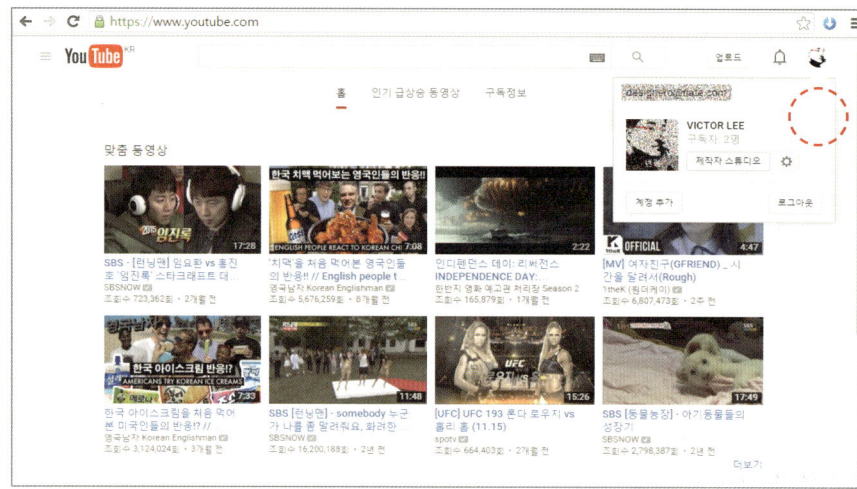

유튜브 채널
만들기 (1)-b

제작자 스튜디오 버튼을 선택해 보자.

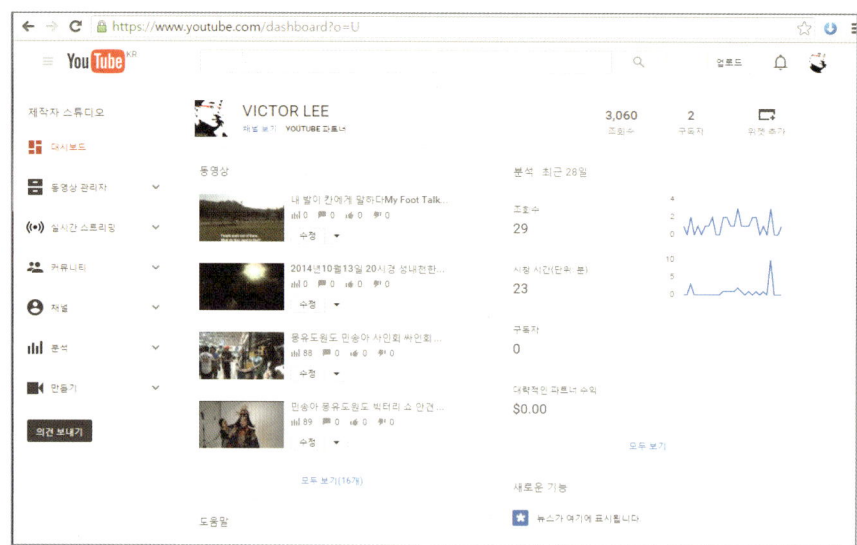

유튜브 채널
만들기 (2)

유튜브에 계정이 생긴다. 업로드한 동영상 목록이 표시되고 동영상들에 대해 일정 시점
의 조회 수, 시청 시간, 구독자 수, 예상 총수익이 표시되는 것을 볼 수 있다. 한 사람이

여러 채널을 만들어서 활동할 수 있는데, 본문에서는 유튜브 채널 초보자를 위해 필자의 비활성 채널을 예로 들었다.

이제, 동영상을 올릴 수 있으며, 다른 사용자들에게 내 동영상을 노출하고 조회 수에 따라서 광고 이익을 얻을 수도 있다. 유튜브 계정 사용 방법에 대해 조금 더 알아보도록 하자.

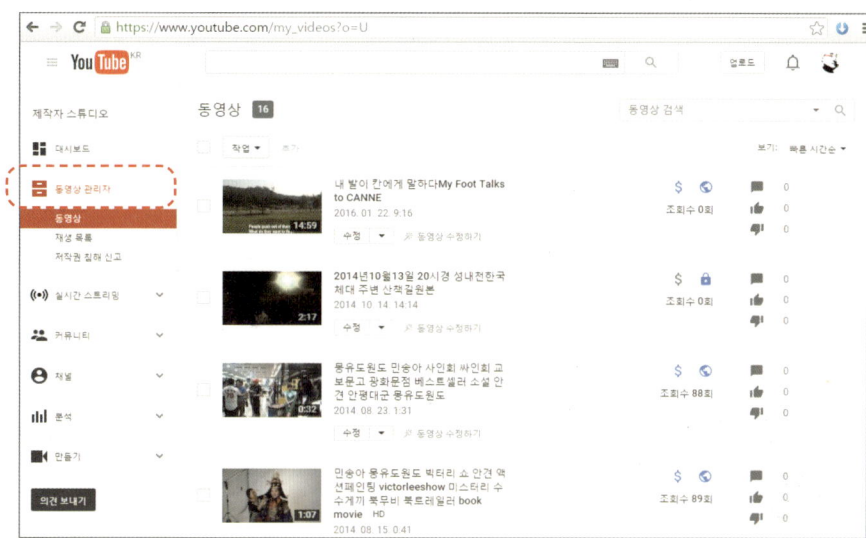

유튜브 채널
만들기 (3)

위 화면에서 왼쪽 위에 동영상관리자 표시를 마우스로 누르면 기본 메뉴가 표시된다. 내가 즐겨찾기 한 동영상 목록이나 나중에 볼 동영상, 좋아하는 동영상 목록 등이 표시된다.

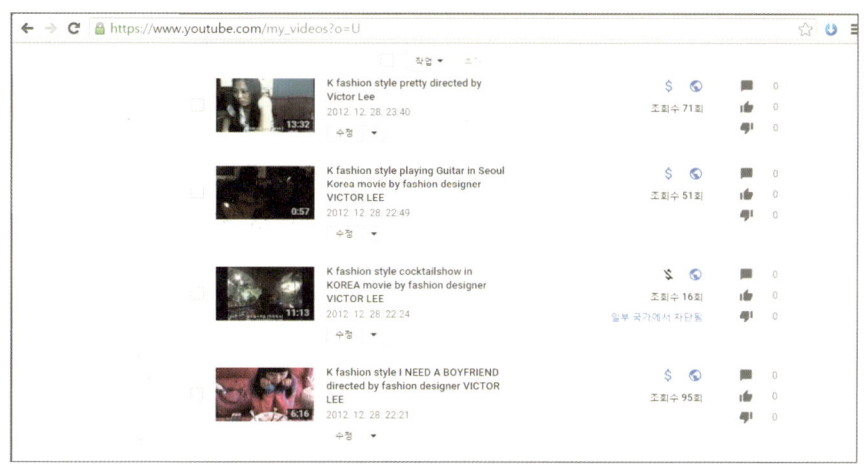

유튜브 채널
만들기 (4)

동영상 목록마다 조회 수, 예상 수익, 추천 수 등이 표시된다. 일부 동영상은 내용에 따라 일부 국가에서 차단될 수도 있다는 내용을 볼 수 있다.

2) 대시보드

[대시보드]는 내가 만든 유튜브 채널의 홈 화면이다. 이곳에서는 다른 이의 동영상을 '피드(feed)'받거나 내가 올린 동영상을 관리하는 등 여러 기능을 수행할 수 있다. 필자가 만든 동영상을 올려 두어 동영상 목록에 표시되도록 해 두었다.

유튜브 채널
만들기 (5)

3) 동영상 관리자

[동영상 관리자]는 새로운 동영상을 업로드하거나 기존에 올린 동영상을 관리하는 기능인데, 최근 본 동영상, 동영상 검색기록, 나중에 볼 동영상 등을 설정할 수 있다.

'동영상'을 관리할 때는 해당 동영상을 체크하고 '작업'을 누른다.

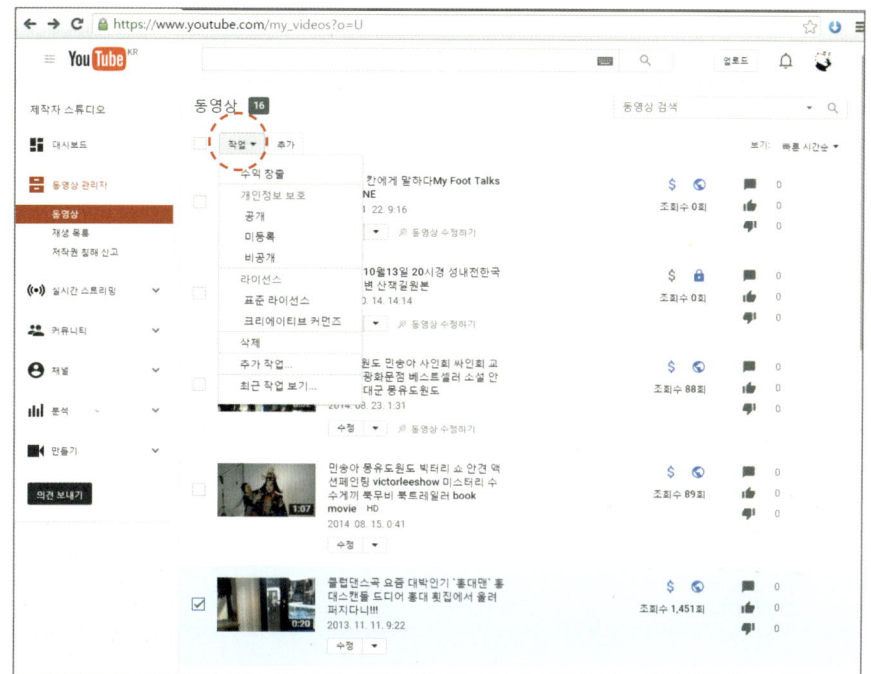

유튜브 채널
만들기 (6)

[추가 대상] 메뉴를 통해 '즐겨찾기'나 다른 메뉴로 이동시키는 방식으로 설정하고, [작업]
메뉴를 사용해서 공개 여부를 결정하거나 등록을 하지 않을 수도 있다.
동영상이 많을 경우에는 새로 올린 순서대로 노출하거나 올린 시간별, 가장 많이 조회
된 순서 등의 방식으로 살펴볼 수 있다. 각 동영상 별로 댓글을 조회하고 조회한 사람들
의 통계를 파악할 수도 있다.

4) 추가 작업

[작업] 기능에서 [추가 작업]을 클릭하면 해당 동영상을 관리하는 세부 설정이 표시된다.
'광고 형식'을 클릭하면 동영상 수정 기능에서 광고 형식을 설정하는 추가 작업이 표시
된다. 이처럼 [추가 작업] 메뉴에서는 기존 동영상에 대해서도 얼마든지 다양한 작업을
설정할 수 있다.

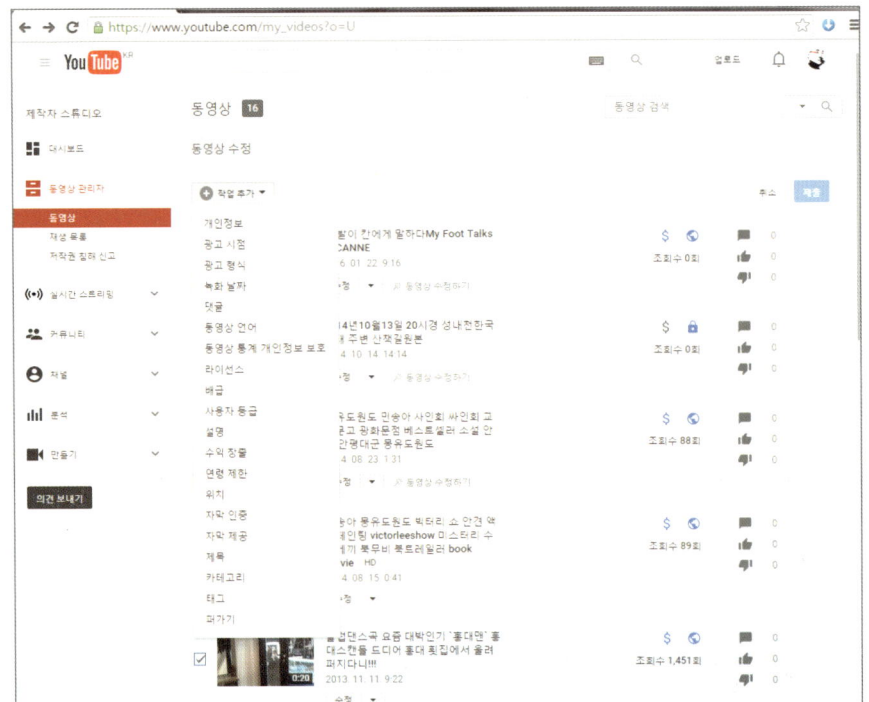

유튜브 채널
만들기 (7)-a

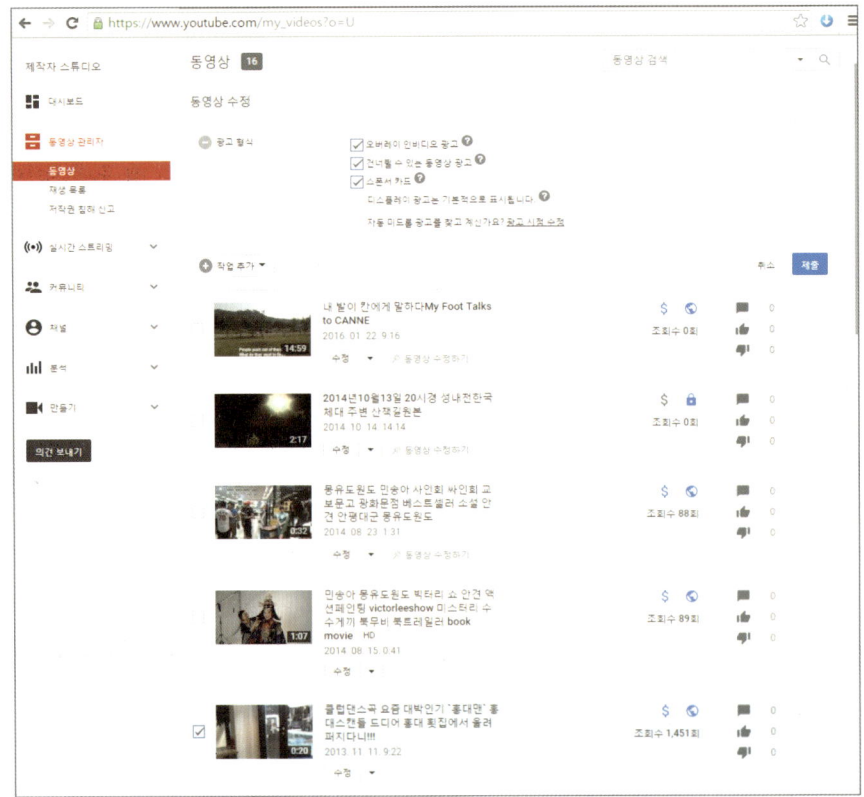

유튜브 채널
만들기 (7)-b

5) 커뮤니티

[커뮤니티] 메뉴에서는 동영상 콘텐츠를 기준으로 다른 사용자들과 주고받은 메시지를 관리할 수 있다. 동영상에 달린 댓글을 확인하거나 주소록을 설정해서 다른 사용자에게 동영상 소식을 전달할 수도 있다.

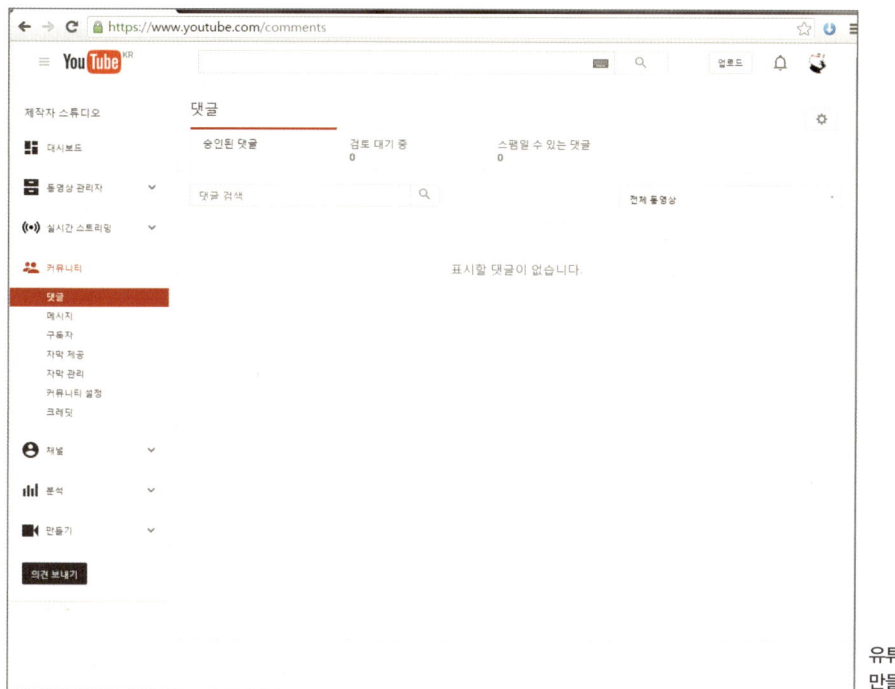

유튜브 채널
만들기 (8)

6) 채널

[채널] 메뉴에서는 계정 개인정보를 관리한다. 프로필을 설정하거나 개인정보보호 관리가 가능하다. 유튜브 계정에서 애드센스 계정을 관리하거나 프로모션 동영상으로 동영상을 홍보하는 것에 대해 알아볼 수 있는데, 이는 유튜브에 동영상을 올리는 데 그치는게 아니라 내가 올린 동영상을 다른 사용자들이 구경할 수 있도록 유튜브 내에서 다시홍보할 수 있다는 뜻이다.

유튜브 채널
만들기 (9)

[채널] 페이지에서 눈여겨 봐야 할 부분 중에 하나로 [파트너(확인)]가 있다. 파트너 확인
은 전화 통화 및 인증코드 입력으로 이루어지며, 실제 사용자인지 확인하는 과정이다.
파트너 확인이 이루어지면 유튜브 채널에서 지원하는 다양한 서비스를 사용할 수 있으
므로 유튜브 채널 사업자라면 반드시 확인해 두도록 하자.

7) 실시간 스트리밍

유튜브 채널 만들기
스트리밍

[실시간 스트리밍]은 메뉴의 순서상으로는 '동영상 관리자'와 '커뮤니티' 사이에 있지만 나중에 설명한 이유는 '실시간 방송 채널'이기 때문이다. 생각해 보자. 유튜브 채널 사업자가 되면서 동영상을 만들어 편집해서 업로드하는 작업만 할 것인가, 아니면 실시간 방송으로 채널을 사용할 것인가?

장점은 있다. 살아있는 채널이란 이미지를 만들 수 있고 유튜브 사용자들과 더 긴밀한 친밀도를 구축할 수 있다. 정보를 전달하는 방식도 즉각적이고 직관적이기에 생생한 현장감까지 추가된다. 다만, 유튜브 채널 만들기에서는 왕초보를 배려해야 하므로, 유튜브 채널에 숙달되고 나서 실시간 스트리밍을 시도하기를 추천한다.

8) 분석

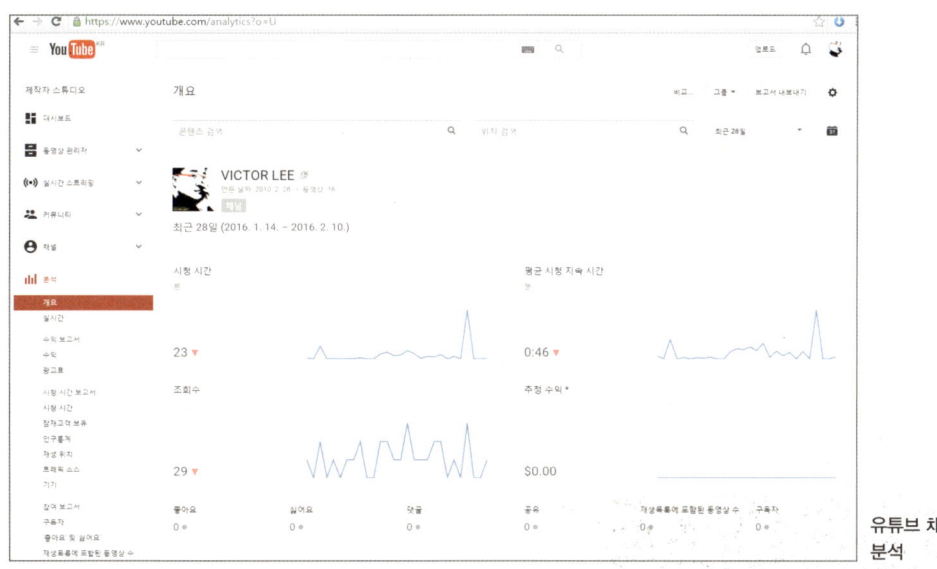

유튜브 채널 만들기
분석

[분석] 메뉴에서는 동영상의 시청 시간, 조회 수, '좋아요' 추천 수, 상위 10개 동영상 순위 등 세세한 동영상 관리 정보에 대한 통계 수치를 확인할 수 있다. 어떤 동영상을 올렸을 때 조회 수가 높은지, 어떤 내용일 때 평균 시청 시간이 늘어나는지 등, 동영상 관리 기능에서 핵심적인 자료를 확인할 수 있다.

또한 내가 올린 동영상을 어느 나라에서 많이 보는지, 남자와 여자 중 누가 많이 보는지도 표시되며, 트래픽은 유튜브 내에서 이루어지는지, 아니면 다른 사이트에서 링크를 타고 오는지도 확인할 수 있다.

9) 만들기

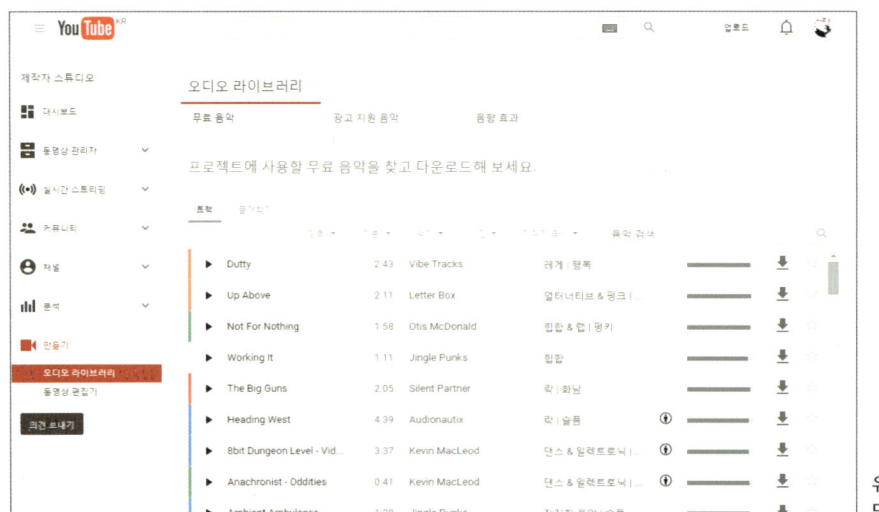

유튜브 채널
만들기 (10)–a

[만들기] 메뉴에서는 동영상 및 오디오 편집을 할 수 있고, 내 동영상에 올릴 수 있는 무료 음악까지 고를 수 있다. 음향 효과를 주어 동영상의 시청 재미를 높일 수 있다.

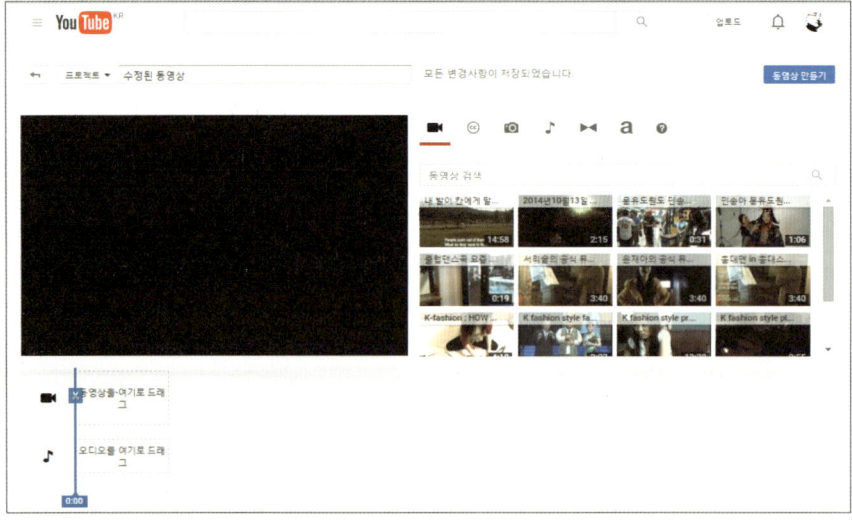

유튜브 채널
만들기 (10)–b

동영상 편집 시에는 더욱 다양한 설정이 가능한데, 기존 업로드된 동영상을 불러와서 사진 추가, 음악 추가, 저작권 표시, 화면 전환 추가, 제목 추가 등을 할 수 있다. 가령, 동영상을 업로드하고 뭔가 수정하고 싶을 때 기존 동영상을 지우고 새롭게 편집해서 다시 올려야 하는 수고를 덜 수 있다.

2. 내 채널에 동영상 올리기

자, 이제 유튜브에 동영상을 올리는 방법에 대해 알아보자.

1) 업로드

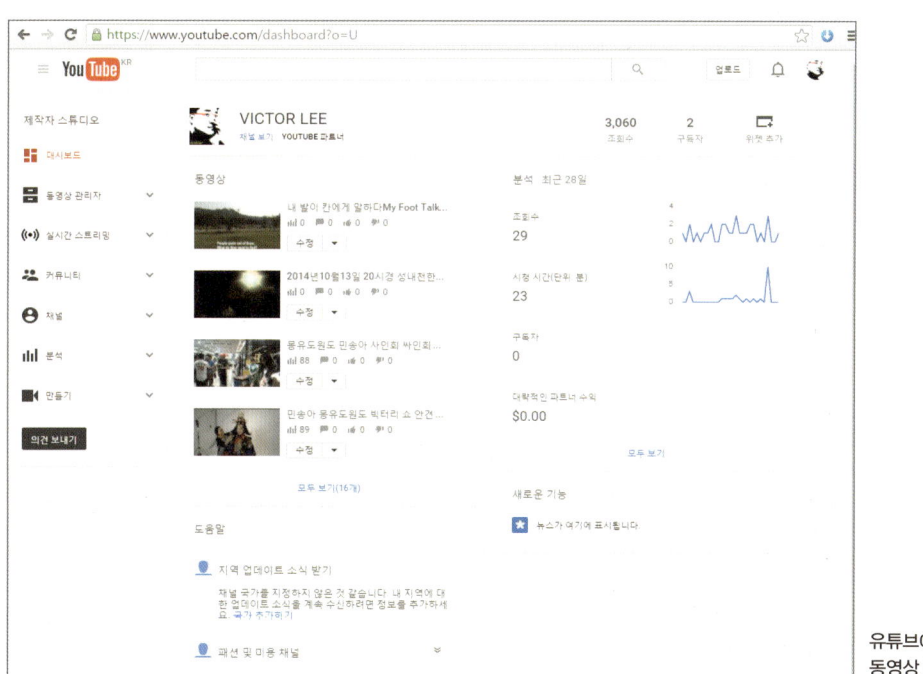

유튜브에
동영상 올리기(1)

사용자 계정이나 유튜브 로그인 첫 페이지에서 **[업로드]** 메뉴를 누르면 시작된다.

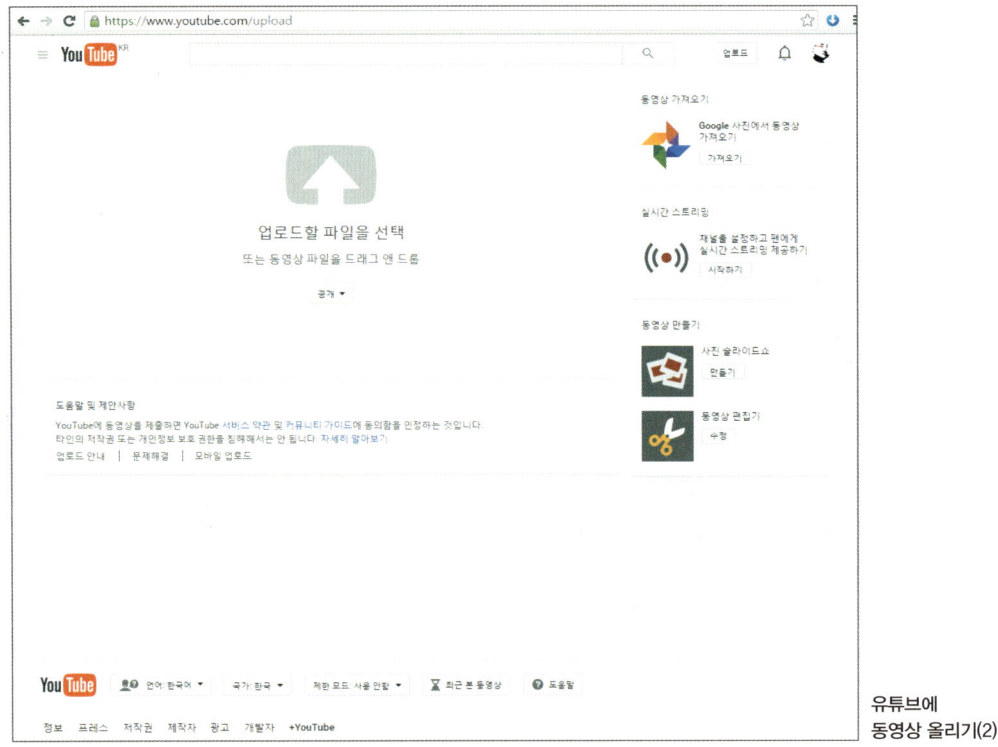

유튜브에
동영상 올리기(2)

유튜브에 동영상 업로드 페이지가 나타났다. 동영상을 올리는 방법은 **[컴퓨터에서 파일 선택]** 메뉴를 통해 저장된 파일을 올리는 방법과 웹캠(웹 카메라)을 통해 동영상을 촬영하면서 녹화하고 해당 영상을 바로 올리는 방법이 있다. 여러 개의 동영상을 동시에 올리려면 'Ctrl' 키를 누른 상태에서 동영상 파일들을 선택하면 된다.

유튜브에 올릴 수 있는 동영상은 HD 화질의 동영상으로 15분 정도의 분량이다. 용량을 더 늘리면 20G 분량의 동영상으로 최대 12시간 길이의 동영상을 업로드할 수 있다.

다만, 유튜브에 재생시간이 더 긴 동영상을 업로드하려는 경우엔 권한을 확보해야 하는데 유튜브 커뮤니티 가이드를 기준으로 문제가 없는 계정이어야 하고, 사용자가 휴대전화로 계정을 확인해야 하며, 해당 계정의 콘텐츠에 대해 ID 차단 조치를 받은 경력이 없어야 한다는 전제 조건이 붙는다.

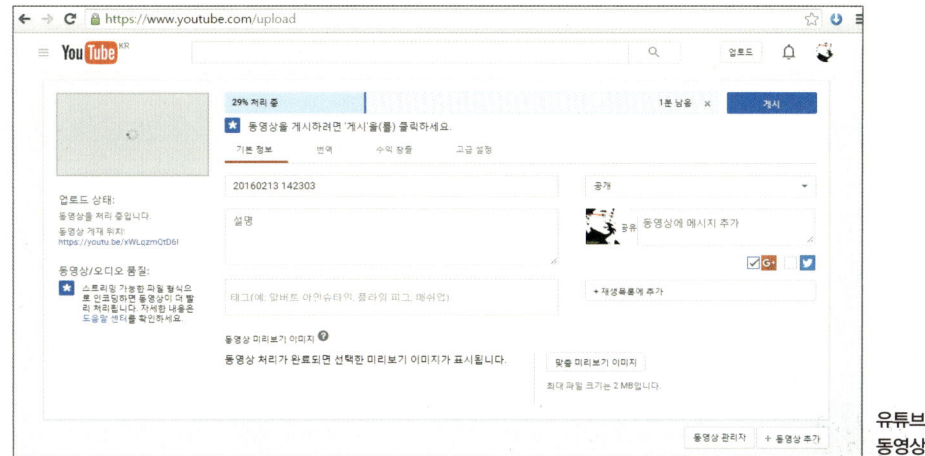

유튜브에
동영상 올리기(3)

필자가 촬영한 샘플 영상을 유튜브 채널에 올리는 과정이다. 스마트폰으로 촬영한 영상
이고 파일 확장자는 mp4이다.

2) 컴퓨터에서 파일 선택

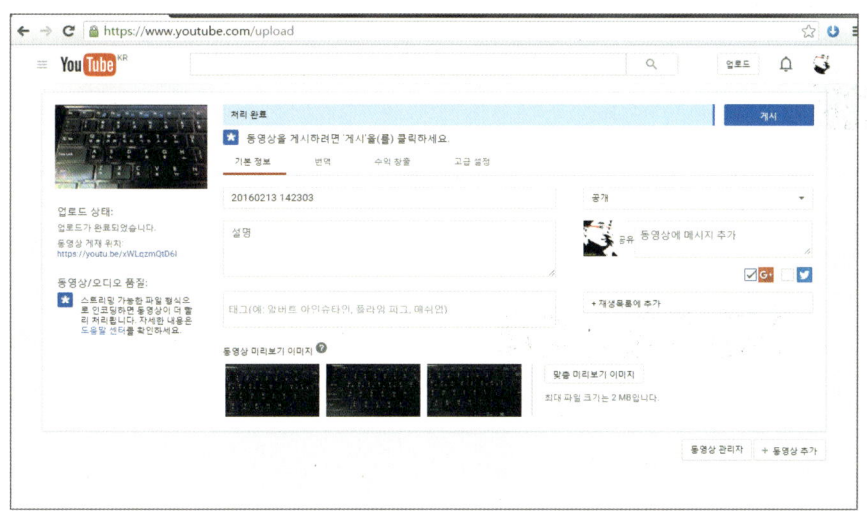

유튜브에
동영상 올리기(4)

[컴퓨터에서 파일 선택] 메뉴를 누르고 컴퓨터에서 동영상을 선택하면 업로드 과정이 진
행된다.

3) 제목, 설명, 태그

동영상 업로드가 완료되면 동영상의 URL 주소가 '동영상 게재 위치'로 화면 왼쪽에 자동으로 설정되고, 해당 영상에 대해서 [제목], [설명], [태그]를 입력하게 된다. 동영상 콘텐츠는 카테고리를 지정하고, 개인정보보호 설정에서 [공개], [미등록], [비공개] 중에서 선택한다. 영상의 첫 화면으로 쓰일 미리 보기 이미지도 고르도록 한다.

유튜브에
동영상 올리기(5)

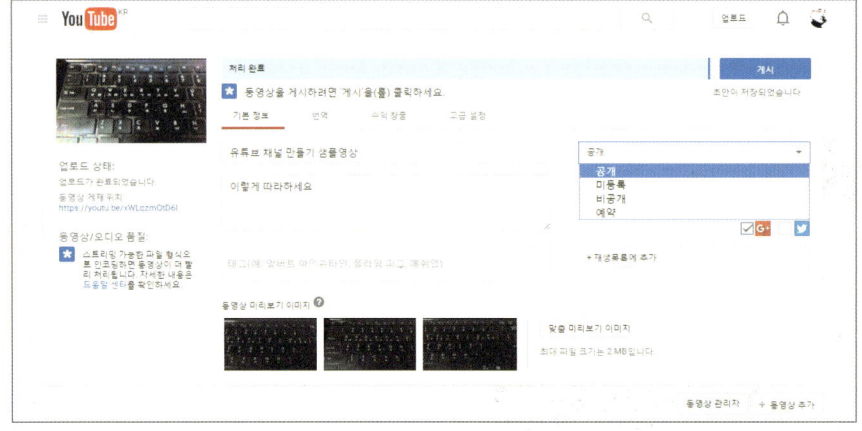

유튜브에
동영상 올리기(6)

4) 번역, 수익 창출, 고급설정

업로드한 동영상은 공개 또는 비공개, 미등록, 예약 등을 설정하거나, 소셜 네트워크 서비스(SNS)를 통해 공유할 수 있다. 트위터와 구글플러스를 비롯하여 다른 서비스에도 동영상 업로드 정보를 보낼 수 있다.

[번역] 메뉴에서는 내가 올린 동영상의 타이틀 제목 등을 번역하며, 번역된 제목으로 다른 나라에 게시할 수도 있다.

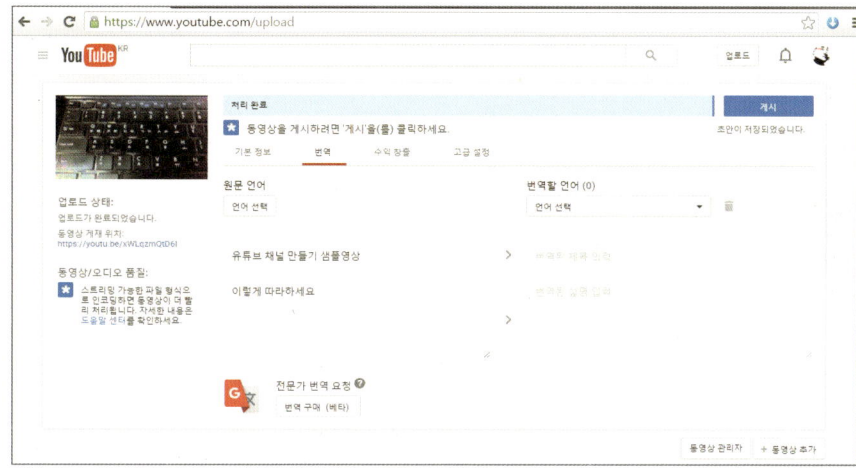

유튜브에
동영상 올리기(7)

[수익 창출] 메뉴는 내가 올린 동영상에 광고를 게재하고 설정하는 기능이다. '광고로 수익 창출' 메뉴를 활성화하면 그 아래에 내가 선택할 수 있는 광고 형태가 표시된다.

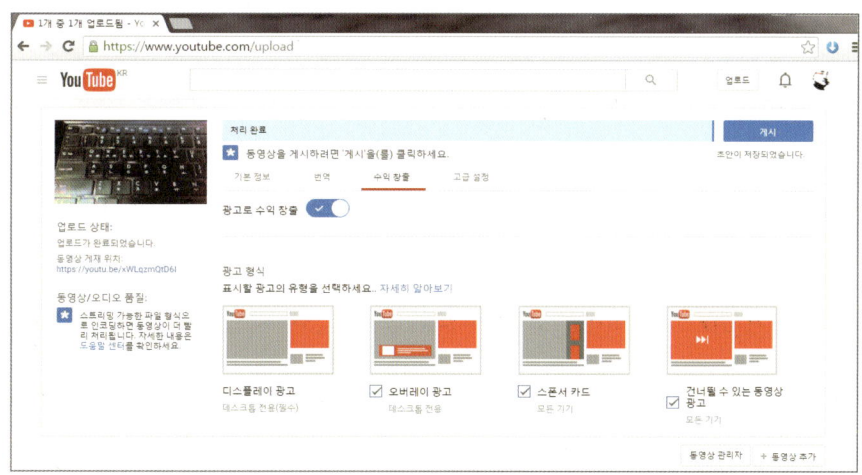

유튜브에
동영상 올리기(8)

[고급 설정] 메뉴는 동영상을 배급할 플랫폼 선택부터 퍼가기를 허용할 것인지, 구독자에게 알릴 것인지, 연령 제한을 둘 것인지 등, 세부적인 동영상 게시 조건을 설정하는 곳이다.

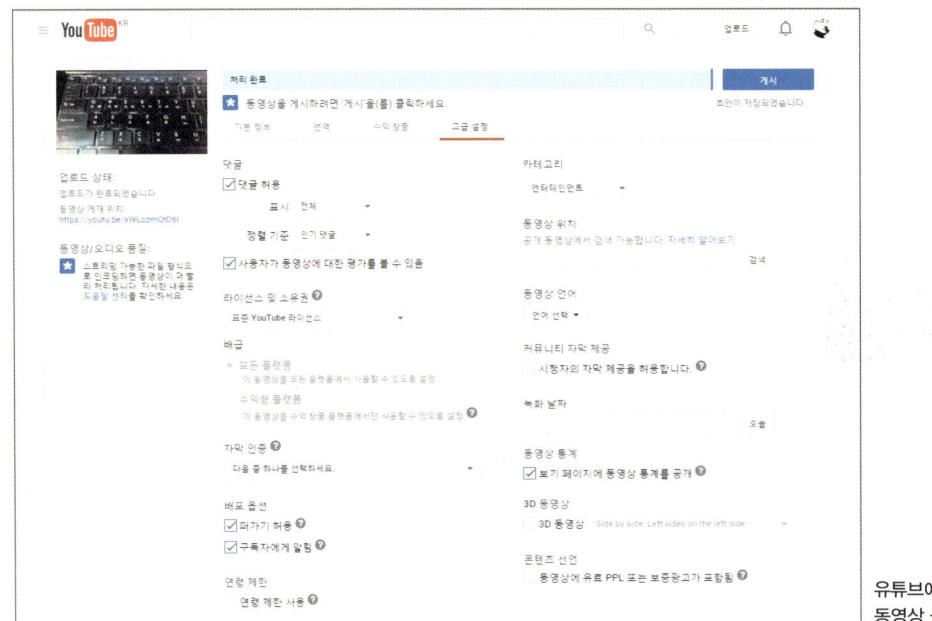

유튜브에
동영상 올리기(9)

동영상 업로드와 설정이 마무리되면 [게시] 메뉴를 눌러서 유튜브 채널에 표시되도록 한다. [게시]를 누르면 [완료]로 바뀌며 메뉴가 비활성화된다.

5) 특수효과

[수정] 메뉴를 누르면 내가 올린 동영상에 다양한 효과를 줄 수 있는데, [오디오], [특수효과], [정보 및 설정], [카드], [자막] 등을 추가할 수 있으며, 해당 특수효과를 바로바로 수정할 수도 있다.

유튜브에
동영상 올리기(10)

업로드한 동영상이 '동영상 관리자'에 표시되었다. 만약, 동영상을 삭제할 경우에는 **[수정]**에서 '삭제'를 누르거나 **[동영상 관리자]** 페이지에서 해당 동영상을 클릭하고 **[작업]** 메뉴를 열면 '삭제' 기능이 표시된다.

6) 동영상 수정하기

동영상 관리자에서 **[수정]** 메뉴 옆에 있는 '동영상 수정' 메뉴를 선택하면 손떨림 보정 같은 수정이 가능하다.

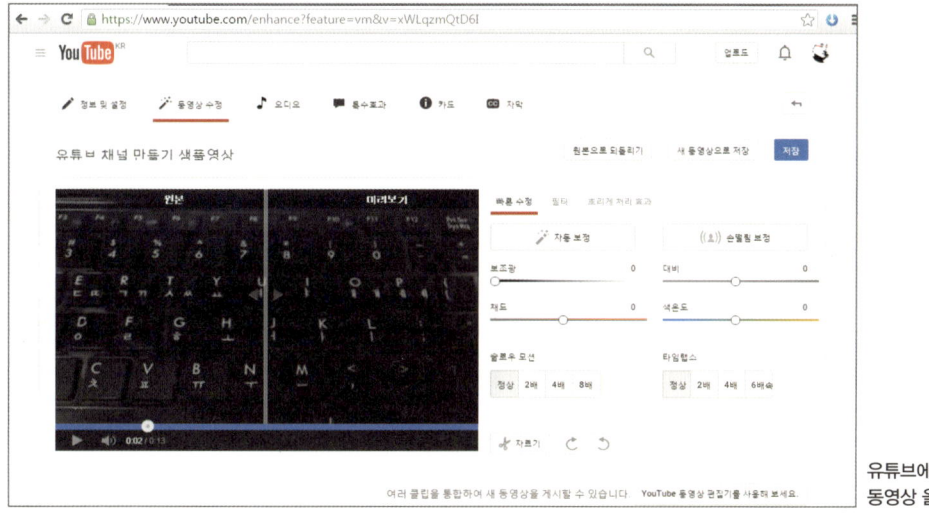

유튜브에
동영상 올리기(11)

1-2 유튜브 1인 방송의 전략과 수익

1. 유튜브 1인 방송 : 절대 고수의 팁

유튜브 채널에 로그인하고 크리에이터스튜디오로 가보자. 좌측 중간쯤에 [스트리밍] 메
뉴가 보이는데, 이곳이 바로 유튜브 채널 방송 기능이다.

일반 컴퓨터 사용자일 경우 방송을 위한 '웹캠'을 준비하자. 노트북 컴퓨터 사용자라면
따로 웹캠이 필요 없고 노트북 컴퓨터에 내장된 카메라로 방송할 수 있다. 스마트폰 사
용자일 경우엔 한층 간단하다.

1) 방송하기

유튜브 스트리밍

메뉴에서 [시작하기]를 누르면 본인 인증을 거쳐 '실시간 스트리밍(방송)'이 시작된다. 필
자가 사용하던 방송 화면을 참고하도록 하자.

1인 방송
진행 장면

그런데 사실 실시간 방송이란 게 누구나 쉽게 시작할 수는 있지만 생각만큼 쉬운 건 아니다. 웹캠을 준비하거나, 노트북 컴퓨터로, 스마트폰으로 방송 시작하기 메뉴만 누른다고 해결되는 건 아무것도 없다.

왕초보라면 어떨까?

마이크를 찾는 것조차 힘들 수 있다. 어디에 대고 이야기를 해야 하는지? 누구랑 이야기할지? 내 방송을 보는 시청자들은 왜 안 보이는지? 내 방송 홍보는 어디에 할지? 이런저런 문제들이 드러난다.

도대체 어떻게 해야 할까?

나도 남들처럼 인기 방송 BJ가 되어 돈도 벌고 싶은데 '방송 시작하기'를 눌렀다고 되는 건 아무것도 없다는 사실을 곧 알게 된다. 그렇다고 해서 요즘 '잘 나가는 1인 방송'을 하지 않는다는 것도 문제!

하나씩 알아보면서 인기 방송진행자가 되어보자.

그리고 명심하자. 이 세상 누구라도 처음부터 1인 방송 진행자로 태어난 사람은 없다는 사실을! 나도 할 수 있다는 마음가짐이 제일 중요하다.

2) 절대 고수의 팁

인터넷 방송 초창기 시절인 2008년 무렵 필자가 실시간 시청자 수 9만 명과 함께 생방송으로 노래경연부터 퀴즈게임 등, 여러 가지 방송 콘셉트를 진행해 보고 시청자 반응을 통해 얻은 결과를 공개한다. 물론 수년 간의 경험치를 짧은 페이지 몇 장에 모두 다 공개할 수는 없다. 그러나 방송 초보자들에게 필요한 핵심적인 전략은 공유가 가능하리라고 본다.

a. 방송 콘셉트

1인 방송도 방송이다. 콘셉트가 중요하다.
어떤 내용으로 방송을 진행할 것인지 먼저 정해야 한다. 타고난 말빨? 그런 건 중요하지 않다. 방송용 대본을 만들어서 읽기만 해도 된다.

시청자들은 각양각색 천차만별이다. 100명의 시청자가 있다고 해서 그들 모두가 내 방송을 들어야 할 이유는 없다. 100명 가운데 내 방송을 좋아하는 사람만 있으면 된다. 처음부터 큰 욕심은 금물이다. 방송을 시작하다 보면 한두 명으로 시작한 시청자가 점차 늘어난다.

먼저 방송 콘셉트가 교육인지, 정치 이야기인지, 외국어 공부인지, 먹방인지 등을 정한다. 남들이 잘하고 시청자들이 많은 방송을 따라 하는 건 금물이다. 사람들이 좋아할 만한 걸 나도 하겠다는 것 또한 추천하지 않는다. 내가 좋아하고 내가 제일 잘할 수 있는 내용으로 구성하는 게 정답이다. 책 읽어주기를 좋아하는가? 그렇다면 책 읽어주는 내용으로 1인 방송을 진행하자. 중요한 건 한두 번 하고 마는 게 아니다. 계속 꾸준히 하는 게 제일 중요하다.

- 내 방(스튜디오) 꾸미기 전략
방송은 스튜디오에서 한다.
스튜디오라고 해서 우리가 생각하는 거창한 공간(?)만 있는 것은 아니다. 카메라를 통해 화면에 보이는 공간이 스튜디오다. 작게는 내 방도 스튜디오가 되고, 거리에서 방송할 경우엔 거리가 스튜디오가 되는 식이다.

그래서 스튜디오를 꾸미는 게 중요하다.

"방송은 솔직함이 매력 아닌가요? 있는 그대로 보여주면요?"

그게 당신의 전략이라면 그렇게 해도 좋다. 하지만 그 전에 '방송 = 이미지'라는 걸 기억하자. 방송이 왜 이미지인지 이해하기 어렵다면 당신이 좋아하는 연예인을 떠올려 보자. 그 연예인에 대해 당신은 어떤 이미지를 갖고 있는가? 그 연예인을 실제로 만난 일이 있는지? 알고 지내는 사이인지? 대다수의 경우, 당신은 그 연예인에 대해 방송을 통해 알게 된 게 전부일 것이다. 그렇다면 당신이 아는 건 그 연예인이 방송으로 보여준 이미지가 전부라는 얘기다.

이게 바로 방송 = 이미지가 되는 이유다. 당신이 방송을 한다는 건 시청자들을 많이 모아서 당신 이야기를 들려주겠다는 것과 같다. 시청자들이 많이 모이게 하려면 사람들이 좋아하는 이미지를 찾아 내고 당신이 그 이미지가 되어야 한다. 가령, 사람들이 '유쾌한 사람'을 생각할 때 당신이 그들의 생각 속에 있어야 한다는 이야기다. 그러면 사람들이 당신을 기억하고 찾아온다. 그게 이미지다.

"방송 = 이미지인데, 스튜디오를 꾸민다는 건 무슨 소리인가요?"

대부분의 사람들(시청자들)은 당신을 모른다. 당신이 어떤 사람인지 알지 못한다는 것. 그들이 당신을 처음 만나는 곳은 그들의 화면 속에서다.

그들이 당신에 대해 알려면 어떻게 해야 할까? 그들은 당신 방송을 보면서 화면 속에 비춰지는 모든 것을 당신 이미지에 적용시키려고 할 것이다. 지적인 이미지로 보이고 싶다면 방송 화면 속에 책꽂이나 책장이 보이게 하자. 귀여운 이미지로 보이고 싶다면 인형이나 캐릭터 상품들을 갖다 놓는 것도 방법이다. 이렇듯 스튜디오를 꾸민다는 건 당신 이미지를 만드는 것이다.

1인 방송 스튜디오
내부

– 주제 정하기 전략

방송을 시작하면 시청자들과 나누는 실시간 대화가 중요하다. 어떤 사람들은 시청자들과 대화하겠다고 하면서 아무런 준비를 하지 않는데, 그건 바람직한 자세가 아니다. 대화를 쉬지 않고 이어나갈 수 있는가? 아니다. 대화는 대부분 끊기기 마련이다.

"대화가 없을 땐 음악을 틀어주면 되지 않을까?"

그러다 보면 당신 방송은 어느새 대화가 없는 음악방송이 될 게 분명하다.

따라서 반드시 주제를 정해 두자.

오늘은 A에 관한 이야기를 하고, 내일은 B에 관한 이야기를 해야겠다는 식이 아니다. 카메라에 비치지 않도록, 모니터 아래나 카메라 옆에 붙여 두는 것도 방법이다. 대화할 만한 소재를 따로 메모지에 적어서 붙여 둔다. 그리고 마땅히 할 이야기가 떠오르지 않을 때 미리 적어둔 소재에 관해 이야기하면 된다.

– 의상, 헤어스타일 전략

의상과 헤어스타일도 당신의 이미지를 보여 주는 과정 중의 하나이다.

가령, 뉴스 진행자들의 의상이나 헤어스타일을 떠올려 보자. 어떤가? 뉴스 진행자의 이미지는 '신뢰감'이 우선이다. 시청자들은 그들이 하는 이야기를 듣고 그들을 보면서 믿음을 갖게 된다. 단지 뉴스이기 때문만은 아니다. 사람들은 뉴스 진행자들의 말소리, 헤어스타일, 얼굴 생김 등을 보면서 신뢰감이라는 이미지는 갖게 된다.

– 야외방송(공개방송) 전략

야외방송은 진행자 개인의 인지도를 쌓는 데 도움이 되는 전략이다. 방송이라는 명목으로 낯선 이들에게 다가가고 호기심을 갖는 사람들에게 자신의 방송을 홍보하는 셈이다. 가령, 야외방송을 진행하는 1인 방송을 보자. 그들은 거리 사람들에게 다가가고, 말을 걸고, 자기가 방송하는 사람이란 걸 말하며 자기 자신을 홍보하는 중이다.

b. 방송 시작 전

방송 시작 시간이 1시부터라고 하자. 방송 시작하기 전은 대략 12시 30분부터 12시 59분까지가 된다. 이 시간이 카메라 앞에서 대기하는 시간이다. 무엇을 하고 있어야 할까? 그날 진행할 방송을 기억해보며 대사 연습? 말하기 표정? 방송준비를 해야 할까? 그건 너무나 당연히 해야 할 일이지만, 여기서 말하는 '전략'은 아니다.

방송 시작 전에는 30분 전부터 자기 사진을 띄워놓도록 한다. 그래야만 사람들이 멈춘다. 당신 화면 앞에서 기다려 준다. 재미를 기다리는 사람들이기 때문이다. 당신을 알진 못하지만 뭔가 당신 방송을 기대하는 사람들이다.

예를 들어 방송을 시청하는 사람들은 1시에 딱 맞춰서 오는 사람들이 아니다. 12시 30분에도 지나가고, 1시가 지나서도 들어온다. 문제는 방송이 시작되는 1시 전에 당신이 곧 나오게 될 화면 앞을 스쳐 가는 사람들이다. 이리저리 마우스를 클릭하면서 '뭐 재미있는 거 없나?' 찾는 사람들이 있다. 그들에게 뭔가 좋은 재미를 선사해 줄 것만 같은 흥밋거리를 제공해 줄 필요가 있다.

c. 방송 시작

방송을 시작하면 시청자들의 이름을 읽어주도록 하다. 대화하는 게 필요하다. 생각해 보자. 1인 방송 시청자들은 컴퓨터 앞에 앉았거나 스마트폰을 들고 화면을 보고 있다. 요즘엔 대부분의 사람들이 스마트폰을 들고 시청하는 추세다.

스마트폰을 들고 있는 자세, 뭔가와 비슷하지 않은가? 맞다. 영상통화랑 똑같다.

영상통화의 시작은 어떻게 하는가? 인사하고 이름을 불러 주는 사이끼리 한다. 그래야만 그 통화가 끝날 때까지 화면을 끄지 않는다.

영상통화를 하면서 상대에게 아무 말 하지 않고 툭 꺼 버리는 사람이 없는 것처럼, 1인 방송 시작과 동시에 들어오는 시청자들의 아이디 또는 닉네임을 불러 주면 쉽사리 당신 방송을 닫지 못한다.

d. 방송 진행

방송을 진행한다는 건 시청자들과 대화하는 것과 같다. 특정 주제가 아니더라도 1:1 대화를 나누는 기분, 이것이 1인 방송의 매력이자 강점이다. 방송 진행에서 중요한 요소들에 대해 기억해 두도록 하자.

- 목소리톤 전략

1인 방송은 형식과 격식을 갖추지 않은 생방송이 장점이다.
'말을 절지만 않으면 된다'
방송용어로 더듬거나 버벅대지 않으면 된다는 의미다.
1인 방송은 친한 친구들끼리의 대화처럼 자유로움이 무기다. 그래서 때로는 '파격적'이라고 느껴질 만큼 비속어가 난무하는 경우도 생기지만, 가장 중요한 건 시청자들과 공감하고 소통한다는 것이다. 목소리는 크게 또는 작게, 부드럽게 또는 격하게 해도 된다. 감정 표현을 솔직하게 주고받는 것이 1인 방송의 목소리 톤이다. 진행자의 목소리에 감정이 실려 전해지는 순간 시청자들도 감정을 공유하게 된다.
인기 방송을 예를 들어보자.
방송 진행자가 시청자들을 부르면서 "얘들아~" 또는 "너희들"이라고 말한다. 동네에 아는 형, 아는 누나들이 동생들과 얘기하는 식이다. 분명 모르는 사이이고 인터넷을 통한 방송인데 그 순간만큼은 진행자와 시청자들이 아는 형/누나/동생이 되어 버린다. 우리가 익히 보아오던 방송과 전혀 다른 부분이다. 시청자들은 이 점에서 1인 방송의 매력에 더 빠지게 된다.

- 자세 전략

더없이 편안한 자세를 보여 준다. 의자에 비스듬히 뒤로 누워서 이야기하다가 딴짓도 하고 먹을 것을 찾으러 카메라 앞에서 사라지기도 한다. 철저하게 전략적이다. 시청자들이 마치 자기 친구나 아는 사람이랑 영상 통화하는 기분, 그것만 느끼면 된다. 화면 속 진행자가 자기와 다른 사람이 아니라 자기 곁에서 항상 같이 있는 사람이라는 느낌을 주는 것이다.

실제로 1인 방송을 보자.

시청자들은 진행자들에게 자신의 고민을 털어 놓는다. 남녀 친구 사이, 애인 사이, 친구랑 다퉜는데 어떻게 화해해야 하는지 등을 묻는 것이다. 그들의 내밀한 이야기가 나오는데 그 앞에서 자세 잡고 격식을 차리면서 방송한다면, 제대로 이야기가 나올까? 오히려 친한 형처럼, 누나처럼, 언니처럼, 오빠처럼 편안한 자세로 이야기를 나눠주는 게 올바른 모습이다. 동생들이 형이나 언니 방에 들어오듯이 방송을 켜고 대화를 시작하게 된다.

– 눈빛 전략

진행자는 시선은 카메라를 정면으로 응시하지 않는다. 모니터를 주시하면서 때때로 감정을 담은 시선을 주면 그걸로 족하다. 대다수의 시청자는 방송화면에서 진행자 모습을 보는 것을 즐긴다. 남들의 고민에서 한 발짝 떨어져서 구경하기를 좋아하는 이들이 많다.

진행자가 카메라를 응시하게 되면 화면을 보는 시청자와 눈이 마주친다. 1:1의 상황이 되는 것이다. 그때부터는 남의 이야기가 아닌, 자기 이야기가 되어 버린다. 구경이 아닌 당사자가 되어 버린다. 의외로 이런 점에 부담을 느끼는 사람들이 많다. 그러므로 진행자는 모니터 화면을 주시하면서 사람들과 대화하고 장난치고 춤추고 노래하고 퀴즈도 풀고 사다리도 타면 된다. 구경하던 사람들이 끼어들고, 다시 숨어들어도 개의치 않는 것이 중요하다. 1인 방송은 마치 옆 테이블의 대화에 끼어드는 사람들과 어울리기도 하고 다시 모르는 사이가 되는 일들이 반복되는 식이다.

– 동작 전략

진행자는 카메라 앞에서 많이 움직이지 않아야 한다. 움직임이 많으면 시청자가 화면에서 대화에 집중하기가 어렵다. 방송에서는 '눈 시끄럽다'라는 표현을 하는데, 몸을 움직이면 화면 안에서 눈 둘 곳을 찾기 어렵다는 의미이기도 하다.

특히 1인 방송의 경우에는 송출되는 화면이 꼭 TV나 모니터만 있는 것이 아니다. 손에 들고 보는 스마트폰 화면에서 시청하는 사람들도 많은데, 그 안에서 몸을 많이 움직이면 어떻게 되겠는가? 작은 화면 때문에 시청자들의 눈이 피곤해진다.

e. 방송 종료 전

방송을 종료할 때는 다시 사진을 이용한다.

방송이 2시에 끝난다고 해보자. 1시 55분부터는 방송화면에 진행자의 사진을 내보내도록 한다. 시청자들로 하여금 여운을 갖게 해 주는 장치다.

"방송이 끝나기 5분 전이면 시청자들이 다 나가 버리지 않을까요?"

1인 방송도 방송이다. 끝내기 전에는 반드시 언제 방송을 마치겠다고 얘기해 주게 된다. 그러면 시청자는 다른 방송으로 옮겨가거나, 아니면 방송 시청 자체를 멈추거나, 또는 그래도 끝날 때까지 방송을 지켜보는 경우로 나뉜다. 그래서 방송 끝에 중요한 이벤트를 거는 사람들도 있다.

"채널 돌리지 마세요! 추첨합니다!"

이런 식으로 경품추첨을 방송 끝에 하는 경우가 있다. 또는, 재미있는 영상들을 방송 끝에 몰아두고 시청자들에게 따로 보여주기도 한다. 어떻게 하든 방송이 끝나는 그 순간까지 시청자들의 시선을 잡아두겠다는 의미이다. 하지만 과연 그런다고 잡히는가? 아니다. 안 볼 사람은 안 보고, 화면에서 나갈 사람은 나간다. 그래도 방송 끝에 진행자의 사진을 내보내는 이유는 시청자들에게 여운을 주기 위함이다. 이때 나오는 사진은 방송 진행자의 A급 사진으로, 제일 예쁘게 나온 사진이자 가장 멋있게 찍은 사진이다. 방송 자체의 이미지를 높여 주는 효과를 만든다.

다시 말하자면, 진행자의 실물을 보며 방송을 시청했으므로 그걸로 됐다가 아니라, 당신이 본 방송은 이런 이미지라는 걸 다시 한 번 시청자의 뇌에 새겨주는 것이다. 시청자는 진행자가 걸어 둔 사진을 보며 방송 이미지를 기억하게 된다. 진행자도 방송의 일부분일 뿐, 자기가 본 건 사진 속 방송 이미지라고 여기게 된다.

f. 방송 종료 후

방송을 마치고 나면 녹화 영상을 내보내도록 한다. 생방송이 끝나도 녹화방송을 시청하

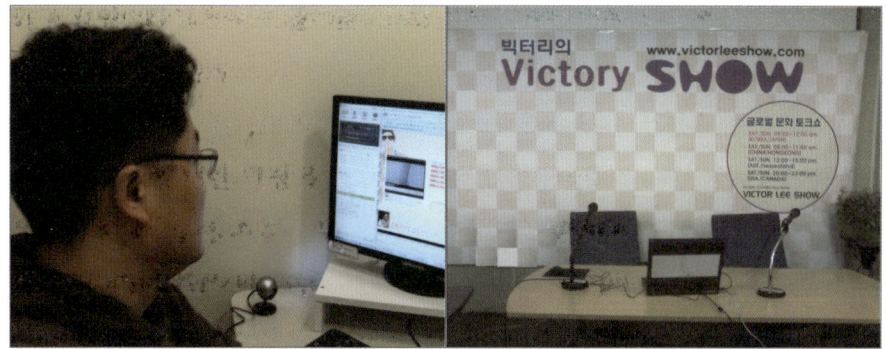

려는 사람들을 위한 용도다. 방송의 여운이 가시지 않는 사람을 위한 배려이기도 하다.

가령, 멋진 골이 터진 축구 시합을 봤다고 하자. 축구 경기가 끝나도 여운이 가시지 않는다. 어떻게 할까?

사람들은 밖으로 나가서 생맥주를 마시거나 시청자들끼리 축구 이야기로 밤을 지새운다. 일부는 골이 터지는 영상을 몇 번이고 다시 보면서 그 흥분을 계속 가져가려고 노력한다. 그뿐 아니다. 방금 자신이 본 경기에 대한 뉴스, 댓글, 다른 사람들의 평 등을 찾아보며 자기가 느낀 감정을 공유하려고 한다.

1인 방송도 마찬가지다. 여운을 갖는 시청자들이 분명 있다. 그들을 위해 녹화 영상을 보여 주고, 편집 영상으로 재미있는 부분만을 따로 모아서 보여 주기도 한다.

60분 방송시간이라고 하자. 시청자들은 그 60분 내내 즐거운 게 아니라 60분 사이에서 어느 1분 또는 단 10초 동안 즐거움을 느낀다. 그 순간의 감정으로 방송을 기대하는 것이다. 시청자들이 즐거웠던 그 순간의 영상을 다시 모으고 편집해서 보여 주어야 즐거움이 반복되고 사라지지 않게 된다. 그래야 시청자들이 모이게 되고, 시청자들 사이에 영상이 돌면서 더 많은 시청자를 불러 모으게 된다.

g. 팬 미팅(공개방송) 전략

1인 방송 진행자들도 어엿한 스타의 위치에 오른 사람들이 많다.

그들도 여느 스타들처럼 팬 미팅을 하고 팬클럽 가입도 받으며 가까운 팬들과 더욱 친밀한 소통을 이어간다. 가게의 경우라면 단골이 생기는 것에 비유할 수 있겠다.

그래서 팬 미팅이 중요하다. 방송을 통해서만 시청자들을 만나는 시대가 아닌 이유도 크다. 방송은 진행하는데 다른 건 일절 안 한다? 그건 안 될 말이다. 인스타그램도 하고 페이스북이나 트위터도 해서 시청자들과 방송 외의 분야에서도 접점을 찾아서 이어야 한다.

가령, 서울에서 만난 사람을 제주도에서 다시 만난다고 해 보자. 반가움이 커진다. 같은 이유다. 방송에선 진행자랑 시청자인데, 페이스북 친구 사이라면? 더 가까운 사이가 된다. 인스타그램에서 소통하기까지 한다면? 이건 단순한 방송을 진행하고 보는 사이가 아니다.

h. 녹화영상 다시 보기 전략

방송을 한 모든 영상은 녹화할 수 있다. 1인 방송을 했다? 다시 말해서 '콘텐츠'가 생긴다는 의미다. 요즘은 페이스북, 인스타그램 등을 통해 사진뿐 아니라 영상으로도 소통하는 시대다. 이들의 존재는 1인 방송으로 생긴 영상을 그대로 둬서는 안 되는 이유가 된다.

유튜브 채널에 다시 보기로 걸어 두고, 페이스북에서 다시 틀고, 인스타그램에서 다시 틀어 생방송을 못 본 시청자에게 녹화영상을 제공함으로써 다른 시청자들 사이에서 공통된 화제를 놓치지 않게 하는 것이 중요하다.

2. 수익 채널 신청하기

지금까지는 유튜브에 동영상을 올리고 다른 사용자들과 공유하는 방법에 대해 알아 보았다.

그렇다면, 누구나 동영상을 올릴 수 있는 유튜브에서 사용자를 지원한다는 수익 프로그램은 무엇이며, 대상자와 신청 방법, 진행 과정은 어떤지 알아보자.

1) 제작자 & 파트너

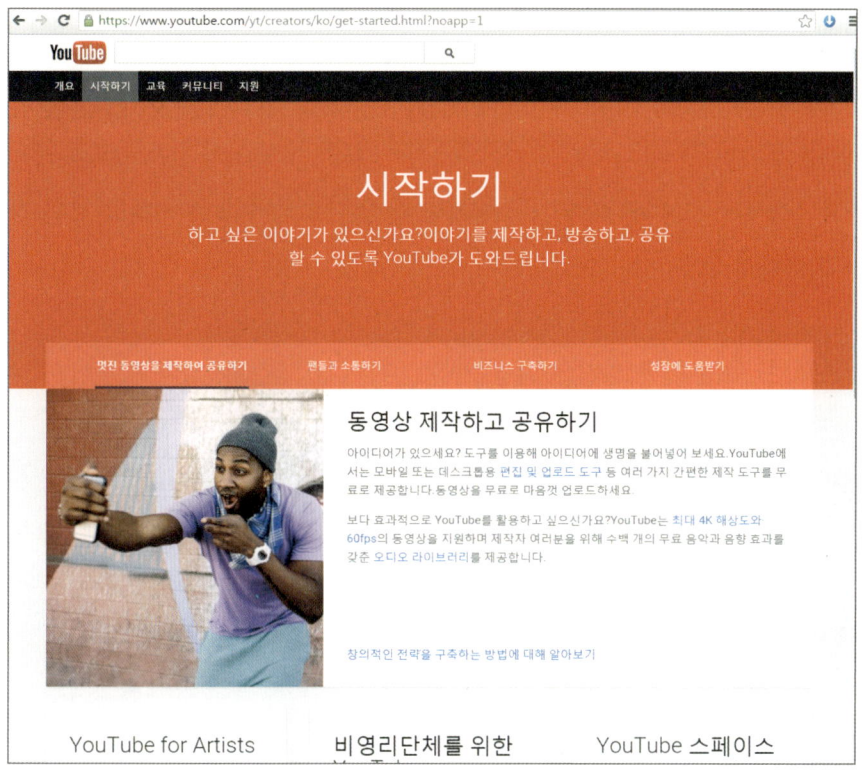

출처: http://www.youtube.com/partners

동영상 광고 수익 프로그램에 대해 신청하려면 유튜브 로그인 상태에서 페이지 아래쪽에 표시되는 [제작자&파트너]를 클릭하고 [파트너 되기], [지금 신청하기]를 누르거나 해당 페이지 주소를 직접 입력해서 볼 수 있다.

동영상 수익에 대해 간단히 설명하자면 콘텐츠 원작자가 유튜브에서 수익 공유를 통해 돈을 벌 수 있도록 지원하는 서비스로써, 동영상과 함께 연관된 광고가 표시되게 하거나 동영상을 스트리밍하는 방식으로 대여할 수 있도록 지원하여 이익을 얻는 방식이다.

2) 파트너 되기

유튜브 파트너 프로그램은 YouTube에서 광고, 유료 구독, 상품을 비롯한 여러 방법을 통해 이익을 얻게 해 준다. 대략 60여 개 이상의 국가에서 유튜브 파트너 프로그램에 가입할 수 있다는 점을 감안하면 내가 만든 동영상 콘텐츠들이 60여 개국의 시청자들에게 보여진다는 얘기가 된다. 짧은 몇 초 동안의 영상일지라도 그 조회 수가 기대 이상의 결과를 만든다는 의미다.

그럼 유튜브 파트너가 되기 위한 조건은 무엇일까?
회원 계정에 문제가 없고 수익 창출 서비스가 중지된 적이 없어야 한다. 광고주들이 좋아할 만한 퀄리티의 동영상들이라면 더더욱 환영받는다. 물론 그전에 유튜브 파트너 프로그램 서비스가 진행되는 국가여야 한다는 점은 물론이다.
한마디로 얘기하자면, 유튜브 서비스 약관 및 가이드 범위를 준수하면서 광고주들이 좋아할 만한 동영상을 만들어 올리는 사용자라면 OK라는 의미다.

> "요즘 보면 가수들 공연 실황을 찍어 올리거나 가수들 뮤직비디오 등을 편집해서 재미있게 만들어 올리는데요, 그런 건 저작권 문제가 없나요?"

원칙상 저작권자의 명시적 허락이 없는 콘텐츠는 유튜브에 게시할 수 없다.
게임 장면을 영상으로 만들어 올리거나 다른 사람의 노래나 방송 콘텐츠 등을 올리는 일도 원칙적으로는 불가능하다. 다만, 가수들이나 일부 콘텐츠의 저작권자들은 홍보를 위해서 또는 팬들의 참여를 유도하기 위해서 묵인해 주는 경우가 있는 것도 사실이다. 최근엔 팬들이 찍어 올린 공연 영상 하나 덕분에 무명의 걸그룹이 인기 스타가 된 일도 있다.

3) 계좌 만들기

유튜브에서 이익을 얻고자 할 경우, 수익 창출 설정을 해둔다. 유튜브 파트너로 승인을 받으면 수익 창출 프로그램에 동참할 자격이 주어진다. 그 방법은 간단하다. 유튜브에 로그인한 후에 '수익 창출 탭'으로 이동한다. 계정에서 수익 창출을 클릭, 만약 당신의 계정에 문제가 없다면 수익 창출의 옵션 메뉴들이 표시된다. 화면 안내에 따라 수익 창출 계약에 동의하면 된다.

"내 채널에서 수익 창출이 사용 불가래요! 어떻게 해요?"

이 경우라면 내가 업로드한 콘텐츠를 먼저 살펴봐야 한다. 혹시 남의 동영상이나 노래 등을 올린 건 아닌지 보자. 또는 유튜브 가이드와 약관에 맞지 않는 콘텐츠일 수도 있다. 이러한 수익 창출 상태를 확인하려면 '채널 상태 및 기능' 섹션으로 이동해서 확인하도록 하자.

유튜브에 로그인 한 뒤, 우측 위에 '제작자 스튜디오'로 이동, 왼쪽 아래에 '채널' 메뉴 아래에 '상태 및 기능'을 클릭. 수익 창출 기능의 복원 과정을 실행해 보도록 하자.

"무효 클릭이 뭔가요?"

내가 올린 동영상이 있다고 하자.
처음엔 홍보도 잘 안되고 조회 수가 당연히 적을 수밖에 없다. 이쯤 되면 유혹이 생긴다. 조회 수를 높여 주는 프로그램이 있다고 하던데? 내가 컴퓨터를 바꿔가면 모를 것 같은데? 내가 올린 동영상 조회 수를 높여볼까? 등등의 유혹이 자꾸 생긴다. 무효 클릭은 이렇게 정상적인 방법이 아닌, 유튜브 가이드 약관에서 엄수하는 범위 외의 방법으로 조회 수를 높일 경우에 해당된다.

"나는 무효 클릭을 한 일이 없어요! 뭔가 오류가 있는 것 같아요! 어떻게 해요?"

사용 정지된 계정에 대해서는 유튜브 담당자에게 이의를 제기할 수 있다. 담당자가 내 콘텐츠의 조회 수에 대해 발생한 트래픽을 파악할 수 있도록 필요한 근거를 제시하도록 하자. 담당자가 확인한 후에 이상이 없고 단순 오류였다고 판단되면 계정이 살아난다.

4) 신청하기

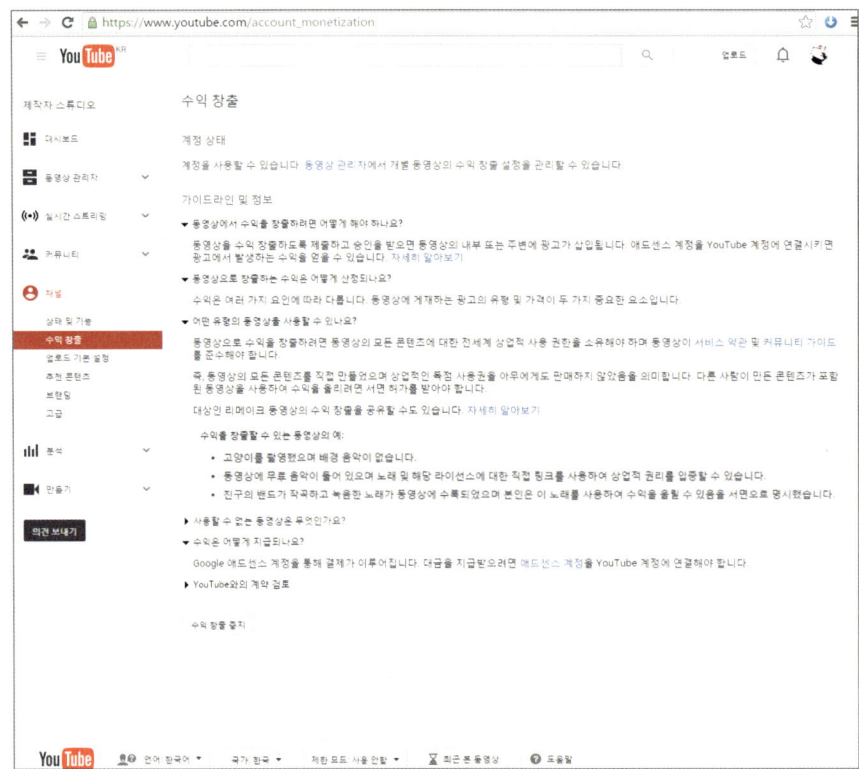

유튜브 파트너 프로그램에 신청서를 작성하면 유튜브 검토 후에 계정이 활성화된다. 해당 항목들을 확인하고 수익 창출 프로그램에 대해 알아 두자. 각 가이드라인 정보를 클릭하면 상세 정보가 표시된다.

5) 수익의 종류

사용자가 올린 동영상 개수가 너무 적거나 다른 사용자들에 의해 조회된 적이 적으면 심사에 통과하지 못할 수도 있다. 인기 없는 동영상을 올리는 사용자에게 돌아갈 수익은 없기 때문이다.

따라서 유튜브 파트너 서비스에 관심을 두고 있는 사람이라면 먼저 유튜브에 동영상을 충분히 올리고, 각 동영상에 대해서 주위 사람들이나 트위터, 페이스북을 통해 동영상을 보라고 홍보하는 데 노력을 기울여야 한다. 그렇게 어느 정도 조회 수가 늘어나고 클릭 수가 확인되면 유튜브 파트너가 될 가능성이 더 높아진다.

"유튜브 파트너 프로그램을 설정했는데, 내 영상에 광고가 안 보여요!"

수익 창출 프로그램을 사용하는 데 광고가 보이지 않는다면?
유튜브 담당자가 동영상 검토를 하는 데 시간이 다소 걸리는 중일 수도 있고 담당자가 당신의 계정으로 추가 정보를 달라고 요청했을 수도 있다. 계정으로 로그인 상태에서 '!' 표시가 나온 게 없는지 주의 깊게 살펴보자.

또는, 당신의 동영상이 수익 창출에 적합하지 않은 내용이거나 저작권 표시를 제대로 하지 않았을 경우에 해당할 수도 있다. 혹시 '수익 창출 기능 사용중지'로 설정해 둔 것은 아닌지도 살펴봐야 한다. 수익 창출은 동영상 별로 설정하는 게 아니라 게재된 동영상 전체에 일괄적으로 적용되는 기능이다. 어느 동영상 하나에만 수익 창출 사용중지라고 해놨다고 하더라도 다른 동영상 모두에 수익 창출 사용중지가 적용된다.

동영상 광고 형식을 사용했는지도 중요하다.
동영상 상태가 '공개'인지 확인하고, '채널에 광고 사용 허용'으로 설정하였는지도 확인한다. 또 동영상 내용 자체에 분쟁의 소지를 담고 있다거나 타인의 저작권이 있는 콘텐츠에는 광고가 게재되지 않는다.

먼저 알아 둬야 할 부분은 동영상을 볼 때마다 광고가 게재되는 것이 아니라는 점이다. 그리고 인터넷에 접속한 브라우저 자체에 광고 차단 프로그램이 있을 수도 있고 AudioSwap 프로그램을 사용한 동영상에는 수익 창출 자체가 허용되지 않는다.

그럼 어떤 동영상이 수익을 많이 내는 데 좋을까?

유튜브 채널을 만들게 되면 동영상에 광고를 게재하고 이익을 얻고자 하는 게 당연하다. 하지만 동영상에 따라서 광고주들이 많이 있고 없고가 다르다. 어떤 동영상은 노출이 많이 되고 조회 수가 높은데 다른 동영상은 내용이 비슷하더라도 조회 수가 낮다. 그 차이점은 무엇일까? 어떤 콘텐츠를 만들어야 이익을 얻는 데 도움이 될까?

우선 콘텐츠 자체가 광고주들이 좋아할 만한 내용이어야 한다. 재미있어야 하고 너무 길지 않은 게 좋다. 스마트폰의 작은 화면에서 시청 가능한 내용에 짧은 시간이 중요하다는 의미다.

또한, 자기가 직접 만든 콘텐츠여야 한다. 상업적 이용이 가능한 권리를 갖고 있어야 함은 물론이다. 보통 동영상에는 소리와 화면 내용 자체에 관련 권리들이 필요하게 되는데 이러한 제반 권리를 상업적으로 사용할 수 있다는 명확한 근거가 있어야 한다.

수익 창출 요건이 적합한 콘텐츠일수록 좋다. 동물을 촬영한 내용으로 배경음악이 없을 경우, 음악을 배경으로 사용했더라도 로열티가 없는 음악이거나 업로드한 사람이 사용 권한을 갖고 있다는 사실이 증명될 경우가 바람직하다. 이처럼 유튜브 채널에 업로드하는 콘텐츠를 활용하여 수익을 창출하는 데 도움되는 전략을 알아 두도록 하자.

1) 블로그 & 인스타그램 활용하기

유튜브에 업로드한 동영상은 다른 사이트, 블로그 등에도 자유롭게 퍼갈 수 있다. 유튜브 동영상 채널 페이지에서 영상 바로 아래에 '공유하기'를 실행, '소스코드'로 된 내용을 복사해서 다른 사이트에 html 편집 상태에서 붙여넣기 하거나, 동영상 링크 주소만을 복사, 다른 이들에게 동영상 주소를 알려 주는 방법도 가능하다.

a. 블로그에서 홍보하는 방법

이 경우엔 네이버 블로그에 짤막한 동영상을 업로드하고 유튜브에 더 자세한 동영상을 업로드하는 전략이다. 네이버 블로그에 와서 **[포스트 쓰기]** 메뉴를 클릭하고 글쓰기 페이지를 연다. 제목과 내용을 입력해 보자. (새로운 글쓰기 방식이다. 이전의 방식을 사용하려면 화면 좌측 상단의 '이전 버전으로 쓰기'를 클릭하면 된다.)

블로그에서
홍보하기(1)

[동영상] 메뉴를 클릭한다.

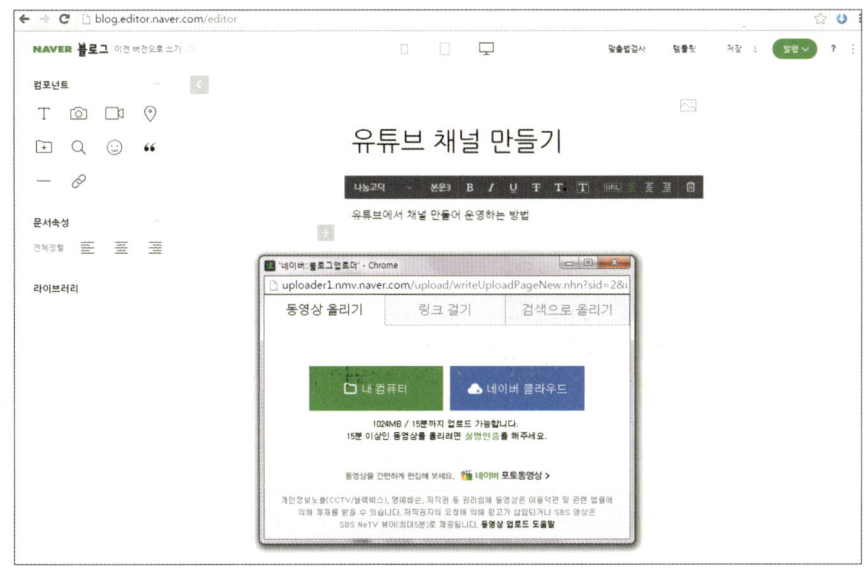

블로그에서
홍보하기(2)

[동영상 찾기]를 누르고 '내 컴퓨터'에서 해당 동영상을 찾는다. 동영상을 선택하면 업로드 과정이 진행된다. 대표 사진을 선택할 수 있다.

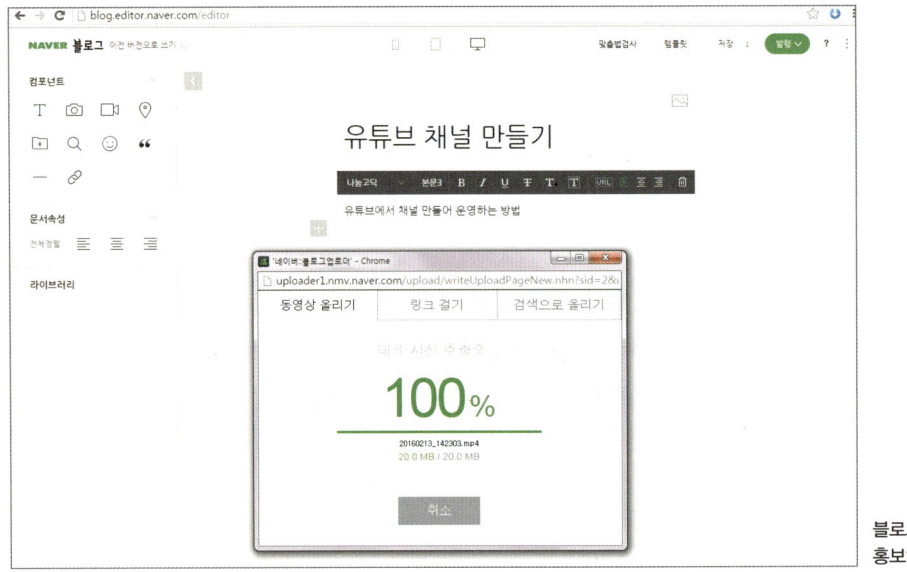

블로그에서
홍보하기(3)

동영상 업로드가 완료되면 대표 이미지를 선택한 후 **[확인]**을 누른다.

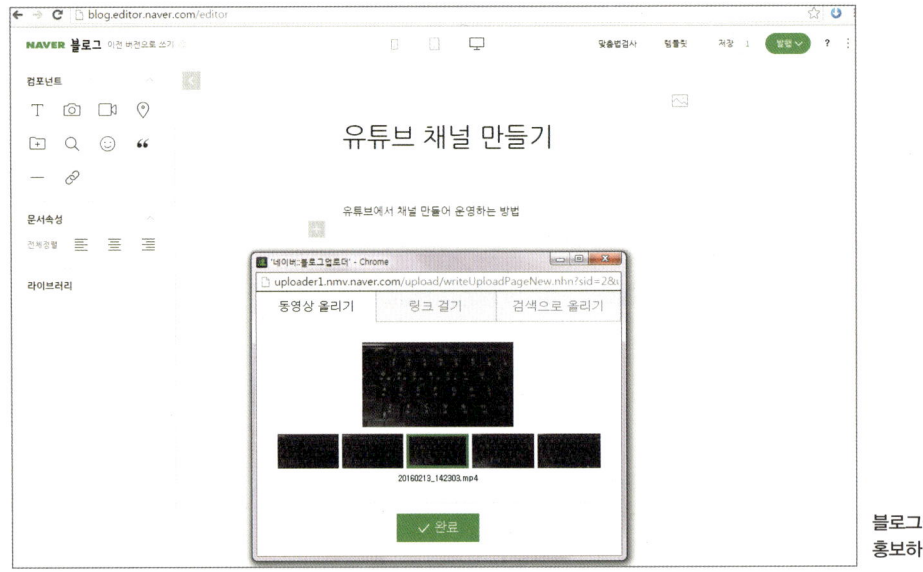

블로그에서
홍보하기(4)

잠시 후 블로그에 동영상이 표시된다. 네이버 블로그는 동영상 업로드 방식이 매우 간단하다.

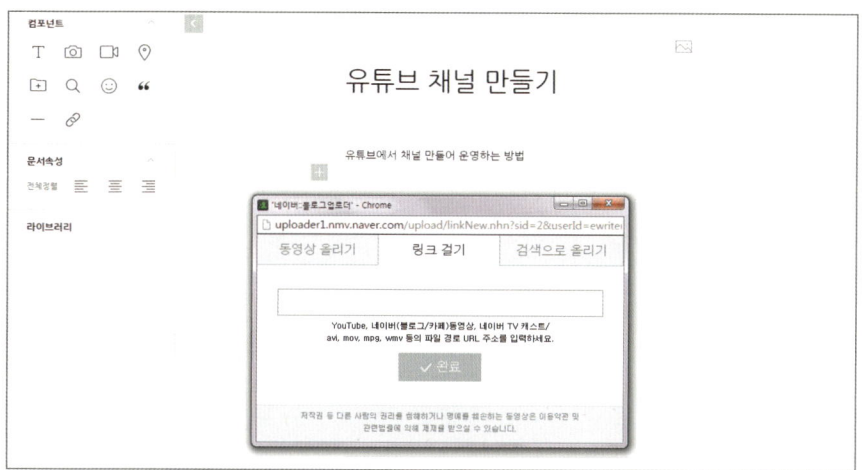

블로그에서
홍보하기(5)

참고로, 직접 만든 동영상 파일이 없을 경우엔 다른 곳에 있는 동영상을 내 블로그에 넣는 것도 가능하다. [링크 걸기] 메뉴를 누르고 실행하는데, 이 경우 동영상이 있는 페이지에서 해당 주소를 복사해서 URL 입력창에 붙여넣기 하면 된다. 혹은, URL이 없고, 소스 코드를 알 경우엔 소스 코드를 직접 붙여넣을 수 있다. 블로그에 동영상이 표시되는 걸 확인할 수 있다.

네이버 블로그에 올리는 동영상은 정해진 크기로 업로드된다. 정해진 크기에 맞게 표시되고, 용량은 10분 이내로 제한된다. 가령, 20분짜리 동영상을 올린다고 해도 블로그에 업로드 하는 순간 10분 길이로 잘린다. 10분 1초부터 나머지 동영상은 안 보인다는 뜻이다.

블로그에서
홍보하기(6)

블로그에 동영상을 올린 후 로그아웃하고, 다시 해당 게시물을 확인해 보면 정상적으로 나타나는 걸 확인할 수 있다. 동영상 중앙엔 플레이(PLAY)를 실행하는 이미지가 표시되고, 동영상을 올린 사람과 재생 수, 링크된 수를 표시해 준다.

문제는 이 다음이다.

네이버 블로그를 운영하고 방문자 수를 확보하는 데 가장 중요한 부분은 네이버 검색 결과로 나타나야 한다는 점이다. 아무리 많은 자료를 올리고 글을 빼곡히 써서 블로그를 매일 관리한다고 해도 네이버에서 "검색" 되지 않으면 무용지물이다.

필자가 만들어 올린 동영상을 네이버에서 검색해 보자.

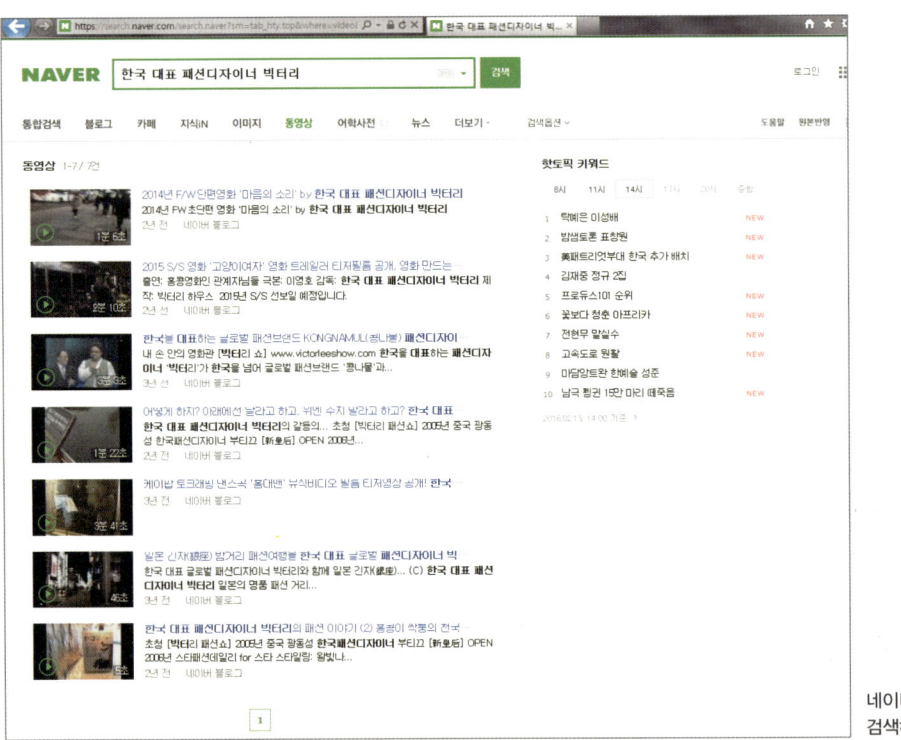

네이버에서
검색하기(1)

네이버에서 '한국 대표 패션디자이너 빅터리'라고 검색하니 동영상 카테고리에 필자가 올린 동영상이 검색되었다. 이번엔 '빅터리쇼'로 검색해 보자.

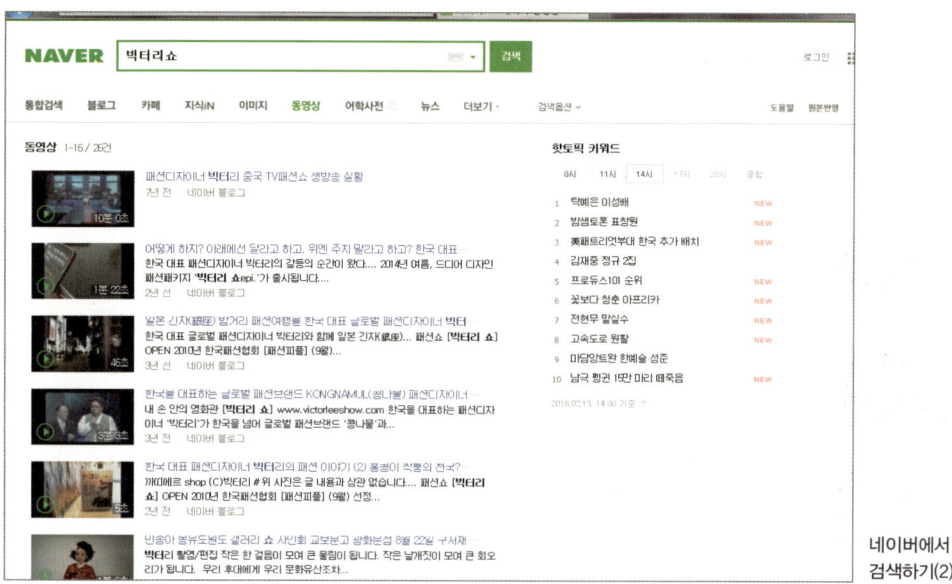

네이버에서
검색하기(2)

역시 동영상 정보가 검색되는 것을 알 수 있다. 단, 업로드 시기에 따라 최신 자료 순으로 표시되는 덕분에 필자보다 나중에 올라온 동영상들 뒤에 배치된 것을 볼 수 있다. 이 동영상을 다시 확인하기 위해 모바일에서 네이버를 접속, 해당 검색어를 입력해 보자.

모바일에서
검색하기(1)

스마트폰에서 인터넷 기능을 실행하고 네이버에 접속 후에 검색란에 빅터리쇼를 입력해 보자.

모바일에서
검색하기(2)

스마트폰에서도 표시가 된 걸 볼 수 있다. 해당 동영상을 클릭하면 동영상이 스트리밍된다.

b. 인스타그램에서 홍보하는 방법

인스타그램은 2016년 6월 21일 기준으로 사용자 5억 명을 돌파, 하루에 한 번 이상 접속하는 사람이 3억 명을 넘어섰다. 뿐만 아니라 매일매일 사진 9500만 장이 업로드되고, 사용자 수가 폭증하는 상태에서 글로벌 대기업들도 인스타그램에 속속 안착하는 중이다. 2010년 10월에 시작된 SNS 서비스치고는 그 확장세가 눈부실 정도다. 무엇이 인스타그램을 다르게 만들었을까?

가장 큰 장점은 실시간 소통이라는 점이고, 사진으로 소통하는 1인 미디어라는 점이다. 스마트폰을 사용하는 사람들이 대부분인 시대에서 사진 한 장만으로도 얼마든지 소통할 수 있다는 점을 제대로 파고든 것이다. 생각해 보면, 카카오톡을 사용하더라도, 페이스북을 이용하더라도, 트위터를 보더라도 우리들은 사진에 집중하게 되는 게 사실이다. 그리고 또 한 가지는 '친구 추가'와 동시에 '다이렉트 메시지'를 주고받을 수 있다는 점이다. 어떤 사진을 보는 순간 그 사진의 주인에게 직접 메시지를 보낼 수 있다는 점, 1분 1

초가 중요한 온라인 시대에서 실시간 소통으로 해결 못 할 일이 없다는 점을 제대로 보여준 것이다.

그런데 인스타그램의 작동방법과 장점, 추구하는 메시지가 있는데도 불구하고 기존 서적들은 인스타그램의 표면적인 기능에 집중하면서 단순한 마케팅툴로서의 면모만 내세웠던 게 사실이다.

사진을 어떻게 올려야 얼마만큼의 사람들에게 전달될 수 있고 그 과정에서 홍보마케팅이 가능하다 정도뿐이었다. 사람들이 인스타그램을 왜 사용하는지에 대한 본질적인 욕구는 간과한 채, 기능을 이용한 마케팅 용도로서만 강조한 것이다. 그래서 기존의 인스타그램 마케팅 관련 전략은 큰 호응을 얻을 수 없었다.

그뿐인가? 책에서 가르쳐 준 대로 인스타그램을 마케팅 용도로 사용한 사람들은 상대로부터 '팔로잉 취소'를 당할 뿐이었다. 팔로워들을 늘리고 실시간 타임라인에 많은 하트를 받았을지라도 하루가 다르게 다시 줄어드는 팔로워들이 생긴 것이다.

가령, 팔로워 10만 명인데 좋아요 하트 수는 300개라면? 차라리 팔로워 500명에 하트 수 300개가 훨씬 인기 높은 사용자이다.

팔로워 2만 명, 팔로잉 2천 명 정도 되는 인기계정일지라도 '하트' 수는 고작 수백 명에 지나지 않는 경우도 있다. 전달비율이 줄어들고 팔로워들에게조차 제대로 전달되지 않는 일들이 생긴 것이다. 그 모든 게 인스타그램의 사용방법을 제대로 알아두지 못했기 때문이다. 그래서 이 책에선 '인스타그램 마케팅'을 통해 내가 만든 유튜브 채널을 홍보하는 방법을 간략하게 소개하도록 한다. 기본적인 전략이자 가장 핵심적인 내용일 것으로 생각한다. 하나만 알아둬도 여러 방면에 활용 가능해서다.

필자가 실제로 인스타그램의 모든 기능을 직접 사용해 보면서 찾아낸 방법들이고 독자들과 함께 만들어가는 인스타그램 전략이기도 하다. 사진 한 장만으로도 수십만 명의 사람들과 실시간 소통이 가능한 곳에 어떤 사진을 어떻게 올려야 하는지, 어떤 이야기를 담아야 하는지, 어떻게 댓글을 남기고 하트를 남길 때 어떻게 해야 하는지 이야기한다. 단순한 마케팅 기능이 아니다. 사용자들 사이에 소통을 바탕으로 만들어가는 감성 마케팅 노하우이자 인스타그램 안에서 나누는 실시간 소통이다.

인스타그램 계정에 콘텐츠를 올려보자.

필자는 우선 인스타그램 계정에 유튜브 채널 주소를 넣고, 간략하게 소개글도 넣었다. 이렇게 적어두면 다른 사용자들이 필자의 인스타그램 계정을 살펴보다가 필자의 유튜브 계정 주소를 알게 되고 클릭해서 들어올 수 있게 된다.

그 다음 순서로, 인스타그램에 업로드할 사진이나 영상을 유튜브 채널에서 고른다.

필자는 필자의 유튜브 채널에 올려둔 영상에서 정지 화면 한 개를 골랐다.

그리고 인스타그램에 콘텐츠를 업로드! 사진을 선택하고 사진 설명으로 유튜브 채널 영화라는 사실과 유튜브 채널 주소를 넣었다. 해시태그(#)가 중요한데, 다른 말로 하자면 내가 올린 콘텐츠가 인스타그램 사용자들에게 검색되도록 돕는 키워드가 되겠다. 영화 제목과 유튜브 채널 명칭 정도를 넣었다. 이로써 인스타그램에 콘텐츠를 한 개 올렸다.

자, 중요한 건 다음 순서이다.

인스타그램에 계정을 만들고 콘텐츠를 올린다는 것까진 왕초보로서도 크게 어려운 건 아니다. 인스타그램 계정은 앱스토어 또는 플레이스토어에서 인스타그램 앱을 다운로드 받아 설치하고, 전화번호 또는 이메일 계정으로 아이디를 넣어 비밀번호만 설정하면 간단하게 마무리되기 때문이다.

그런데 홍보는?

인스타그램에 어떤 사진을, 어떻게 올려야 홍보가 될까? 인스타그램을 한다는 것은 계정 하나 만들었다고 다 된 게 아니다. 계정을 만든 다음 순서로 전략적인 활용하기가 필요하다.

"최신 콘텐츠를 주목하라!"

사람들의 눈에 띄는 사진

인스타그램에 사진을 올리면서 설명하도록 하겠다.

옆 사진은 필자가 홍콩에서 찍은 사진의 원본이다. 침사추이 하버시티에서 바닷가를 보던 중에 여행하는 것으로 보이는 노부부의 모습이 아름다워서 촬영해 둔 것이다.

이 사진을 인스타그램에 올려보겠다.

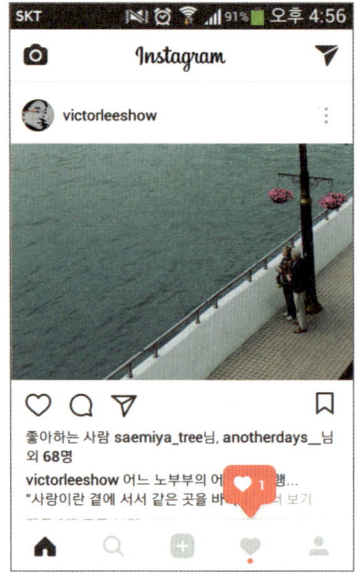

인스타그램에 접속하고 갤러리 메뉴를 눌러서 사진을 불러온다. 그리고 효과보정을 해서 바닷물 색상을 좀 더 초록색으로, 가로변에 진열된 꽃을 더 화사하게, 그 아래 노부부의 모습을 선명하게 만들어 봤다. '노부부의 사랑이란?' 내용으로 관련 글을 적었다. 사랑이란 곁에 서서 같은 곳을 바라보는 것이라고 했다.

옆 사진은 사진을 올린 지 조금 지난 무렵의 상태이다. 사진을 올리자마자 하트 표시가 줄을 잇는 걸 보게 된다.

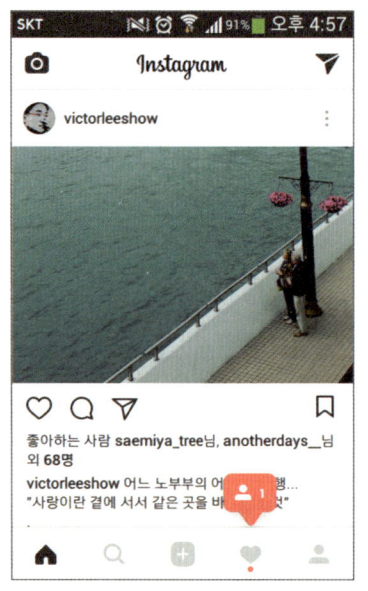

하트(좋아요)가 늘어나면서 팔로워가 추가되는 모습이다. 사진이 일으킨 반향이 적지 않았다. 하트 숫자도 계속 증가하기 시작했다.

하트 숫자가 늘면서 팔로워 숫자도 증가하고, 필자의 게시물에 댓글을 남기는 사람들도 생겼다. 좋아요(하트) 표시를 하는 사람 숫자만큼은 아니지만 댓글도 늘어나고 팔로워 숫자도 계속 증가하는 걸 확인하게 된다.

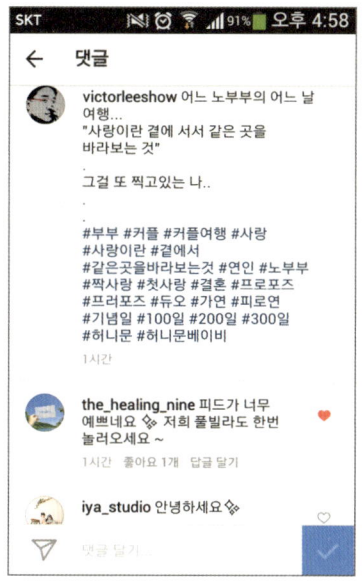

댓글을 확인해 보자. 다른 사람이 남긴 댓글에 좋아요 표시를 눌러 줬다. 그 사람은 자기 인스타그램에서 필자가 좋아요(하트)를 눌렀다는 걸 보게 되고, 다시 필자의 게시글을 확인하게 된다.

'좋아요' 한 개로 필자가 올린 게시글이 같은 사람에게 반복해서 전달되는 효과를 만들게 된다. 다른 사용자들이 남긴 댓글에도 하트를 남기도록 한다.

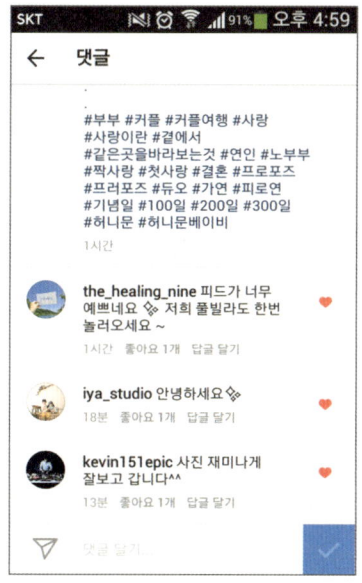

필자의 게시물에 연결해 둔 태그가 보이는지?

부부, 커플, 커플여행, 사랑, 사랑이란, 짝사랑, 첫사랑 등등의 태그를 걸었다. 인스타그램을 사용하는 커플들이 자주 검색할 만한 단어들을 조합해서 태그로 걸었다.
이렇게 하면 사랑에 대해 검색하는 사람들에게 필자의 게시물이 '최신 글'로 보일 가능성이 높아진다. 마찬가지로 댓글을 남긴 사람들에게는 모두 하트를 선택해 준다. 그들에겐 필자의 게시물이 반복해서 보일 테니까.

그리고 이번엔 '하트'를 눌러준 사람들을 본다. 그중에는 필자가 팔로워한 사람도 있지만 처음 보는 사람들도 있다.

게시물을 올렸더니 그걸 누군가 보고 필자의 계정에 와서 '좋아요'를 눌렀다는 것이다.

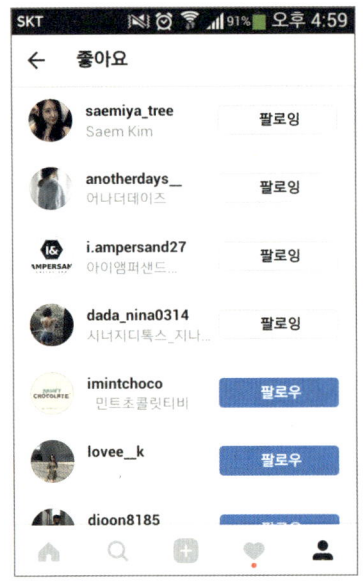

만약 그 사람을 필자가 팔로잉하는 상태라면 화면엔 '팔로잉'이란 이미지가 나오고, 아직 팔로잉하지 않았다면 파란색으로 '팔로우' 기능이 표시된다.

'팔로우'를 누르면 그 사람과 맞팔관계가 이뤄진다.

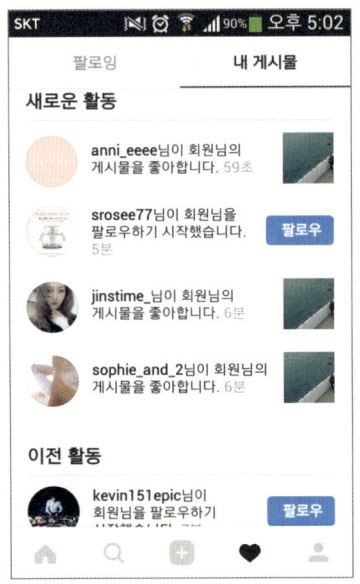

필자의 게시물 기능에 들어오면 게시물에 따라 좋아요(하트)를 눌러준 사람들을 확인할 수 있다. 이 과정을 통해 나(필자)를 팔로우하는 사람들은 어떤 게시물을 더 선호하는지, 어느 게시물에 하트를 누르는지 알 수 있다.

이 이야기는 인스타그램에서 나를 팔로우하는 사람들의 성향을 알 수 있다는 것이고, 그들이 선호하는 사진 게시물을 올릴수록 더 잘 전달된다는 의미이기도 하다.

다시 말해서, 나를 팔로우하는 사람들에게 특화된 내용으로 게시물을 만들면 만들수록 소통이 깊어지고 홍보 및 반응 효과가 일어난다는 의미다.

[사람들 눈에 띄는 사진]을 알아야 하는 게 매우 중요하다는 의미다.
인스타그램을 시작한다는 건 누구나 할 수 있다. 하지만 거기서 끝인가? 아니, 그 이후

의 작업이 더 중요하다.

앞서 알아본 바와 같이 가장 먼저 나의 게시물들을 올려야 한다. 최소 개수(저자의 추천은 30개) 이상은 올려두고 곧바로 다른 사람들을 팔로우하기 시작해야 한다. 그래야만 사람들이 내 게시물이 있다는 것을 알고 나를 팔로우할 것인지 선택할 수 있다.

하지만 여기서 멈추면 안 된다. 팔로우 수를 늘려가면서 게시물을 지속적으로 올려야 한다.

게시물을 올리는 이유는 내 계정이 '살아 있는 계정'이란 의미다. 게시물들이 계속 올라와야 다른 사람들이 보기에도 '이 사람은 열심히 하는구나! 팔로우해야지!'라고 생각한다. 게시물이 계속 올라오는 계정을 팔로우하는 게 당연하다.

그런 다음에 '나를 팔로우하는 사람들 성향'을 파악하는 게 중요하다. 단순히 팔로우 숫자만 늘린다는 건 의미가 없다.

팔로우가 10만 명이면 뭐할까? 내가 올리는 게시물을 보지도 않고 그냥 스쳐 가는 사람들이라면 아무런 의미가 없다. 차라리 팔로우 숫자가 100명이어도 그들이 내 게시물을 매번 보고 좋아요를 누르고 댓글을 남긴다면 그들이 더 중요한 관계가 된다.

그래서 '사람들 눈에 띄는 사진'이란 나를 팔로우하는 사람들이 좋아하는 게시물이란 의미랑 같다. 다른 말로는 '전달이 잘 되는 사진'이라고도 할 수 있고, '반응이 빠른 사진'이란 의미이기도 하다. '사람들 눈에 띄는 사진'을 제대로 게시해주는 것만으로도 많은 사람들에게 전파될 수 있다는 의미다. 또한, 사진을 올릴 때 '적당한 가공 후보정'은 필수적이라는 걸 염두에 둬야 한다.

59페이지의 사진 원본과 60페이지의 업로드된 사진을 비교해 보자.

사진 원본은 흐린 날 오후 바닷가에 선 노부부다. 어딘지 모르게 사진이 암울해 보이기도 한다. 그런데 사진의 색 보정을 하면 어떤가? 색감이 살아나면서 아름다운 풍경의 느낌으로 바뀐 걸 알 수 있다. 이처럼 사진 한 장을 올리더라도 '사람들 눈에 띄는 사진'을 감안하면서 사진 내용과 보정까지 살펴주는 정성이 필요하다. 내가 느끼는 것을 다른 사람들도 느낀다는 사실을 기억하고서 말이다. 내 눈에 흐리게 보이는데 다른 사람들 눈에 밝게 보이는 느낌은 없다. 모든 사진이 같다. 그러므로 '사람들 눈에 띄는 사진'

이란 '내 마음에 드는 사진'이기도 하다는 사실을 기억해야 한다.

정리해 보면, 유튜브 채널을 만들고 영상을 올렸다고 하자. 거기서 끝인가? 사람들이 내 채널에 물밀듯이 찾아와서 조회하고 시청하고 '좋아요'를 눌러 줄까? 구독자 수가 저절로 늘어날까? 아니다.
블로그에도 콘텐츠를 올려 알리고, 인스타그램에도 사진을 올리고 영상을 올려가며 알려야 한다. 하루 이틀 만에 끝나는 작업은 아니다. 그래도 꾸준히 해야 한다. 어느 순간 사람들이 내 콘텐츠에 관심을 갖게 되고 구독하는 일들이 벌어진다. 내 채널이 인기 채널이 되는 순간이다.

2) 인터넷 방송 아프리카TV 활용 전략

유튜브(www.youtube.com)에 콘텐츠를 업로드하는 이용자 중에는 아프리카TV에서 활동하는 인기 BJ들이 많다. 인터넷 방송은 필수적으로 방송영상을 만들게 되는데 이걸 재미있게 편집해서 유튜브에 업로드하고 거기서 인기를 끌 경우 광고수입이라는 부가수입을 얻을 수 있다.

"오늘 유튜브 영상 뽑았어?"
"유튜브 올릴 분량 나왔네."

아프리카TV를 시청하다 보면 BJ들이 하는 이야기 중에 이런 내용들이 들린다. 아프리카TV를 시청하는 사람들이 왜 유튜브에 가서 BJ들 영상을 또 볼까? 이유야 간단하다.

우선, 아프리카TV 시청자들보다는 유튜브 시청자들이 더 많다는 점이다. 아프리카TV로서는 유튜브를 통해서 시청자들을 유입시킬 수 있다. 아프리카TV를 모르던 사람들이더라도 유튜브에서 BJ들 영상을 보고 아프리카TV를 찾아서 들어오게 된다.

두 번째로, 아프리카TV에 업로드된 BJ들 방송 영상은 분량이 전체 분량이지만 유튜브에는 엑기스, 핵심 내용만 편집해서 올릴 수 있다.

아프리카TV를 보다 보면 BJ마다 대략 서너 시간씩 방송하는데 그 시간 내내 BJ들 방송만 보는 사람들은 없다. 다른 일을 하거나 시선을 딴 데 두고 소리만 듣는 경우도 있다. 이럴 때 BJ들이 재미있는 이야기를 꺼낸 핵심 분량만 몇 분으로 편집해서 유튜브에 올릴 수 있다. 시청자들은 재미있는 부분만 쉽게 찾아서 볼 수 있어서 좋다.

"초보 BJ가 유튜브까지? 어려워요!"
"영상 편집도 모르는데요?"

인터넷 방송을 하다 보면 영상 편집은 굳이 따로 할 필요가 없다.
방송을 시작하면 그때부터 자동으로 영상이 저장된다. 방송을 켜면서 영상에 대해 '녹화하기' 또는 '녹화 안 하기'로 설정만 해주면 된다. 그걸 그대로 유튜브에 올릴 수 있다. 물론 저작권에 문제가 될 부분은 빼는 게 당연하다.

"BJ가 이야기하는 건요?"

유튜브에 업로드해도 된다.
BJ가 직접 말하는 내용만 사용하자. 말솜씨 하나만으로도 충분하다. 영상편집이라고 해서 어려운 게 아니다. 이 책에서 누구나 쉽게 알아듣도록 설명하는 내용이 있으므로 자세한 설명은 생략한다. 영상편집은 컴퓨터 왕초보라고 해도 조금만 배우면 쉽게 하는 분야다.

유튜브에 영상을 올리는 이유는 페이스북이나 트위터, 카카오톡 쪽으로 퍼가기가 쉬워서다. BJ가 현재 사이트에만 머문다면 발전이 없게 되는데 유튜브에 진출함으로써 콘텐츠가 확산되는 영향력이 생기게 된다.

"유튜브에서 왔어요!"
"페이스북에서 왔어요!"

내가 만든 콘텐츠가 재미있다면 시청자들이 알아서 퍼간다. 페이스북으로 가져가서 올리고 그걸 본 사람들이 다시 온다. 인터넷 방송을 하는 BJ들의 대화를 잘 보더라도 알수 있다. 기존의 시청자들 수에 더해서 새로운 시청자들이 늘어나는 게 아니라 전체적으로 시청자들 수가 일정하더라도 새로운 사람들이 늘어나는 식이다. 유튜브가 징검다리가 되었던 건 당연하다.

스마트폰에서 유튜브 이용하기는 덤이다.
유튜브 어플을 다운로드 받아서 설치하면 내가 가진 스마트폰 한 대만으로도 언제 어디에서나 동영상 업로드나 시청이 가능하다.

어플을 설치하면 스마트폰 한 대만으로 필요한 모든 게 갖춰져 있다.
유튜브 어플을 다운로드 받으면 내 아이디를 입력하고 스마트폰 촬영 영상을 바로바로내 채널에 업로드(행아웃 온에어 서비스)할 수도 있는데 실시간으로 무한의 시청자들과 호흡한다는 점이 이익이다. 유튜브 행아웃 온에어를 할 때는 참여자를 선택할 수 있고 시청자들과의 채팅은 화상통화인 음성통화로 가능하다. 화면상 문자채팅이 어렵다는 점은감안하자.

3) 영상 타이틀, 파일 이름 그리고 내용이 중요하다?

자, 그럼 컴퓨터와 스마트폰에서도 검색되게 해 주는 동영상의 노출 전략은 무엇일까?
그건 바로 '동영상 파일 이름 정하기'다.

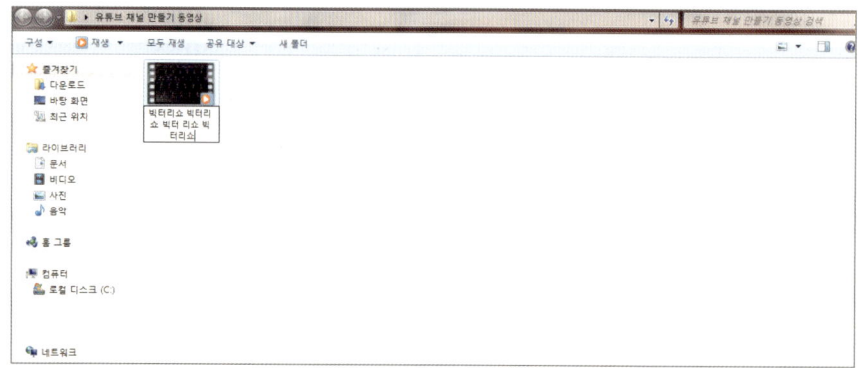

예를 들어, 블로그에 내용을 적을 때 다수의 블로거들은 블로그 글 제목으로 '빅터리쇼'만을 포함되게 적을 것이다. 하지만, 필자의 경우엔 약간 다르다. 블로그에 올릴 동영상 파일을 확인하고 그 파일명을 빅터리쇼가 포함되게 적는다. 파일 이름 만드는 방식을 공개하자면 [빅터리쇼 빅터리 쇼 빅터 리쇼 빅 터리쇼] 등이다.

차이점을 알겠는가?
다수의 블로거들이 아무리 블로그에 동영상을 올려도 제대로 네이버에 검색되지 않을 때가 많은데, 그건 바로 글 제목만 신경 썼기 때문이다. 동영상 파일은 신경 안 쓰고 제목에만 검색될 것 같은 인기 많은 주요 검색어를 넣는다면 다른 블로거들과 크게 다를 바 없는 글을 올리는 셈이다.

네이버 검색 로봇은 웹 페이지를 다니며 검색어를 끌어모아서 검색결과로 표시되게 하는데, 검색어에 대한 신뢰도와 정확도를 평가하면서 동시에 관련 업데이트 자료와 각 파일명도 검색한다. [윈도우]에서 [검색]을 사용해 본 사람이라면 조금 더 쉽게 이해할 것이다.

윈도우 [시작] 메뉴를 누르면 [검색] 메뉴가 나타나는데 이때 검색 대상을 고르라는 영역을 보면 '그림, 음악, 비디오, 문서, 모든 파일, 폴더, 컴퓨터, 사람' 등의 표시 내용을 보게 된다. 검색 프로그램은 블로그 글 제목만 검색하는 게 아니라 전체 웹페이지에 올라온 모든 자료를 검색하게 되고, 이 경우 블로그 글 제목과 글 내용, 그리고 첨부 파일명까지 검색 자료로 포함시켜서 통계를 잡는 것이다.

다만, 네이버 블로그에 올리는 동영상은 운영자가 직접 올리는 동영상이어야 한다. 다른 곳에 있는 동영상을 URL 주소만 끼워 넣는 방식은 추천할만한 방법이 아니다. 동영상이 어디에 있던 것인지에 따라서 검색 결과로 표시될 수도 있고 안 될 수도 있다.

4) 페이스북(Facebook) 활용 노하우

페이스북의 다양한 기능에 대해 살펴보도록 하자. **[좋아요]** 기능을 비롯하여 페이스북에 만드는 홍보 계정인 **[페이지]**, 그리고 **[담벼락]**에 글 쓰는 방법과 콘텐츠를 올리는 방법을 소개한다.

a. [좋아요]를 좋아요!

페이스북의 가장 큰 장점은 **[좋아요]** 기능이다. **[좋아요]**는 페이스북에서 사용자 사이에 친구 관계를 만드는 방법이다. 사용자의 친구가 올린 콘텐츠를 보고 의견을 제시하거나 **[좋아요]**를 통해 페이스북으로 연결할 수 있다.

가령, 페이스북 사용자라면 **[좋아요]** 버튼을 보게 되는데, **[좋아요]** 버튼은 페이스북에서 보게 되는 모든 광고에 달 수도 있고, 웹사이트에 붙일 수도 있으며, 담벼락에 쓰는 글에도 **[좋아요]** 버튼을 붙일 수 있다. 이를 본 다른 계정 사용자가 **[좋아요]**를 누르게 되면 해당 콘텐츠가 얼마나 인기를 얻었는지 파악할 수 있으며, 특정 콘텐츠에 **[좋아요]**를 누른 사용자 타임라인에 해당 콘텐츠가 표시된다.

간단히 말하자면 [즐겨찾기] 또는 [구독하기] 기능으로 이해할 수 있다.

그리고 페이스북 계정에서 내가 누른 좋아요 버튼을 통해 들어오는 콘텐츠들을 확인할 수 있다. 해당 콘텐츠를 올린 사용자는 누가 [좋아요] 버튼을 눌렀는지 목록을 볼 수 있다. 또한 [담벼락]에 올라온 글에 [좋아요]를 클릭하면 댓글 형태로 누가 눌렀는지 알 수 있도록 표시된다.

이처럼 [좋아요] 버튼을 사용하면 내가 올린 콘텐츠와 게시물을 누가 받아보는지 알 수 있으며, 각 반응을 통해 평가를 내리는 척도로 삼을 수도 있다.

특히, 광고에 [좋아요]를 설치할 경우 광고 대상 소비자들의 반응을 실시간으로 확인할 수 있다.

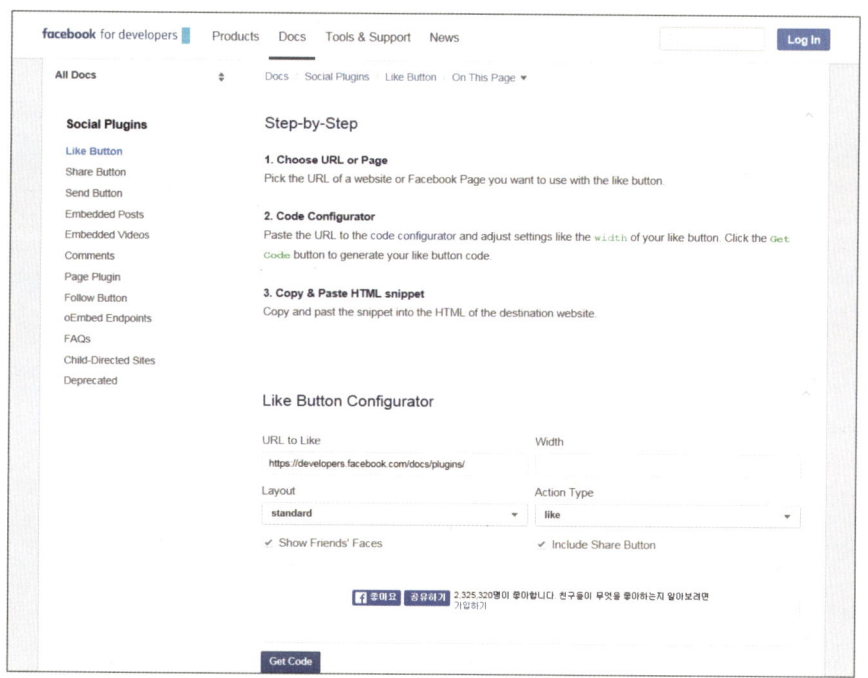

출처: http://developers.facebook.com/docs/reference/plugins/like/

[좋아요] 버튼을 설치할 때는 페이스북 계정 사용자가 직접 자신의 웹사이트나 콘텐츠 게시물에 [좋아요] 버튼을 설치할 수 있다. 버튼 타입을 설정하고 [Get Code]를 누르면 소스 코드가 표시되는데, 이 소스코드를 내가 [좋아요] 버튼을 붙이고자 하는 곳에 붙여 넣으면 된다.

b. [페이지]를 만들어요!

페이스북의 기능 중에 [페이지]는 홍보용 페이스북 계정이다. 예를 들어, 코카콜라 등의 기업들이 페이스북 사용자를 대상으로 하는 광고용 페이스북 계정을 만들고자 할 때 [페이지]를 이용하게 된다.

페이스북 페이지는 계정 사용자라면 자유롭게 개설할 수 있으며, 만약 페이지만의 URL 주소를 갖고자 할 경우에도 독립된 페이스북 계정 주소로 활용할 수 있다.

페이스북 페이지에 별도의 URL 주소를 설정할 때에는 사용자 확인을 위해 인증코드 입력 혹은 전화 걸기 과정이 실행된다. 스마트폰에서 페이스북을 설치하고 페이지를 추가할 경우엔 '이미지 전화번호를 통해 사용자가 확인된 상태'이므로 추가적인 인증코드를 입력하는 과정이 생략될 수도 있다.

페이지는 모바일에서 쉽게 접속할 수 있도록 QR코드가 자동 생성되므로 자신의 명함이나 보고서 등에 삽입해서 활용할 수도 있으며, 일반 사용자처럼 페이지 역시 담벼락 메뉴를 통해서 다른 사용자들과 친구를 맺거나 정보를 교환하는 소셜 활동이 가능하다.

c. 글을 써 주세요!

페이스북에 글을 쓰는 것은 트위터에 트윗을 올리는 것과 같다. 스마트폰 등의 모바일 기기나 컴퓨터를 통해 담벼락에 글을 쓰면 친구를 맺은 다른 사용자들의 계정에도 표시가 된다.

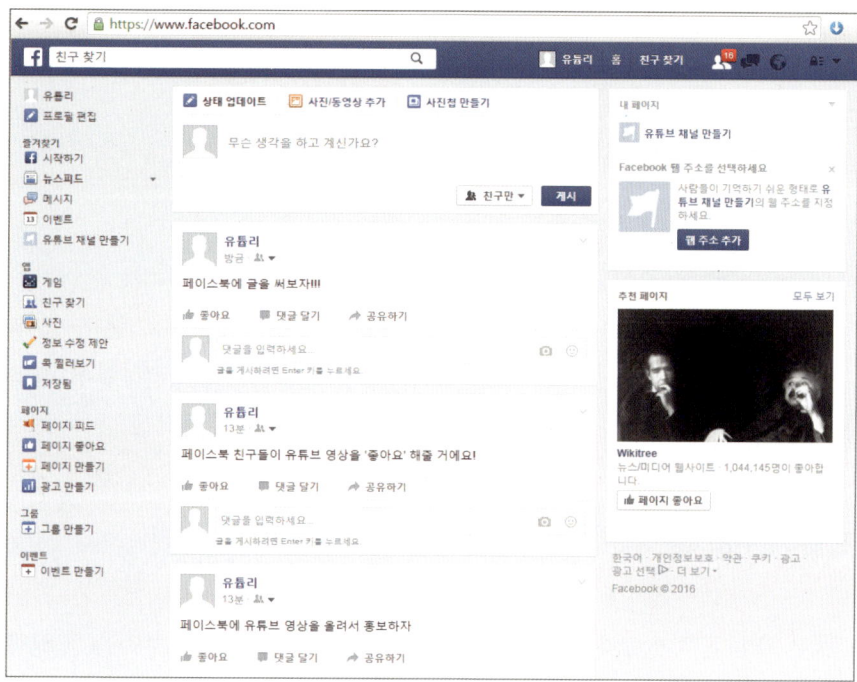

글쓰기는 페이스북 홈 화면에서 "지금 무슨 생각을 하고 계신가요?"라고 문구가 표시된 영역에 마우스를 클릭하고 작성하고 싶은 글을 쓰면 된다. 친구들의 글이나 내가 **[좋아요]** 버튼을 누른 게시물들이 모두 표시되는데, 특정 게시물의 경우 **[좋아요 취소]**를 지정할 수도 있고, 다른 게시물에 대해 **[댓글 달기]**를 통해 실시간으로 반응을 확인할 수 있다.

d. 콘텐츠를 올려 주세요!

페이스북에 사진, 동영상 등의 콘텐츠를 업로드할 수 있고, 내가 올린 콘텐츠는 다른 사용자들과 홈 화면에서 확인할 수 있다.

'사진/동영상 추가'를 누른다. 사진이나 동영상 파일을 내 컴퓨터에서 업로드할 수 있으
며, 웹캠을 사용해서 직접 촬영하여 올릴 수도 있다. 이렇게 만든 사진은 '사진첩 만들
기' 기능으로 보관한다.

e. [친구]를 만들어 주세요!

페이스북에서 친구 찾기를 하는 1차적인 방법은 자신이 사용하는 이메일 주소를 통해서
이뤄진다. 페이스북에서 다른 사용자 계정을 추천하기도 한다.

자신이 사용했던 이메일과 현재 사용 중인 이메일 주소를 모두 입력하고 비밀번호를 넣으면 페이스북이 이메일 계정을 추적하여 그동안 메일을 나눴던 모든 사용자 자료를 불러온다.

[친구 찾기] 메뉴에서 자신이 사용하는 이메일 주소를 입력하고 표시되는 목록 중에서 친구를 추가하거나 친구 초대를 하면 된다. [친구 추가]는 나랑 이메일을 나눴던 사람 중에서 이미 페이스북을 사용하는 경우 [친구 맺기]를 하는 기능이며, [친구 초대]는 아직 페이스북을 사용하지 않는 사람들에게 "페이스북으로 오세요"라고 초대 메일을 발송해주는 것이다.

가령, 페이스북 사용자가 필자를 [친구 찾기]로 추가한 후에 [초대 메일]을 보낼 수도 있다. 페이스북 사용자의 프로필 사진과 이름이 필자에게 전달되며 페이스북 가입을 권유하는 내용이 온다.
이외에도, 페이스북에서 친구 맺기를 하는 방법은 [학교]로 찾기, [직장]으로 찾기 등 다양하다. 이와 같은 방식으로 사용자를 검색해서 친구를 늘리게 된다.

5) 채널 유입자 늘리기

유튜브 채널을 만들었고 며칠 지나서 다시 살펴보더라도 어째 홍보가 덜 된 탓인지 조회 수도 안 늘고 지지부진하다면? 다른 유튜브 채널 가서 댓글도 달아 줘야만 그들이 내 채널에 와서 조회 수를 높여주는 것인지 궁금하기만 하다.

유튜브 채널은 동영상 블로그인가?
아니면 어떤 또 다른 성격의 사이트인가?

아무리 생각해도 이해가 잘 안 될 수 있다. 기껏 며칠 만에 영상도 십여 개 이상 만들어 올렸는데 기대했던 만큼 조회 수가 늘지 않는다면 어떻게 해야 할까?

가장 먼저 해야 할 일은 당신이 올린 동영상의 품질을 다른 이들의 동영상과 비교해 보는 일이다. 다른 이들은 어떤 내용으로, 어떤 품질로 동영상을 만들고 있으며 사람들이 많이 시청하는 동영상은 어떤 동영상들인지 철저한 시장조사가 필요한 시점이다.

혹시 당신의 영상이 '슬라이드' 방식의 동영상인가?
그렇다면 일단 참신성에서 뒤쳐진다. 나이가 들어보는 방식이다. 사진을 나열해서 동영상으로 만들고 거기에 음악을 배경으로 깐다는 건 요즘 대다수의 유튜브 시청자들에게 호응을 받지 못하는 형태일 수 있다.

음악 선곡도 중요하다. 나이가 들어 보이는 느낌은 일단 빼자. 물론 유튜브에는 나이를 떠나서 많은 사람들이 머물고 있지만 그래도 유튜브만의 대중적인 인기는 젊은이들이 이끌어간다. 유튜브를 자주 찾고 유튜브에 오래 머무는 이들에게 어필하기 위해 노력해야 한다.

그리고 당신의 동영상을 다른 사람들이 찾게 되는 이유가 무엇인지 전략을 세워야 한다. 그들이 왜 당신 동영상을 봐야 하며, 그들이 왜 당신 동영상을 검색해야 할까? 그들이 당신의 동영상을 찾고, 즐기고, 댓글을 달고, 다시 또 찾고, 구독하기를 눌러줄 이유를 만들어야 한다. 유튜브에 동영상만 만들면 누구나 와서 보는 시대가 아니다.

추가하여, 유튜브 채널 사용자들이 알아 둬야 할 요소들을 정리해 봤다.
유튜브 채널을 일반적인 블로그라고 보기 어렵지만 그렇다고 해서 블로그가 아닌 것도 아니다. 동영상 1인 미디어이기 때문이다. 그러려면 당신의 유튜브 채널을 찾아온 사람들에게, 설령, 그들이 마우스로 슬쩍 찰나의 순간에 지나가 버리려는 랜덤 방문자일지라도 그들의 시선을 붙잡는 방법을 연구하고 전략으로 만들어야 한다.

a. 채널 주소를 바꿔라

기존 채널이 찾아오기 어렵고 구식(?) 느낌이라면 과감하게 채널을 추가하라.
구독자 수가 많다면 어쩔 수 없지만 아직 시작한 지 얼마 지나지 않았고 수익 창출도 안

되는 상황이라면 굳이 기존 채널을 유지할 필요는 없지 않을까?

b. 채널 설명을 홍보하라

유튜브는 채널 사용자들을 위해 연구하고 노력해 준다.
어떻게 하면 채널 사용자들이 유튜브에 많은 동영상을 올리고 그로 인해서 더 많은 사람들이 유튜브로 찾아오게 해 줄지 지원해 주려고 많은 노력을 하는데, 그중의 하나가 레이아웃을 새롭게 바꿔주기도 한다는 점이다.

"레이아웃?"

그렇다. 유튜브 채널 화면을 더 새롭고 더 한눈에 쏙 들어오도록 만들어 준다. 이럴 때 가장 중요한 건 채널 설명이 어디에 놓일 것인지 그 '위치'가 된다. 하지만 그건 유튜브의 몫이고 당신은 유튜브에서 만들어 준 채널 설명 공간에 들어갈 '설명'을 제대로 잘 작성해서 입력하는 게 전부다. 사람들이 당신의 채널에 와서 설명부터 보려 하기 때문이다.

c. 아바타를 활용해서 채널 미리 보기를 적극적으로 내세워라

유튜브 채널 사용자 플레이북 화면에 '미리 보기' 이미지가 있다. '아바타 만들기'를 적극 숙지하라. 채널 미리 보기는 모든 유튜브 사용자들에게 노출된다. 당신이 채널에 얼마나 자주, 정기적으로 동영상을 업로드하는지 표시된다. 그만큼 당신 채널의 신뢰도가 높아진다. 사람들이 당신 채널에 관심을 갖게 되는 일차 단계다.

채널 미리 보기에 올려 두는 동영상은 의도적인 게 좋다. 사람들의 관심을 끌 만한 동영상으로 골라서 올려 두도록 하자. 사람들은 관심을 갖는 채널에 다시 오게 된다. 중요한 건 관심을 끄느냐, 못 끄느냐의 문제다.

다음으로 채널을 지속적으로 관리하고 정리하는 습관이 필요하다. 시간이 흐를수록 당신이 만들어 올리는 동영상이 쌓여간다. 그러면 구독자들이나 당신 채널에 온 방문자들은 어떤 동영상을 봐야 할지 고민하게 된다. 아무래도 최신 동영상만 보고 지나갈 수도 있다. 그럼 어떻게 해야 할까?

'좋아요' 표시를 해 주고 '즐겨찾기' 설정을 해 두면서 구독자들과 방문자들에게 새로운 동영상 그리고 인기 동영상이 노출되도록 관리하는 일이다. 만약 꾸준히 동영상을 만들어 올릴 수 없는 상황이라면? 유튜브 내에서 다른 동영상을 골라서 보기에 편리한 채널이 되는 방법도 필요하다. 당신의 채널에는 당신이 만든 채널만 보이지 않아도 된다.

6) 광고를 스킵(skip:건너뛰기)해도 광고료는 들어온다?

"유튜브 채널 만들고 수익 창출 프로그램도 하면서 광고를 넣었는데요, 사람들이 내 동영상에서 광고가 나오면 건너뛰기를 하지 않을까요? 광고를 처음부터 끝까지 모두 봐야만 수익이 생기는 거 아닌가요?"

유튜브 채널에 광고는 단가가 비쌀수록 시청자들이 건너뛰기 하는 경우가 많다. 비싼 광고라서 무조건 건너뛰는 게 아니라 사람들이 동영상을 조금이라도 일찍 보기 위해 동영상이 나오기 전에 노출되는 광고를 건너뛰는 경우가 제일 많다.

또는 동영상이 나오는 중에 화면에 나타나는 광고가 있는데 이 역시도 x 버튼을 눌러서 '광고 닫기'를 해버리는 경우가 많다. 그들에겐 오직 동영상 보기가 중요하기 때문이다. 그래서인지 유튜브 채널 사용자들은 어떻게 하면 광고를 오래 노출되게 할까 고민을 하고 전략 만들기에 전념한다. 채널 사용자 입장에선 단가가 비싼 광고를 동영상에 보이게 해두고 시청자들에게 오래 노출되게 하는 것이 중요하기 때문이다.

하지만 걱정하지 말자. 몇 가지 아이디어가 있다. 그리고 유튜브에서는 사람들이 건너뛰는 광고라고 하더라도 노출 시간만큼은 적절하게 수익으로 보장해주는 다양한 프로그램이 있다.
먼저 광고를 사람들이 건너뛰지 않게 하는 방법으로는 '광고 크기를 작게, 화면 한쪽으로 치우친 위치에 나오도록 하는 방법'이 있다. 사람들이 동영상 보는 데 방해되지 않을 정도의 크기로 적당한 위치에 노출하는 방법이다.

생각해보자.
사람들이 광고를 건너뛰려는 이유는 광고가 무조건 싫어서가 아니다. 그들이 필요로 하는 건 동영상을 제대로, 가림 없이 보는 것이다. 광고를 건너뛰는 것은 동영상을 보는데 거추장스러워서다. 그렇다면 동영상을 보는데 지장 없게 최소한의 광고를 넣어 보자. 사람들은 광고를 그대로 둔다.

"유튜브 채널에 동영상을 올렸는데 조회 수 500회네요! 그런데 수익은 0이에요."

유튜브에 동영상을 올렸는데 수익이 아직도 0이라고 궁금하다는 사람들이 생긴다. 동영상을 한 사람이라도 보면 수익이 생겨야 하는 건 아니냐는 이야기다. 과연 그럴까? 동영상 조회 수 1이 되면서부터 수익이 최소한 1원씩이라도 생겨야 하는 걸까? 동영상 조회 수에 대한 착각이다.

일반적으로 유튜브 채널 사용자들은 1,000회 조회 수가 생길 때 예상수익이 3달러 정도 생긴다고 한다. 1번 볼 때마다 1원씩이라고 상상해보면 1,000회 조회 수는 예상수익이 1,000원이 되어야 한다는 논리다.
실제 그런가? 아니다.
어떤 유튜브 채널 사용자는 조회 수가 30,000회인데 예상수익은 16달러라고 이야기한다. 2번 보는데 1원씩 올라가는 셈이다.
또 다른 이야기들도 많이 듣는다. 동영상을 같은 사람이 반복해서 볼 경우 같은 광고가 노출되면 채널 사용자에게 돌아가는 수익이 차감된다는 의견도 제시한다. 일례로 다른 사이트에서 비슷한 수익모델이 있는데 인터넷 방송을 하면서 노출되는 광고를 1,000명이 보게 되면 방송하는 사람에게 1회당 3달러를 주고 동일한 사람이 반복해서 광고를 볼 경우엔 1.5 달러가 지급된다는 방식이다. 광고를 클릭까지 하면 행운이고 더 많은 수익이 지급된다는 기대치도 얘기한다. 유튜브 채널 사용자들에게도 이와 비슷한 광고료 수익 창출 프로그램이 아닌가라는 의견들이 있다.

과연 어떤 게 사실에 더 가까운 이야기일까?

우선 유튜브 채널의 특성에 대해 이해하는 게 중요하다.
사람들이 왜 유튜브에 올까? 그건 여러 이유가 있겠지만 가장 커다란 이유는 '동영상' 때문이다. 글이나 사진만으론 해결 안 되는 정보 욕구 덕분이기도 하다. 글과 사진으로 설명할 수 없거나 불편한 정보가 있을 때 사람들이 유튜브를 통해서 홍보하게 되는데, 상대적으로 동영상을 보려는 사람들은 기존 TV 프로그램이나 다른 사이트에서 익히 봐오던 영상 말고 뭔가 새로운 영상을 보러 오는 경우가 대부분이다. 이들이 찾는 건 동영상 그 자체라는 얘기다.

자, 그럼 유튜브에 와서 뭔가 새로운 동영상을 찾는 이들에게 유튜브는 항상 새로운 동영상, 재미있는 콘텐츠들을 많이 제공해 줘야 한다는 임무가 주어진다. 그래야만 방문자가 더 늘어나고 유튜브도 돈을 벌기 때문이다.
그러려면 어떻게 해야 할까?
유튜브에서는 동영상 콘텐츠 제작자들을 많이 모아서 그들이 항시 새로운 동영상을 만들어 올리게끔 지원해 줘야 한다. 그런 차원에서 채널 사용자들에게 수익 창출 프로그램이 서비스되는 이유다.
이런 이유 때문에 유튜브에서는 동영상 시청자들에겐 시청하는 데 불편을 최소화하는 광고, 채널 사용자들에겐 수익이 지급될 수 있는 광고를 고안하게 된다. 채널 사용자인가? 그렇다면 유튜브 광고에 대해 알아 두자. 수익은 유튜브가 알아서 챙겨준다.

유튜브 광고에 대해 알아두기 전에 앞서 말했던 광고 조회 수당 수익에 대해 실제 사례를 예로 들자면, 수년 전에 해외토픽으로 58초에 2억 원이라는 기사가 실린 적이 있다.
두 어린아이가 놀다가 형의 손가락이 동생의 입속에 들어가면서 동생이 깨물고 형이 아파하는 귀여운 장면의 영상이었는데 이게 유튜브 채널에 올라가면서 SNS에도 퍼지고 전체적으로 3억 건 이상의 조회 수를 기록해 이 유튜브 영상을 올린 사람이 2억 원에 해당하는 광고 이익을 얻었다는 얘기다.

그럼 유튜브의 최고의 히트 영상 '강남스타일'은 어떨까?

지금은 25억 뷰를 넘어선 이 영상은 과거에 12억 3천만 뷰를 넘어설 당시 광고 수익으로 콘텐츠를 올린 기획사에 42억 원을 지급했다는 이야기가 전해진 적이 있다. 금액적으로 보자면 로또복권 이상의 막대한 수익을 가져다주는 유튜브 채널 아닌가?

유튜브 채널에서 노출되는 광고의 형태에 알아 두자.
채널 화면에서 '수익 창출' 메뉴를 누르고 '내 동영상으로 수익 창출'에 체크를 해둔다. 그리고 광고 형식에서 인스트림으로 할 것인지 턴뷰로 할 것인지 선택해둔다. 여기까지 준비되었다면 이제 기대해보자. 제2의 강남스타일은 당신의 영상이 될 수도 있다.

a. 디스플레이 광고

추천 동영상의 오른쪽 및 동영상 추천목록 위에 표시되는 300×250사이즈의 광고다. 홈페이지를 제외한 사이트의 모든 영역에서 노출되는 광고 형태다.

b. 오버레이 인비디오

동영상 하단에 표시되는 투명한 오버레이(겹침) 광고다. 동영상을 볼 때 화면 하단에 노출되는 광고들을 말한다.

c. 턴뷰 인스트림 광고

동영상이 재생되기 전이나 동영상 재생 도중, 혹은 동영상 재상 후에 노출되는 광고다. 이 광고는 사람들이 '건너뛰기' 할 수 있는 형태다.

d. 표준 인스트림 광고

동영상이 재생되기 전이나 중간 또는 영상이 끝난 후에 노출되는 광고로써 광고를 봐야만 동영상을 시청할 수 있는 광고 형태다.

단, 여기서 알아둬야 할 점은 '인스트림 광고'의 경우 광고가 재생되면서 5초 후에 건너 뛰기 할 수 있는 광고 형태인데, 채널 사용자가 설정할 때 '건너뛰기 불가능'하게 할 수 있다는 점이다. 채널 사용자 입장에선 유익(?)하지만 시청자 입장에선 '차라리 다른 동영상 보러 가자!'고 화면을 아예 벗어날지도 모른다.

7) 1년 연봉, 한 달에 버는 유튜버 따라잡기

유튜브 채널을 만들고 파트너에 지원해서 승인 메일을 받았다면 그때부터 수익 창출을 기대해 보게 된다. 하지만 승인 메일을 받기 전이라도 미리 확인해 보는 방법이 있다. 채널 화면에서 '대시보드' 메뉴의 하위 카테고리에 '채널 설정' 메뉴를 클릭하면 서브 메뉴가 열리면서 '수익 창출'이란 메뉴를 클릭했을 때 '계정 상태' 혹은 '애드센스 연결'에서 '계정을 사용할 수 있습니다'라는 문구가 표시된다면 승인이 된 상태를 말한다.

"유튜브 채널을 만들어서 수익 창출? 돈을 벌 수 있나요?"

결론부터 말하자면 벌 수 있다. 이 책을 세상에 내놓는 이유도 동일하다. 유튜브 채널을 통해 보다 많은 사람들이 수익을 창출하고 자기만의 재능을 선보이며 세상에 유익한 호흡이 되자는 게 목적이다. 유튜브에서 1년 연봉을 한 달에 벌어들이며 전업 유튜브 채널 사업자로 활동하는 이들이 이를 증명한다.

a. "어떤 콘텐츠가 수익을 내기에 더 좋은가요?"

남들이 하는 콘텐츠보다는 자기만의 아이디어로 승부하는 게 더 좋다.
한글 가르치기에 자신 있다면 한글 수업 동영상을 만들고, 김치 만들기에 자신 있다면 김치 만들기 영상을 만들자. 남들이 다 하는 동영상 콘텐츠를 만든다면 그건 나만의 채널로서 장점이 별로 없다.
처음부터 오로지 수익을 내겠다는 목표보다는 나만의 콘텐츠를 만들어가며 장기적인 안목으로 유튜브 채널 사업자가 되려는 목표가 더 바람직하다. 유튜브 채널은 한 개만 만들어야 하는 게 아니기 때문이다. 여러 콘텐츠별로 다양한 채널을 만들 수도 있다는 사실을 기억하자.

[먹방]

먹방도 인기 있다. 방송을 하는 스튜디오(방)에서 배달음식을 먹는 건 이제 유행이 지났다. 여행을 가서 먹고, 많이 먹고, 시합해서 먹고, 푸드파이터로 순위를 매겨가며 먹기도 한다. 아무래도 '먹고 사는 게 중요한' 사람들이므로 '먹방'의 인기는 앞으로도 계속 지속될 것이지만 말이다. 그래서 먹방을 하려면 이젠 요리먹방을 추천한다. 남들 하는 먹방 영상에 따라가지 않고, 내가 만들어 먹는 영상이 좋다. TV에서 보여주는 냉장고 음식먹방, 가정요리먹방도 있지만 그보다 조금 더 다른 차원의 것을 생각해보자. 먹방 영상이 반드시 맛있는 음식이어야만 하는 게 아니다. 가령, 내가 궁금해서 만들어본 음식, 먹어보니 맛있다, 그런데 다른 날 해먹은 음식은 또 맛이 정말 더럽게도 없다. 그 음식 자체가 매일매일 색다른 영상이 된다.

[특이한 콘텐츠]

특이한 콘텐츠로 인기를 얻는 채널도 있다.

동물 영상은 단연코 인기 아이템이다. 고양이 여러 마리를 키우며 고양이들의 일상을 보여주는 유튜브 채널이 인기다. 구독자 수 70만 명이 넘는다. 영상 한 개당 수십만 회 이상의 조회가 일어난다.

또는, 잠자는 모습을 보여주기도 하고, 달리는 열차 제일 앞칸에 카메라를 달고 지나가는 풍경을 촬영해서 보여주는 영상도 인기다. 더 있다. 인형 뽑기 영상도 인기다. 전국 곳곳에 인형 뽑기 기계를 찾아가서 인형 뽑기 과정을 보여준다. 돈을 잃어도, 인형을 뽑아도 그 나름의 재미를 갖는다. 이처럼 특이한 영상들이 화제성을 갖는 동시에 인기 영상이 되었다.

그뿐 아니다. 이 외에도 무수히 많은 콘텐츠를 만들 수 있다.

영어를 잘하는가? 영어학습 영상을 만든다. 종이접기를 잘하는가? 종이접기 영상을 만들자. 벌레기르기를 잘하는가? 벌레 기르기 영상을 만들자. 낚시도 좋고, 등산도 좋고, 그림 그리기도 좋다. 내가 좋아하고 내가 즐기는 게 있다면 그걸 영상으로 촬영하고 콘텐츠로 만들 수 있다.

단, 한두 번 해 보고 시청자가 없다고 그만두지 말아야 한다.

꾸준히 하는 게 가장 좋은 전략이라는 점을 기억하도록 하자. 유튜브 시청자들의 수는 눈덩이 뭉치는 것과 같다. 처음엔 적은 수의 시청자들이 잇지만 시간이 흐를수록 콘텐츠가 쌓이다 보면 눈덩이가 커지듯 많은 시청자들이 몰리게 된다.

b. "채널을 만들고 '전업 유튜버(Fulltime YouTuber)'라는 직업이 정말 가능할까요?"

전업 유튜버(Fulltime YouTuber)가 가능할까?

유튜브 채널을 만든다고 해 보자. 직장에서 가르침을 받을 상사가 없다. 근무시간도 일정하지 않고 수입도 매월 일정하게 받는 게 아니다. 어느 것 하나 불안하기만 하다. 유튜브 채널을 계획하면서도 선뜻 실행에 옮기지 못하는 사람들이 제일 걱정하는 부분이다.

그런데 우선 수익적인 면에서는 동영상 조회 수에 기반한 것이므로 조회 수가 적을 땐 수입도 적지만 조회 수가 많을 땐 수입도 늘어난다는 점을 생각해 보자.

당신이 만든 동영상 콘텐츠가 다양할수록, 인기를 얻고 조회 수가 높을수록, 구독자들이 한 명 두 명 늘어날수록 당신의 수입은 늘어나게 된다.

이 말은, 당신이 콘텐츠를 만들면 만들수록 이번 동영상으로 수입이 어느 정도 나올지 예상할 수 있게 된다는 의미다. 수익을 예상할 수 있게 되면 월 고정 지출비를 염두에 두고 소비를 조정할 수 있게 된다.

당신이 회사에 다닐 때랑 비교해 보자.

"당신은 그 회사에 얼마나 오래 다닐 수 있다고 생각하는가?"

c. "유튜브 채널을 만들면 오로지 광고료 수익밖에 없나요?"

아니다. 많은 유튜브 채널 사업자들은 부가이익을 얻는다.

유튜브 채널에 구독자가 생길수록 광고를 걸어달라는 기업들의 제안이 오게 된다. 동영상 화면에 고정 이미지를 광고로 걸어두는 일이다.

추가적으로는 유튜브 채널 사업자로서의 신뢰도를 바탕으로 모자나 셔츠 등을 만들어 판매하는 쇼핑몰을 운영하기도 한다. 강연 활동이나 저술 활동도 마찬가지다. 인기 유튜브 채널 사업자들에겐 부가적인 수익 활동이 추가된다.

d. "동영상을 잘 만들어야 하는 거 아닌가요? 저는 아무것도 모르는데요"

아니다. 유튜브 채널에서 조회 수가 높은 영상들을 보면 전문가가 만든 영상들이 아니다. 우리가 일상생활에서 겪는 삶 그 자체가 호응을 얻는 경우가 대부분이다. 화질도 낮고 편집 기술도 없다. 그저 살아가는 순간을 영상에 담은 콘텐츠가 큰 인기를 얻었다. 다른 사람들도 우리처럼 살아간다는 일종의 안도감을 공유한다고 하자.

공감을 얻고 평안을 주는 콘텐츠는 전문가들의 기술을 필요로 하지 않는다. 스마트폰으로 찍은 순간의 영상이라도 된다. 유튜브 채널에서 인기를 얻는 콘텐츠는 '진실한 영상'이다.

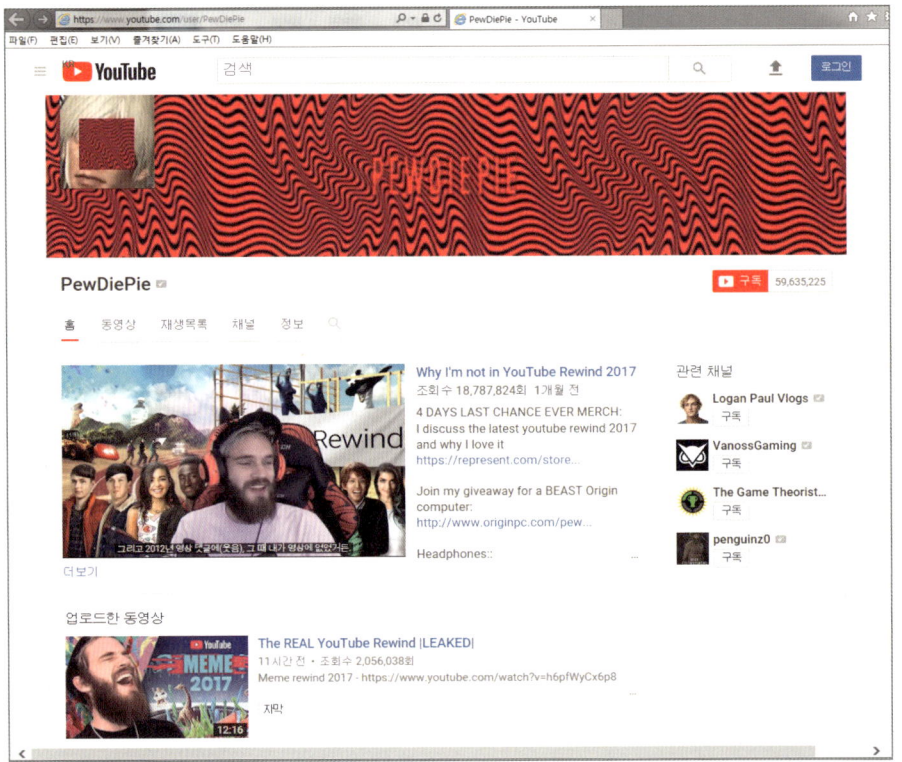

https://www.youtube.com/user/PewDiePie

위 채널의 구독자 수는 5천9백만 명(2018년 1월 12일 기준)을 넘어섰다. 첫 영상을 보면 조회수가 1천8백만 회가 넘는다.

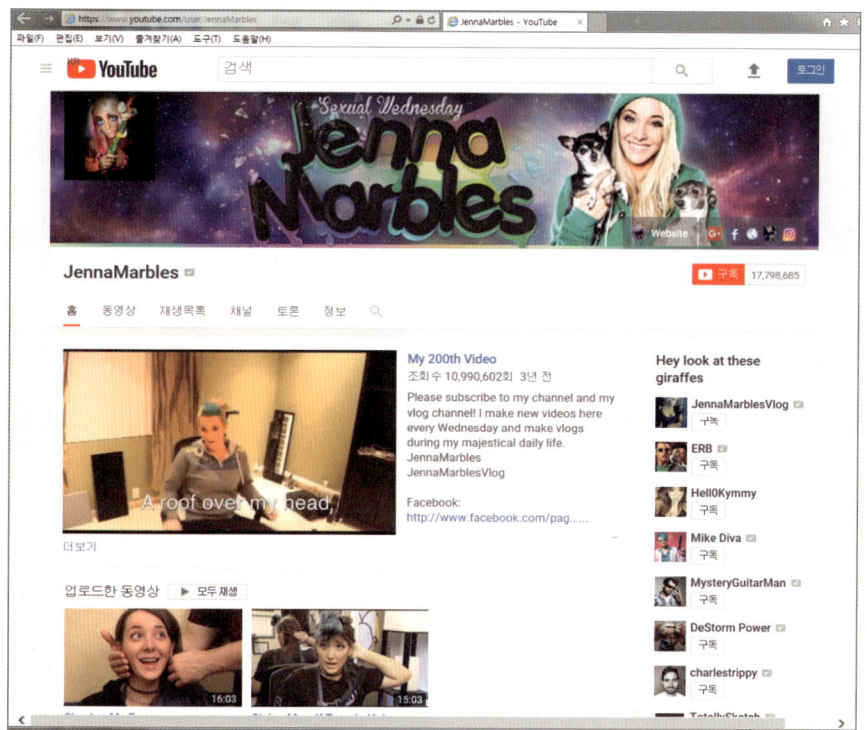

https://www.youtube.com/user/JennaMarbles

위 채널의 구독자 수는 1천 7백만 명(2018년 1월 12일 기준)을 넘어섰다. 첫 영상을 보면 조회수가 1천만 회가 넘는다.

천만 영화 관객?

인터넷에서는 천만 관객을 하루 만에도 달성 가능한 셈이다. 내가 만든 영상을 세계 사람들 1천만 명이 본다? 그 의미는 한 사람의 유튜버가 어마어마한 파급력을 갖는다는 의미와 같다. 광고효과로서의 영향력뿐만이 아니다. 여론을 형성할 수도 있고. 하나의 새로운 트렌드를 만들어낼 수도 있다. 게다가 그들이 천재적인 초능력을 가진 사람도 아니라는 사실, 그들도 당신처럼 보통사람이라는 사실이 더 중요하다. 당신은 못 하고 그들이라서 가능한 일이 아니라는 이야기다. 당신도 그들처럼 될 수 있다.

그들의 영상을 보자. 의도적으로 만든 그런 콘텐츠가 아니다. 운전하면서, 산책하면서 또는 시청자들과 대화하듯 일상을 찍은 내용이 대부분이다.

8) 유튜브 채널 구독자

유튜브 채널은 구독하기가 된다.

페이스북의 '좋아요'에 비견될 기능이다. 유튜브 채널은 구독자 수가 몇십만 명에서 그 이상 되는 인원 수도 볼 수 있는데 구독하기가 많을수록 채널의 가치가 높아져서 유튜브 검색 시에 노출 빈도나 노출 순서 등에서 혜택을 받는다. 구독자 수가 늘어나면서 새로운 동영상을 올릴 때 일정한 조회 수가 확보된다는 장점도 있다.

구독자 수가 10,000명이 넘으면?

유튜브 채널 구독자 수가 많으면 유료채널로 변경할 수 있다. 마치 유료 TV 채널처럼 유료로 운영될 수도 있다는 점이다! 물론 대부분의 유튜브 채널이 모든 콘텐츠가 무료로 공개되는 점이 장점이라서 선뜻 유료로 하기엔 시청자 수가 급감하지 않을까 걱정되는 면이 있지만, 언젠가 실제로 유튜브 채널 사업자가 한 개의 채널을 유료로 운영할 만큼 시청자 수가 많다면 충분히 가능한 일이다.

그래서 '구독하기'가 채널 사업자들의 고정 수입을 지원해 주는 든든함 버팀목이 될 수 있다. 회사원들이 일이 많을 때 퇴근하지 않고 사무실에 남아서 잔업을 하면 야근수당을 주는데 일을 할 때는 고되지만 급여통장에 찍히는 금액을 보면 나름대로 기분 좋은 것도 사실이지 않은가?

'구독자 수'가 늘어날수록 채널 사업자가 만들어야 하는 콘텐츠의 품질에 신경을 써야 하지만 나중에 유료채널이 되거나 광고수입이 점점 많아지는 걸 통장 잔고로 확인하게 된다면 그 또한 기분 좋은 결과이다.

9) 홍보도 하고 돈도 버는 유튜브 채널 전략

"이거 좋더라! 써 보니까 좋던데?"

어떤 유튜브 채널에서 이렇게 만들었다고 하자.

그 영상을 보는 시청자들은 속으로 방송을 이용해서 장사한다고 여긴다. 시청자들이 그 채널에서 홍보하는 물건을 살까? 안 살까?

그 채널 사업자의 진실성에 달렸다. 그동안 진실한 콘텐츠로 영상을 만들었다면 그 채널에서 홍보하는 무엇이든 사람들이 구매하게 된다. 그러나 단순 재미로 만들었거나, 상관없는 내용으로 채널을 운영해 오다가 갑자기 어떤 상품을 들고 나와 홍보하는 이야기를 했다면 그걸 보는 시청자들도 속아 넘어가지 않는다.

시청자들에게 이것 좀 사라고 아무리 요구해도 시청자들은 꿈쩍도 하지 않는다. 사라는 요구가 강해질수록 더 안 산다. '어디서 약을 팔아?' 핀잔을 주며 방송을 나가 버리기도 한다. 이 채널 사업자는 조만간 유튜브 채널을 그만둬야 할 수도 있다.

뭐가 문제일까?

유튜브 채널을 하고 구독자들이 있다고 해서 뭐든 해도 된다고 쉽게 생각하면 안 된다. 유튜브 채널은 사람들이 접근하기 쉽고 시청하기 편해서 많은 사람들이 몰려들긴 하지만 그만큼 마케팅이나 홍보 면에서 불리하다.

워낙 인터넷 쪽에 전문가인 사람들이 많기에 1mm라도 낌새가 보이면 바로 알아챈다. '광고하는 낌새'만 전문적으로 찾아내려는 시청자들도 있다. 이럴 경우엔 대놓고 홍보하거나 아니면 철저하게 콘텐츠로 만들어야 한다. 마케팅에 대한 이야기는 한마디도 안 해야만 그게 역으로 마케팅이 된다.

인기 유튜버가 많아질수록 영상을 시청하는 사람들도 많아진다는 것은 남들처럼 하기보다 나만의 무언가로 차별화가 있어야 한다는 의미다.

예를 들어, 영상 속 소품 하나만으로도 차별화를 만들 수 있다. 시청자들은 유튜브 채널에서 동영상을 보면서 어느 순간부터 영상 속에 등장하는 갖가지 물건들에 대해 관심을 갖기 시작한다. 그들이 보는 화면에 등장하는 모든 물건들이, 의도했건 아니건 간에, 시청자들에겐 화면의 일부라고 받아들여지는 이유다. 시청자들이 화면 속 상황이나 이야기에만 집중하는 게 아니라 화면의 모든 걸 왠지 재미있는 상황이라고 생각하기 시작해서다.

유튜버는 의도적이었건 아니었건 간에 영상 속 소품 하나가 차별화를 만들 수 있다는 의미다. 다른 말로 하자면, 영상을 만들면서 굳이 이야기를 전달할 이유가 없다는 것이다. 말로 해야만 홍보가 되는 게 아니라는 사실, 영상 속에 보이도록 갖다 두기만 해도 저절로 알려진다는 말이다. 유튜브하는 데 어려워 할 이유가 없다.

2장 동영상 콘텐츠 만들기

스마트폰을 사용하여 쉽고 간단하게 배우기

자, 이제부터는 유튜브 채널에 필수적인 콘텐츠 만들기를 위해 동영상 촬영을 준비해 보자. 촬영 전에 준비할 내용은 동영상의 성격에 따라 다른데, 본 단락에서는 스마트폰으로 영상을 촬영할 때 필요한 과정을 소개한다.

스마트폰만으로 촬영한 영상을 영화로 만든다면 국내/외 영화제에 출품할 수도 있다. 영화감독 지망생 및 전/현직 영화감독들과 자신이 출연하는 영화를 만들고자 하는 영화배우 지망생들에게도 좋은 기회가 될 것이다. 유튜브 채널이 영화관이 될 수도 있다.

1. 기획하기

영상을 만들려면 가장 먼저 기획이 필요하다. 어떤 내용으로 어디에서 촬영하고 어떻게 편집하며 어떻게 메시지를 표현할 것인가? 영상을 업로드하는 시점도 전략이 필요하다. 이 모든 걸 기획이라고 부른다. 콘텐츠의 시작은 기획부터다. 나만의 기획을 세우도록 해 보자.

1) 콘텐츠 기획

어떤 주제로 영상을 만들 것인가?
메시지는 어떤 내용을 넣을 것인가? 홍보인가? 단순 스토리인가?
장르는 어떻게 정할 것인가? 코미디? 광고? 감동?

계획이 필요하다. 콘텐츠를 기획할 때는 이처럼 구체적인 설계도를 그리는 과정이 필요한데 1인 콘텐츠 제작자인 경우라면 모든 과정을 혼자 해야 한다.

"저는 기획을 해 본 적이 없는데요?"

기획이란 교육을 받아야 하거나 타고나야 하는 재능 같은 게 아니다. 물론 전문적인 영상작업을 위해선 기획업무에 대한 학습도 필요하겠지만 여기서 말하는 '기획'이란 것에는 필요 없다. 여기에서 말하는 기획은 내가 어떤 내용으로, 어떻게 영상을 만들 것인가에 대한 계획을 말한다.

콘텐츠 자체에 대한 구상을 한다고도 말할 수 있는데, 가장 좋은 기획이란 14글자 이내로 설명할 수 있는 내용을 말한다. 내 영상은 어떤 내용이라고 14글자 이내로 설명할 수 있는 것, 그게 좋은 기획이다.

예를 들어서, 필자의 영상 가운데 '남자 친구가 뭐길래' 라는 작품이 있다면, 이 영화에 대한 소개로 "남친 만드는 법"이라는 설명을 붙일 수가 있다. 이 간단한 한 줄의 설명이 **[콘텐츠 기획]**이라고 할 수 있다.

"나는 내가 만들고 싶은 영상이 있어!"

여러분이 만들고 싶은 영상이 있다면 위처럼 14글자 이내로 다른 사람들에게 설명해 보자. 설명이 길면 길수록 사람들은 관심을 두지 않는다. 요즘처럼 바쁜 세상에서 남의 이야기에 귀 기울여 주는 경우는 드물기 때문이다. 그래서 설명은 짧게, 기획안은 간단하게 제시해야 한다. 당신의 이야기에 다른 이들이 관심을 갖기 시작했다면? 그건 좋은 기획이란 의미다.

2) 동영상 콘셉트

동영상의 콘셉트란 동영상의 장르를 말한다. 코미디인지, 감동인지, 학습인지, 게임인지 등의 구분이다. 이러한 동영상 콘셉트에 따라 채널에 표시되는 기준도 달라진다. 게임 동영상을 학습에 노출되게 하지 않고, 코미디 영상을 게임에 노출되게 하진 않는다. 동영상의 콘셉트를 정하는 것은 내가 만들려는 동영상의 장르를 정하는 일이다.

"만들려는 동영상 콘셉트가 뭔가요?"

이런 질문을 받았다면 자신 있게 이야기하자.

"코미디이며, 스토리가 가미된 내용입니다."

사람들이 선호하는 동영상은 트렌드가 있다. 코미디가 인기인 시기가 있고 게임물이 인기를 끄는 시기가 있다. 가끔은 학습 영상이 인기를 끄는 경우도 생긴다. 그럼 어떤 일이 생길까? 당신의 동영상 콘셉트가 어떤 장르인지에 따라 인기를 얻을 요인이 달라진다는 이야기다. 게임물이 인기인데 당신의 동영상은 학습용이라면? 채널에서 노출될 우선순위가 달라질 수 있다. 아무래도 유튜브 채널은 수익을 내야 하는 회사에서 운영하는 곳이다. 시청자가 모이고 사람들이 보고 싶어 하는 동영상을 우선적으로 노출하게 된다.

3) 줄거리

줄거리는 동영상이 만들어지기 전이라도 그 내용을 알게 해 주는 가장 중요한 요소다. 영화를 생각해 보자. 어떤 영화가 개봉되었는데 당신이 아직 극장에 가지 않았다. 어떻게 할까? 당신은 그 영화의 줄거리를 듣고 싶어 할 게 분명하다. 줄거리를 알아야 그 영화가 어떤 내용인지, 보고 싶어 할지, 아니면 당신이 관심 없는 내용인지 결정하기 쉽다. 그래서 동영상 줄거리는 시청자들에게도 동영상을 볼 것인지 말 것인지 판단할 수 있는 가장 중요한 판단요소가 된다.

"줄거리를 잘 쓰고 싶어요! 어떻게 해야 하나요?"

처음부터 좋은 줄거리를 쓰는 사람은 없다. 글쓰기 연습을 많이 해 온 것도 아니고 영상을 만들어 본 적이 거의 없는 사람들이 대부분이기 때문이다. 그럼 어떻게 해야 좋은 줄거리를 쓸 수 있을까? 가장 좋은 방법은 꾸준한 연습이다.

처음부터 좋은 줄거리를 쓰려고 욕심내지 말고 꾸준히 지속적으로 동영상을 기획하고 줄거리를 써 보며 연습하고 동영상을 만들어야 한다. 그러는 와중에 좋은 줄거리가 나오고 동영상이 나온다. 또는 유튜브 채널에서 다른 이들이 올려둔 영상을 보면서 '이 사람들은 이 영상을 만들기 전에 어떤 기획을 하고 어떤 줄거리를 썼을까?' 생각하고 연구한다. 보고 배우는 것도 좋은 방법이다.

4) 콘티[continuity : 콘티뉴어티]

'콘티[continuity:콘티뉴어티]'란 동영상 제작진 사이에서 보는 '컷(CUT:장면)'의 모음이다. 만화를 생각해 보자. 비슷하다.

'콘티'라는 것이 만화에서는 스토리에 따라 컷으로 구분되는 것을 가리키고, 영상에서는 촬영하기 전에 내용에 따라 촬영할 장면을 미리 정해둔 스케치를 가리킨다. 그게 콘티다. 때로는 스케치 없이 설명만으로 만들기도 한다. 그림 실력 걱정 때문에 콘티를 못 그리겠다는 사람들도 있는데 콘티란 게 반드시 그림을 그려야만 하는 건 아니다. 줄거리에 따라 기획 콘셉과 내용 등이 표현된 '컷'이면 족하다.

제대로 된 콘티가 좋은 줄거리를 만들고 인기 있는 동영상을 만들 수 있게 해 준다. 줄거리가 아무리 좋아도 그걸 어떻게 찍을 것인지 컷으로 구분한 콘티가 없거나 불충분하다면 좋은 영상이 나오질 않는다.

"줄거리에 따라 일단 촬영하고 나중에 편집할 때 컷을 구분하면 안 되나요?"

물론 된다. 하지만 생각해 보자.

콘티를 만들고 어떻게 찍어야 할지 충분히 숙지한 이후에 촬영하는 게 나을까? 아니면 촬영을 먼저 하고 컷으로 편집하는 게 나을까? 어느 쪽이 실수할 가능성이 적을까?

다음 '콘티' 구성 안을 보고 참고하자.

a. 콘티 만들기

필자가 직접 기획, 감독을 하여 만든 유튜브 영상의 콘티 단계를 보며 이해하도록 하자. 우선 영상 제작에 앞서 **[제작 스케줄]**이 필요하다.

《유튜브채널 영상제작 스케줄》

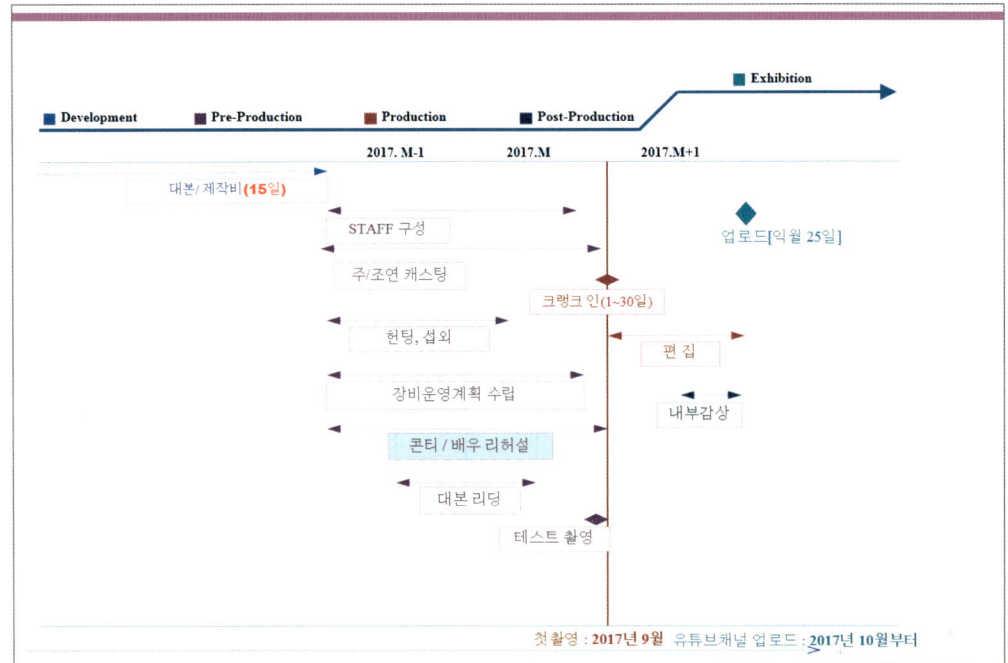

위 제작 스케줄에 따라 진행하는 데, 콘티/배우 리허설 내용에 포함될 것은 **[영상콘티]**이다. 어떤 내용의 영상을, 어떤 의도로 만들 것인지 기록한 것인데, 배우들과의 사전 미팅 및 촬영 순서를 적어둔 페이지와 촬영 시 주의사항을 정리해 둔 내용 등이다. 이처럼 콘티는 촬영하기 전에 어떤 순서로, 어떤 내용을, 어떻게 찍을 것인가에 대해 간략하게 적어둔 것인데, 자세하게 적을 필요는 없다.

《유튜브채널 영상콘티 개요》

우리문화재 발굴탐사여행

***의 고고탐사(가제)

1. 기획 의도

      – 우리 땅의 문화 그리고 문화재를 전하는 역사 이야기

      – 우리가 소홀했던 우리 것 이야기

      – 재미와 감동을 더해 우리 문화재 사랑이 필요하다

      – 우리나라 땅 곳곳에 살아 숨 쉬는 문화재 탐사여행

      – 해외에서 돌아오지 못하는 우리 문화재를 찾아가는 여행

      – 우리 문화 사랑이 '우리(we)입니다'를 확산

2. 방송 개요

  ① 제작 담당 :

  ② 방송 편성 : 파일럿 1～2회 / 2015년 여름 중 / 회당 60～70분 예정

                (정규 편성 시 추후 논의)

  ③ 제작 형식 : 야외(문화재가 있는 여행지 등) 중계 녹화

  ④ 메인 MC : ***

  ⑤ 현장출동–MC

     – 여자 :

     – 남자 :

  ⑥ 문화재 패널소개

     – 국내외 학계의 저명한 인물 소개

3. 제작 방향

   – 우리 문화에 담긴 역사 이야기

   – 미신 배제

   – 잘 알려진 유적지를 비롯하여 숨은 문화재 탐사여행, 버려진 채 방치된 우리 문화재를 돌아
     보며 역사의 중요성을 이야기

   – 외국 문화도 좋지만 우리 문화재와 문화가 융합될 때 더 좋다는 역사 한류 지향

4. 기본 구성

   ※ 전체 틀

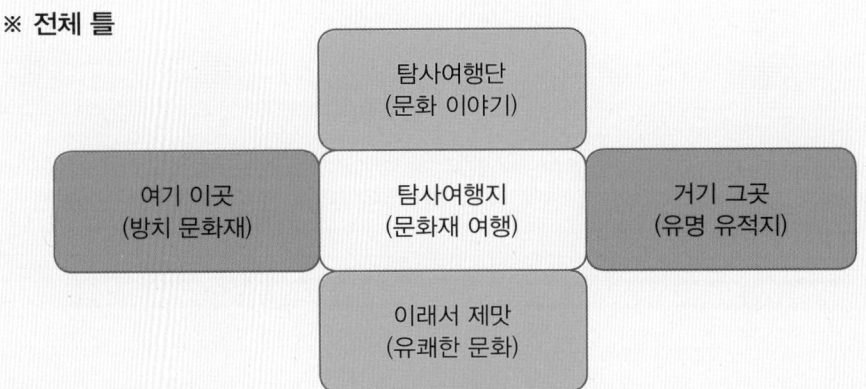

         ▶ '코드'들이 더해진 유쾌한 상상속 문화재 탐사여행

   ① 영상 시작

     – 가벼운 근황 토크

   ② 오늘의 탐사여행지

     – 오늘 알아볼 문화재 기초 역사 지식

     – 안타까운 역사 등 사실 고증된 역사만 소개

     – 즐거운 문화재 탐사여행

③ 문화재를 만나다

    – 이 프로그램의 성격을 보여주는 메인 코너

    – 꿈꾸던 삶 만들기

    – 문화재를 맞이한 이야기

    – 문화재에 담긴 역사를 찾아라!

    – 유쾌한 상황극

    – 문화재에 대한 유쾌한 시험

④ 문화재를 아끼다

    – 방치된 문화재를 돌보다

    – 문화재청 건의, 각계 의견 모으기

       문화재 이야기방 게시판

       문화재에 얽힌 수수께끼

    – 또 만남 약속의 시간

       문화재를 사랑하는 약속 남기고 귀가하기

⑤ 제작 SOS타임

    – 문화재 역사 관련 뉴스 소개

    – 다양한 삶에 대한 시청자 관점을 담은 SNS 토크 중계

5. 구성의 예

#1. 탐사여행단 등장

① 국외 반출 문화재 소개

② 돌아오지 못하는 문화재 소개, 방송에 임하는 자세 다짐

    – 탐사여행단 출발

    – 재미있는 문화재 탐사여행

#2. 문화재를 만나다

PART 1) "안녕, 반가워"

① 문화재를 만나다

② 찾아가는 길

    − 문화재 기본지식 배우기 게임 복불복

PART 2) 문화재야, 문화야

① 탐사여행단의 각종 여행 중 수수께끼 지령 수행

    − 모든 걸 여행으로 나누어 직접 해결해야 함

    − 몰래 출연진(친구 등) 등장

    − 문화재 여행 적극 시작

#3. 어디에 있지?

① 문화재 찾아가는 수수께끼 어려워 팍팍

② 몰래 출연진 적극 참여 시작

#4. 우승과 지각

① 문화재 발굴 탐사여행팀 관람 및 퇴근

② 지각한 팀 확정 및 공부 시험 후 퇴근

#5. 유혹의 출연진 등장/소개

① 출연자들을 괴롭혔던 몰래 출연진 공개

② 현장 진행자들의 출연진 평가 타임

③ 다음 출연진 예고/ 티져 방송

6. 제작 일정(예상)

☞ 201X년 : 기획안 완료

☞ 201X년 ○월 초 ~ 중순 : 출연자 섭외 및 사전 미팅

                           / 녹화장소 서치 및 사전답사

☞ 201X년 ○월 중순 : 예산 확정 / 녹화장소 헌팅 / 프로그램 그래픽 디자인 의뢰,
　　　　　　　 타이틀 및 미술 의뢰 등 / 제작팀 본격 구성
☞ 201X년 ○월 말 : 파일럿 구성회의 / 출연자 최종 확인
☞ 201X년 ○월 7일 ~ 10일 중 : 파일럿 녹화 (2회 분)
☞ 201X년 ○월 방송

그 이유는 콘티에 이어 촬영대본을 준비하기 때문이기도 하다. 또한, 촬영 현장마다 상황이 변할 수도 있고 예기치 않은 일들이 생기기 때문이다.

그래서 실제 촬영은 콘티보다는 촬영대본에 따라 이뤄진다. 촬영 대본에는 등장인물들의 대사, 행동 등을 적어둔다. 이에 따라 카메라 이동, 카메라 위치 등을 정할 수 있다.

《유튜브채널 영상대본》

유튜브채널 영상

Fr. 2018년 1월
To. 2018년 2월

생방송 상황 설정극

남자친구가 뭐길래

극본 | 이 영호
감독 | 빅터 리

주연 : 구혜리

오프닝

배경음악 --

착한영화제작팀 [빅터리하우스]

www.victorleeshow.com

STYLE with STORY

--배경음악 끝.

혜리   S#1 인천국제공항.

저녁... (입국장 만나는 사람들)

혜리   S#2 버스 (공항에서 인천 또는 서울)

달리는 버스, 밤하늘을 본다.

UFO   S#3 UFO가 지구로 오다가 황급히 되돌아간다.

자막_#^$#*@^$%@(@*#&$^#%@(#&@(*$&

번역_지구 여자와 헤어져! 너 엄마 말 안 들어?

자막_*#&@^#%@*#@@*@&#^@%#

번역_안드로메다에서 새로운 사랑하자.

혜리   S#4 다음 날 (공항에서 장소활용)

패스트푸드점

혜리, 앉아서 콜라를 마시고 있다. 리포트 숙제 열공 중.

시계 보고, 30분 전에 일어섬. 다이어리에 남친 약속시간 확인

같은 시각,

스타벅스에 태라. 섹시 스타일에 분위기 좌중 압도 카리스마 철철.

시계 보고, 정각에 일어섬. 다이어리에서 남친 약속시간 확인

PAN 점프.

S#5 같은 날 저녁. (홍대 인서트)

서울의 낮, 직장인들은 바쁘고,

서울의 밤.

S#6 주점(반각 촬영, 따로 따로)

혜리   (남자 만나러, 주점 들어서며–공항에서 장소활용)

(시계를 보다가 빈자리 앉는다. 약속시간 10분 전)

어우야~ 이제 오면 어떻해? 나 완전 삐칠 뻔 했어...

담부턴 늦지마. 아라찌? 나 기다리게 하지마.

(멈춤)

(대사 연구) 음.. 하지마? 하지마~ 하지마… 하지마! 흠.....

(시계 보는데 정각)

(잠시 후 10분 뒤)

(잠시 후 30분 뒤) (주점 화장실 다녀오며 테이블 위에 물컵)

(빈 소주병 늘어나고) (밤하늘 보고 살짝 울컥)

(일어서 나가며) 나쁜놈.

(계산서 들고 보며) 헉! (빅터리 – "15만원입니다.")

(놀라 카메라 보고) 뭐 이리 많이 머거써... (빈 지갑)

(주민증 뒤에 숨겨든 비상금까지 탈탈) 엄만테 주겠다. ㅜ.ㅜ

태라   (약속시간 10분 후 도착)

(빅터리 대역–남자 어깨 보며) 오! 친구! 왔어? 차가... 너무 막혀서.

(말 한 마디 안 하고 듣기만,., 마지 못해 살짝 웃어줌)

(적선하듯 한잔 마셔줌) 따르릉 휴대폰

(화면에 '이남자' 표시, 정말 짜증난다는..)

(완전 가성) 아는 오빠가... 또... 싫다고 하는 데 자꾸 전화를....

(툭 끊고. 일어서며 화장실)

(시계 보고) 미안. 나 부모님이 엄하셔서... 10시 전에 들어가야는데

(미안한 표정 일어섬)

(빅터리 대역 : 아쉬운 남자 어깨, 혼자 술잔 남자손)

태라   ('이남자' 씨에게 전화 다시 걸며)... (목소리 원상태로)

응. 엄마, 왜? 나 오늘 늦어.. 다 큰 딸내미 연애도 못하게 하면 안 되지.

참, 근데, 엄마, 이름 좀 바꾸면 안돼? 이남자가 뭐야, 이남자가..

혜리   .....(술자리에서 휴대폰 보다가 들고) 오빠~ 나야.

오빠? 오빠~ 오빠....... (휴대폰 바라보는데 E 오버랩)

(E) 그 오빠를 우연히 만난 지 32일째.

난 오빠에게 말도 못 건네고.... 오늘도 연습만 한다.

그러던 오늘, 난 새로운 작전을 실행에 옮긴다.

태라   (휴대폰 들고, 주점 들어오며 조용히) 친구 만나러. 술 먹었냐고? 아니.

안 먹어. 친구가 고민 있다고 들어 달래.

엄마, 친구 운다. 나 얼른 친구 위로해 줄게. 응, 엄마, 안녕! 잘 자!

(메뉴판 보며) 오빠, 여기 닭똥집이랑 번데기. 소주 두 병.

(창밖 보며 E 오버랩, 소주 벌컥. 캬~~~~)

(E) 여자는 참 힘들다. 예쁜 게 죄지. 안되겠어. 좋은 녀석 만나려면

이대론 안돼. 작전을 세워야지. 세상에 내 매력을 뿌리고 다녀야 해.

혜리   (핸드폰 흉내 중인데, 드르릉..... 전화, 휴대폰 받은지 모르고) 오빠? 오빠~

남자(E)   (빅터리 대역) 여보세요~

혜리   (화들짝) 네? 네? (이게 웬 복?) 네~ 오빠... (급당황) 아니, 네, 누구세요?

남자(E)   네~ 사장님, 좋은 땅 있어서 정보 드리려고요.
        싸장님, 목소리도 예쁘시고 복 받으셨어, 네. 이번 기회에 땅 좀 사세요.

혜리   (짜증) 아저씨,, 그렇게 좋은 땅 있으면 아저씨가 사. 왜 남한테 팔아?

남자(E)   ....(부드러운 목소리로) 아니, 오빠 못 믿어?
        세상에...... 오빠를 못 믿으면 누굴 믿어? 동생? 오빠 한번 믿어봐~

혜리   (왕짜증)........

        S#7 작전에 빠지다.

사물 1.

혜리   오빠, 여기 지나갈 때 내 목소리를 들어봐. 오빠 나 기억해요... (돌아와서)
        얘, 우리 오빠는 마음이 착하고, 책도 많이 읽어서 아는 것도 많거든.

        꼭 기억해서 우리 오빠 지나갈 때 내 이야기 해줘, 나 생각하게 해주라구.

태라   얘, 이런 남자 지나가면 기억했다가 나한테 들려줘.
        직업은 의사이거나 판사, 검사가 좋겠어. 키는 180cm가 넘어야 하고

.... 배 나오면 안돼! 엉덩이가 살짝 올라간 스타일이 좋아.

(흐흐) 섹시하잖아...

사물 2.

혜리   애, 넌 우리 옵 지나갈 때... 노래를 들려줘. 알았지?

(사물 보며) 우~리 오~빠~ 말~타~고~ 비단구두 사 가지고 오신다더니..

알았지? 우리 오빠는 좀 감상적이라서, 내 노래 좋아하거덩.

우리 옵 지날 때 네가 내 노래 들려줘. 알았어?

태라   (침묵하다가....) 나 잘 봤지? 너 나 기억했다가... 여기 지나가는 남자 가운데

괜찮은 남자 찾으면 그 남자 머릿속에 들어가서... 내 이미지를 주란 말야.

괜찮은 남자가 이상형으로 나를 그리게 하라구.

사물 3.

혜리   오빠 여기 오면 주위를 둘러봐. 하늘도 보고, 사람들도 보고.

오빠가 여기 있을 때 행복한 사람들만 가득 할거야. 오빠, 내 이름 기억하고....

난 구혜리, 혜리야. 알았어? 1, 2, 3, 4, 5, 6, 7, 8 구혜리.

태라   내가 찾는 남자는...음.. 술은 1994년산 캘리포니아산 와인을 마시고,

1998년산 칠레산도 좋다. 담배는 말보로 멘솔 정도가 좋겠고, 차는 없어도 돼.

......그 대신... 작은 비행기 하나 있으면 되지 뭐. .... 검소하게.

집? 집..은 검소하게... 청담동이나 평창동에 100평 정도면 되고,

아니면.... 유엔빌리지 쪽으로 있던가.

사물 4.

혜리   오빠가 하루 일을 마치고 여기 오면 피곤할 거야. 그러니까, 넌 오빠에게 용기를 줘
      신선한 공기, 유쾌한 마음, 알았지? 오빠 어깨는 내가 주물러 줄 테니까... 넌
      오빠에게 용기를 내라고 내 목소리를 전달해.
      너! 우리 오빠랑 눈 마주치지 마. 너 그럼 아주 나한테 혼나!

태라   넌 나한테 뭐 해 줄래? 여기 지나다니는 남자들 가운데 괜찮은 남자 있어?
      나 잘 봐두었다가.. 남자들 가운데 쓸만한 사람 나타나면 나한테 텔레파시라도 보내.
      알았지? 기억해. 내 말 잊으면 너 혼난다.

사물 5.

혜리   우리 오빠는 사실 쑥스러움을 많이 타. 그래서, 나랑 얘기를 잘 못해. ㅎㅎㅎ
      실은, 그 반대야. 그러니까 너한테 이렇게 전달하는 거야. 넌 영광인줄 알아.
      내 비밀을 아는 건 너밖에 없으니까. 그러니까, 네가 날 잘 도우란 말야.

태라   나는 사실 남자를 잘 모르겠어. 남자들을 도대체 믿을 수가 있어야지...
      그러니까, 네가 나를 보거나, 내가 어떤 남자랑 여길 지나가면... 그 남자에 대해서

      나한테 살짝 얘기를 해 주란 말야. 알았지? ㅎㅎㅎ 너도 나 봐서 알잖아? 예쁘지?

사물 6.

혜리   이제 네가 끝이야. 넌 우리 오빠 보면 네가 꼭 전해 줘. 네가 가장 중요해.
      내 얼굴 보고 좋은 점만 얘기해 주란 말야. 응? 귀엽다. 싹싹하다. 앙증맞다.

깨물어 주고 싶다. 주머니에 쏙 넣고 다니고 싶다. 뭐 그런 거. 알았지?

(물끄러미....) 너 내 맘 알지? 그럼, 나 너만 믿고 간다. 너 지켜! 꼭. 응? 꼭!

태라   너까지만 하고 그만해야겠어. 피곤하다. 너, 나 봐서 알겠지만... 남자들이 많이
      따라다니거든. 그러니까.. 그 남자 가운데 좋은 남자 가려내서 나한테 말해 줘.
      궁금한 거 있으면 아까 내가 말해 준 애들에게 물어 보고. 서로 회의라도 해.
      어떻게 하면 나랑 좋은 남자를 만나게 해 줄지.. 열심히 노력하란 말야. 너희들. 응?

----------------------------1차 엔딩----------------------------

보너스 S # 8 여자, 만나다.

태라   (태라와 혜리의 동창회) .... 혜리아, 남친 만들기 비밀 알려줄까?

혜리   (답답하다며) 으응..... 쫌!

태라   남자는 인간관계를 술로 가져. 여자는 대화를 좋아하지만.

혜리   (끄떡)

태라   그럼, 남자와 여자가 애초에 서로 맞질 않는 거야. 좋아하는 게 다르니깐..
      고양이가 강아지랑 만나면 서로 싸우지? 왜 그런지 알아?
      고양이는 기분 좋으면 꼬리를 가랑이 사이로 숨기고...
      고양이가 화 나면 꼬리를 바짝 세우지....
      근데, 개는 그 반대거덩...

혜리   응? (수첩 적다가..)

태라   개는 기분 좋으면 꼬리 들고 흔들고,,, 살랑살랑...
        개가 무섭거나 두려울 때 꼬리를 뒷다리 사이로 넣는단말야.
        고양이랑 개가 서로 행동이 다른데... 그래서 사이가 나쁜 거야.

혜리   으..응.... (열심)

태라   그럼, 네가 만약 미팅에서 술 마시기 겜을 한다... 그럼 말야...
        어떻게 할 거야?

혜리   (당연..) 다 마시지. 까짓거.

태라   바보. 그럼 안돼지. 여잔 뭐니뭐니 해도 내숭이야.

혜리   응?

태라   일단 뭔 겜을 하던 상관없어. 중요한 건 술을 어떻게 처리하냔 건데...
        소주를 마시러 간다 그러면,,, 자리에 앉자마자 얼음물을 시켜....
        맥주를 마시러 간다..그러면... 콜라나 녹차 같은 거 사다가 놓고...

혜리   왜?

태라   남자들 일단 술집 가면 술 마시고,,, 마시다가 취하면 개 되거든...
        (아까 꼬리 살랑살랑 동작 흉내)

혜리   (태라 바로 앞에서 태라 동작 흉내 살랑살랑)

태라   그럼 여자는 정신 똑바로 차려야 한다는 건데...

                소주를 건배하고,,, 이렇게... 얼음물에 뱉으란 말야....

                삼키지 말고...

혜리   남자는?

태라   남자는 삼키거나 말거나지. 그리고,, 맥주는 입안에 마신 뒤.

                녹차 잔이나 콜라컵에 뱉으란 말야.... 아까처럼.

혜리   대...박.... 너 그거 대단하당... 참, 남자가 눈치 채면 어떻게 해?

                자기도 물 마시겟다고 하고 달라면? 술뱉은 거 알면?

태라   얼음은 뭐하냐? 얼음 녹았다는 핑계 대고 '언니~ 얼음물 새로 하나 주셔요~'

혜리   대..박..대박..대박.....

태라   본론으로 들어가서...

혜리   (끄덕끄덕) ....

태라   아무나 만나면 안돼. 네 인생의 짝을 만나야 해.

                그러려면 말야........

혜리   (시선 부릅! 볼펜 꽉! 어깨 힘!)

자막   오늘도 여자의 사랑은 새로운 작전을 짠다.

엔딩.

그리고 대부분의 경우, 콘티에 따라 촬영하려고 하더라도 현장 상황에 맞춰 콘티를 바꿔야 하는 경우가 부지기수다. 그러므로 콘티란 것은 촬영 전에 세우는 계획으로 생각하되, 실제 촬영에서는 변경될 수도 있다는 것도 알아두도록 하자.

다음은 콘티 및 촬영대본에 따라 실제 촬영을 하는 현장 모습이다. 이처럼 현장에서는 콘티를 숙지한 상태에서 촬영대본에 표시된 배우들의 대사, 행동 등을 고려하여 카메라 위치를 정하고 촬영을 하게 된다.

[도서 '너의 췌장을 먹고 싶어(소미미디어 출간)'티저무비 콘티]

콘티 구성 시안

착한영화제작틸 [빅티리하우스]

■ **[주제]**

이름이 없는 '나' & 일상이 없는 '그녀들'에게 전하는 "지금 사랑하라" 메시지

■ **[독자트렌드]**

"어째서 너는 내 이름을 부르지 않아? 대화보다 메시지가 편한 세대,

그녀들과 그들의 프러포즈는 카카오톡 메시지로 들어온 지 오래이고,

연인의 시작과 끝이 문자메시지로 대체된 지 오래다.

그들이 바라보는 그녀들은 인스타그램에 모였고,

그녀들은 카카오톡 프로필 사진으로 심경을 표현하는 데 익숙하다.

그리고 여기 소설 "너의 췌장을 먹고 싶어"가 있다.

일본인 작가가 썼기에 일본소설로 구분되는 건 사랑에 대한 인류애적 평등권을 무시한 오류다.

세상 모든 이들에게, '지금 사랑하지 않는 자 유죄'라고 전하는 메시지뿐만 아니라

누구를 사랑하느냐의 문제가 아닌, '내가 사랑하는 사람'의 가치를 조명하는 작품이기에 그렇다.

그래서 "너의 췌장을 벅고 싶어"의 영상은

원작의 콘셉트를 최대한 따르되 국내 독자들의 메시지 트렌드를 활용하면서

지금 사랑하는 자, 썸을 타는 그녀 그들에게

'지금 사랑하라, 내일이 없는 것처럼!'이라는 사랑수행 임무를 부여한다.

한강변	밤 또는 맑은 오후 홀로 걷는 그녀 스치는 그 "어째서 너는 내 이름을 부르지 않아?"	PAN BGM.
한강변 벤치	그녀와 그의 만남 회상 (학교 풍경, 봄 거리 풍경) 그녀와 그는 이미 오래 전 곁에 있었다. 서로 비밀이었을 뿐 "대사: ....(책에서 인용)"	F.I. F.O. INST.
같이 걷는 길 뜻하지 않은 결말 암시	짧은 만남 약속 사랑의 연장선 "대사: ....(책에서 인용)"	C.U. BGM. PAN.
다음 이야기는...	[책]에서 자막 "..................(책에서 인용)"	C.U. BGM.

■ [설명]

❶ 15초 영상, 30초 영상은 스토리의 연속성을 갖습니다.

　독립된 스토리가 아니라, 단편, 중편 개념입니다.

❷ 4컷으로 구분된 장면 씬은 한 컷 이미지가 아닌, 여러 인서트 영상이 사용됩니다.

❸ '대사'는 책에서 적합한 메시지, 대표적 주제어를 넣을 예정입니다.

　편집자 님께서 핵심 주제어 문구를 알려주시면 도움되겠습니다.

❹ 남녀 배우는 이미지 중심 연기를 하고, 대사는 오디오를 따서 넣습니다.

　동시녹음 오디오가 들어가는 영상도 없는 건 아닙니다.

❺ 제가 촬영해 둔 영상 중에 병원, 벚꽃거리 등등을 최대한 활용해 볼 계획입니다.

❻ 엔딩 파트에는 책 표지(또는 그녀가 읽는 책)가 들어가는 건 어떨지 검토 중입니다.

　엔딩은 배경에서 줌아웃으로 카메라 빼면서 책표지를 클로즈업하는 컷으로 생각합니다.

❼ 분홍색 벚꽃잎이 화면을 채우는 느낌의 CG효과를 생각합니다.

　나뭇가지에서 꽃잎이 떨어지는 모습이거나, 화면을 벚꽃잎들이 채우는 느낌 등입니다.

❽ 배경음악은 저작권 말소된 고전 클래식 음악 중에서 고를 예정입니다.

　영상이 먼저 나와야 거기에 적합한 배경음악을 고를 수 있기에 여기에 따로 적지 않습니다.

감사합니다.

위와 같은 과정을 거쳐 만들어진 영상을 유튜브채널에 업로드한다. 유튜브채널에 업로드한 영상(**작품명: 남자친구가 뭐길래**)의 일례를 확인할 수 있다.

https://youtu.be/UDyD_hXoNd0

실제 콘티에 따라 완성된 영상을 참고해 보도록 하자. 영상을 보면서 콘티와 촬영대본의 효과를 느끼도록 한다.

b. 콘텐츠 기획안 만들기

나만의 동영상 또는 콘텐츠 제작기획에 대해 알아 보자.
본 단락에서는 콘텐츠의 콘티와 기획에 기재되어야 하는 내용을 위주로 콘텐츠 기획안 작성에 대해 알아 본다.

동영상을 만들 것인가?
그렇다면 먼저 기획을 정리하면서 줄거리에 따라 콘티를 만들고, 그에 따른 '콘텐츠 기획안'을 만들어 보자. **[콘텐츠 기획안]**은 콘텐츠에 대한 소개를 통해 제작비를 투자받을 수 있는 서류이기도 하다. 1인이 기획, 촬영, 제작하는 소규모 콘텐츠뿐 아니라 여러 사람이 참여하는 대규모 콘텐츠를 만드는 경우도 대비하면서 콘텐츠 기획안의 구성에 대해 알아 두자.

― 표지
콘텐츠 기획안의 표지에는 당신이 만들고자 하는 작품의 제목, 제작기획서 작성자 이름과 작성일 등을 표시한다. 만든 날짜, 만든 사람, 동영상 콘텐츠 제목, 만드는 회사 등이 기재되어야 한다.

– 메시지 페이지 넣기

콘텐츠 기획안에 페이지를 넣을 때는 각 순서 페이지마다 나름의 메시지 페이지를 넣는 게 중요하다. 가령, 동영상 콘텐츠 주제를 설명하고 이어서 제작비 계획에 대한 페이지가 나올 차례라면 그 사이에 '동영상 콘텐츠의 필요성' 등에 대해 제작자의 의지 또는 생각을 적은 페이지 하나를 넣는 식이다. 앞 페이지에서 다음 페이지로 넘어가는 사이, 다음 내용을 기대하던 사람들에게 신선한 메시지를 보여줄 수 있다.

– 목차 넣기

콘텐츠 기획안에 목차를 넣는다. 다만 목차는 미리 작성하지 말고 전체 내용을 만든 후에 마지막으로 정리해서 만들기를 추천한다. 목차를 먼저 정하고 기획안을 만들다 보면 중간에 생각나는 내용을 추가로 목차에 넣고자 할 경우 전체 목차 순서를 다 바꿔야 하는 사태가 벌어진다.

– 기획 의도 넣기

[기획 의도]는 콘텐츠를 만들려고 하는 이유를 말한다. 추가적으로는 콘텐츠를 만듦으로써 얻는 기대치 등에 대해 적어도 좋다.

– 콘셉트 넣기

[콘셉트]는 콘텐츠가 어떤 장르이며 어떤 내용으로 어떻게 표현될 것인지 적도록 한다.

– 개요 넣기

[개요]는 동영상 콘텐츠의 타이틀, 제작자, 제작일, 업로드일 등처럼 전반적인 내용에 대해 적는다.

– 줄거리 넣기

[줄거리]는 콘텐츠에 관한 소개서와 같다. 어떤 내용으로 어떻게 흘러가는 내용인지 적는다. 줄거리를 보는 사람들이 앞으로 만들게 될 동영상 콘텐츠에 대해 기대감을 갖도록 해야 하는 게 중요하다. 줄거리는 재미있어야 하고 사람들의 시선을 집중시키고 호기심이 생기도록 매력적이어야 한다.

– 추가설명 넣기

목차에 따라 페이지를 구성하는 중간에 부연 설명이 필요한 페이지에 적는 내용이다.

– 수익 넣기

유튜브 채널을 만들고 동영상을 업로드하는 이유는 수익 발생이다. 기획안을 작성하는 목적은 동영상 콘텐츠를 제작하는 데 있어서 정확한 예산을 정하기 위함이다. 그래서 얼마의 제작비가 필요하고 얼마의 기대수익이 예상되는지 수치를 적어야 한다.

다만, 기대수익이라는 건 현재 확정되지 않은 수익을 말하므로 구체적인 금액을 적기가 불가능한 게 당연하다. 이 경우엔 수익이 발생할 수 있는 방법을 기록하고 각각의 방법에 대해서 합리적인 계산에 따라 수익이 어느 정도 발생할 수 있는지 추정금액을 적도록 한다.

– 일정 넣기

콘텐츠를 제작하는 데 필요한 시간을 적는다. 각 과정별 기간과 촬영일 등에 대해 적는다.

– 부가가치 넣기

콘텐츠를 제작함으로써 얻을 수 있는 부가가치를 적는다. 기대수익과는 별도로 부가가치에 대한 것이며, 금전적인 수치보다는 홍보 적인 면이나 인지도 등이 해당된다.

– 마무리 인사 넣기

콘텐츠 기획안을 검토한 사람에 대한 감사 인사를 넣는다. 동시에 콘텐츠 기획안을 본 사람이 언제든지 작성자에게 연락할 수 있도록 이름과 연락처를 남겨 두는 게 필수적이다.

여기까지 콘텐츠의 기획부터 기획안 작성까지 배웠다. 콘텐츠란 머릿속의 아이디어를 구체화하는 작업이다. 기획한 사람의 머릿속에 있을 때는 아무도 모르는 생각에 그치지만 그걸 기획안으로 정리하고 줄거리로 표현하며 실제 촬영을 거쳐 하나의 영상으로 만들게 되면 모든 이들이 볼 수 있는 콘텐츠가 된다.

그래서 콘텐츠는 기획자의 것이기도 하지만 영상이 될 경우 그걸 시청하는 모든 이들의 것이기도 하다. 콘텐츠 제작자의 책임감과 역할이 중요한 이유다. 세상에 도움되는 콘텐츠가 필요하기 때문이다. 생각해 보자. 당신이 만든 콘텐츠를 본 시청자들이 감동을 하고 당신의 의도대로 감정이입이 되는 게 좋은지, 아니면 그들이 당신의 콘텐츠를 보고 '에이, 시간 낭비했네'라고 말하는 게 좋을지 말이다.

2. PRE-PRODUCTION : 준비하기

콘텐츠 기획안을 완성했다면 이제 다음 단계는 촬영장 정하기 및 배우 캐스팅이다. 줄거리를 잘 표현할 수 있는 장소는 어디이며 그 장소에서 촬영하는 게 결정되었는지(**장소 주인이 있다면 사전에 승인을 받았는지**)가 중요하다.

그런데 이런 경우가 있다. 줄거리에 어울리는 장소가 없는 경우다. 어떻게 할까? 동영상 줄거리에 맞는 장소가 없다면 촬영장 세트를 지어야 하는 데 1인 제작자 입장에서 자금이 없다면? 줄거리에 적합한 장소를 찾지 못했다면 그다음 단계는 줄거리를 바꾸는 일이다. 새롭게 찾아낸 장소에 맞게 줄거리를 바꾸는 작업도 필요하다. 이처럼 줄거리와 촬영장소는 밀접한 연관성이 있다.

1) 촬영장 고르기

촬영장소는 동영상 콘텐츠를 만드는 팀 전원이 동의하는 게 중요하다. 아무리 1인이 제작자라고 해도 영상에 등장하는 이들의 생각도 참고하도록 하자. 동영상은 나만의 아이디어를 만드는 작업이지만 그걸 보는 이들은 나 말고도 수많은 사람들이기 때문이다. 아이디어를 가진 1인보다는 수많은 이들이 공감할 수 있는 장소가 더 좋은 곳이다.

2) 인물 정하기

1인 콘텐츠 제작자가 만드는 동영상이라고 하더라도 영상에 출연할 사람들이 필요할 경우가 생긴다. 연기를 해야 하므로 배우라고 불러도 된다.

'배우라니? 너무 규모가 커지는 거 아냐?'

아니다. 1인 콘텐츠라고 하더라도 영상 속에서 한두 명 연기자가 등장할 필요가 생긴다. 가족이나 친구 지인 등이 등장할 경우가 대부분이라고 해도 이따금 분명히 연기자가 필요할 일이 있다.
가령, 데이트 장면 에피소드를 촬영한다고 해 보자. 매번 영상에서 같은 인물이 출연하는 게 좋을까 아니면 이따금 낯선 인물이 등장하는 게 좋을까? www.filmmakers.co.kr에서 연기자를 캐스팅할 수 있으니 기억해서 사용해 보자.

연기자 모집 글을 올릴 때는 자세한 내용을 기재하고 글을 게재하는 사람의 신원이 확실하며 그 글이 허위가 아니고 실제 영상을 촬영하면서 배우를 필요로 하는 사실을 기재해야 한다. 배우들은 한마디로 '남의 인생을 살아주는 사람'이라고도 부를 수 있다. 영상 속에서 배우 자신이 아닌, 다른 사람의 인생을 연기하기 때문이다. 그러므로 배우라는 직업 자체도 존중되어야 하며 배우를 찾고자 글을 올릴 때도 그 글을 보게 될 사람을 배려해서 사실대로 기재하는 게 좋다.

3) 실물 미팅하기

배우들이 작품을 출연하기로 선택하는 조건도 있다. 먼저 자기와 이미지가 맞는 배역인지, 자기가 제대로 표현해 낼 수 있는 역할인지가 중요하게 된다. 작품이 크고 작은 정도의 문제가 아니다. 배우들은 상업영화나 지상파 드라마만 하는 게 아니라 독립영화나 유튜브 영상 속에서도 자기가 좋아하는 역할이 있다면 기꺼이 출연한다. 배우들이 중요하게 여기는 건 '카메라가 자기를 비출 때만큼은 자기가 주인공'이라는 점이다.

그래서 어떤 영상이거나 콘텐츠라도 먼저 '줄거리'와 '콘티' 등이 중요하다. 줄거리나 콘티만 보면 연기자가 어떤 콘텐츠를 제안받은 것인지, 그 콘텐츠가 만들어졌을 때 사람들이 어떤 감동을 받을지, 그 콘텐츠가 잘될지 등이 보이기 때문이다. 배우들이 줄거리(시나리오)를 먼저 보여 달라고 하는 이유도 이 때문이다.

그럼 제작자 입장에선 어떨까? 낯선 사람과 일해 본 경험이 많지 않은 이상, 어떤 연기자가 어떤 배역을 잘 해낼지는 아무도 모른다. 이미지를 파악하는 방법도 모른다. 그래서 제작자들은 배우들에게 프로필을 보내 달라고 하는 데 '프로필'이란 배우의 이미지를 표현해 낸 사진들과 배우의 경력 사항 등이 적힌 문서를 말한다.

TIP

프로필(PROFILE) 사진이란?

배우 자신의 이미지를 표현해 주는 사진을 말한다. 전문 스튜디오에서 촬영한 사진들이 많으며, 이따금 배우 스스로 찍은 영상이나 자유 사진도 있다. 단, 배우들은 프로필 사진을 준비할 때 스튜디오나 포토그래퍼를 보고 작업을 하게 되는데 이 경우 포토그래퍼의 경력을 중요시해야 한다. 가령, 드라마를 해 본 포토그래퍼가 드라마에 캐스팅될 프로필 사진을 찍어 주고 상업영화를 해본 포토그래퍼가 상업영화에 캐스팅될 사진을 찍어 주는 셈이다. 드라마와 영화 현장에서 요구하는 이미지 연출법이 다르기 때문이다.

프로필 사진을 받아본 후에 사진 속 이미지만으로 배역을 결정하진 않는다. 반드시 실물미팅을 해야 한다. 실물미팅에선 사진에서 발견할 수 없던 요소들이 보이는데, 가령, 목소리가 기대와 다르다든가, 얼굴이 사진과 다르든가, 눈빛이 다를 경우도 생긴다. 콘텐츠에 필요한 연기자의 모습과 다를 수 있다는 얘기다.

4) 계약하기

콘텐츠를 기획하고 줄거리, 콘티까지 마무리했다면 배우들을 캐스팅(선발)하게 되는데 배우들까지 정해졌다면 이제 다음 단계로 '계약'을 해야 한다. 계약이 중요한 이유는 배우들로서도 자기의 초상권(얼굴)이나 성명권(이름)을 보호할 수 있어서다. 어느 콘텐츠에서 언제까지만 쓰인다는 조건들이 명확하게 기재되어야만 한다.

예를 들어, 배우들은 언제까지나 신인 위치가 아니다. 그들도 이름이 알려지고 스타 자리에 오를 시기가 온다. 이때를 위해서라도 항상 자신의 권리 관리를 제대로 해두지 않으면 나중에 큰 낭패를 볼 수 있다. 스타가 된 배우가 있다고 하자. 광고도 찍고 영화 캐스팅도 되고 할 텐데 어느 순간 자기가 신인 때 찍었던 영상이 등장한다면 어떨까? 심지어 지금 연기력이나 이미지와도 상반되게 다르다면? 스타가 되기까지 관리해 왔던 모든 것들이 무용지물이 될 수도 있다.

제작자 입장에서도 계약은 중요하다. 어느 연기자와 콘텐츠를 만들기로 했는데 나중에 연기자가 그 콘텐츠를 모른다거나 지워달라거나 할 경우가 생긴다면? 제작자 입장에선 낭패가 된다. 그동안 투자한 시간과 비용이 모두 물거품이 된다. 그러므로 계약서를 반드시 작성해서 제작자나 배우 입장에서도 서로 대비하도록 한다. 계약서에 기재된 내용에 대해서는 비밀유지가 되어야 하는 건 물론이다.

TIP

출연계약서 샘플

콘텐츠 계약서에 사용하면 좋은 기본 계약서 조항의 예를 알아 두자. 본 계약 내용은 어디까지나 참고사항이므로 각자 협의에 따라서 합의된 내용으로 작성하도록 한다.

_____ 출연 계약

_____(이하 "갑" 이라 함)와 _____(이하 "을" 이라 함)은 상호 신의와 성실을 바탕으로 _____(이하, _____) 출연에 관하여 다음과 같이 계약한다.

- 다 음 -

제1조 (목적)
본 계약은 "갑"이 _____를 제작하는 데 있어서 "을"이 출연함에 따라 필요한 조건과 절차, 권리와 의무에 관한 사항을 규정함을 목적으로 한다.

제2조 (신의성실)
1. "갑"과 "을"은 상호 신뢰와 신의 성실에 입각하여 본 계약을 성실히 이행하여야 한다.
2. "갑"과 "을"은 어떠한 경우에도 상대방의 명예를 훼손시켜서는 아니 된다.

제3조 (작품)
"갑"과 "을"의 쇼 무비 출연 계약은 아래 작품을 대상으로 한다.

1. 작품 : "_____" (이하, '_____'라고 한다.)
2. 형식 : _____

제4조 (계약조건)
1. 촬영 횟수 :
2. 출연 방식 :
3. 촬영 시간 :
4. 완료 시점 :
5. 계약 조건 :
6. 지급 시점 :

제5조 (계약 기간)
"갑"과 "을"의 계약 기간은 출연료 지급 시점으로부터 발생한다. 단, 본 계약 기간 종료 이후에도 본 계약 조항 '제6조' 및 '제10조'의 효력은 계속 유지된다.

제6조 (계약 내용)

1. "갑"은 본 _____에 '을'이 출연함에 따라 출연료 지급을 담당한다.

2. "을"은 _____ 출연 및 연기에 필요한 관련 업무를 담당하기로 한다.

3. 본 계약에 의해 제작된 _____ 콘텐츠로서의 '을'의 초상권, 성명권 등 제반 권리는 "갑"에게 귀속되며 인터넷 사이트 등 분야 제한 없이 "갑"의 자율적 선택에 의해 공급되며, "갑"은 인터넷 이용자들에게 "갑"이 저작권 등을 소유한 콘텐츠에 대하여 '을'의 저작인격권 보호를 위해 출연 연기자 표시로 "을"의 이름을 기재하고, "을"은 인터넷 등의 이용자들이 자유롭게 다운로드, 업로드와 재편집 및 재게시 등이 저작인격권에 무관하게 자유롭도록 허용한다. 이로 인해 발생하는 "을"의 저작인격권 침해 등 기타 이의 제기를 "을"은 하지 않는다.

제7조 (제작비)

1. "갑"과 "을"은 각 맡은 바 업무에 준하여 스스로 지출하고 부담하는 것을 원칙으로 한다.

2. 사용 비용은 '갑'이 부담한다.

제8조 (권리와 의무)

1. "갑"과 "을"은 본 계약에 연관된 모든 사항을 상호 긴밀하게 협의한다.

2. "갑"과 "을"은 본 계약과 관련된 일체의 내용을 제 3자에게 누설하지 아니한다.

3. "갑"과 "을"은 상대방의 업무에 차질이 발생하지 않도록 최선을 다한다.

제9조 (사진)

본 계약의 홍보 마케팅을 위하여 연관된 "을"의 사진과 성명 등을 "갑"은 홍보 업무에 사용할 수 있다.

제10조 (저작권 등 제반 권리)

1. 본 _____에 대하여 "갑"은 본 계약에 의해 제작된 _____에 대해 저작권, 저작재산권, 저작인접권 등 일체의 제반 권한을 소유한다.

2. "갑"과 "을"은 본 계약 관련 _____를 제작하는 과정에 알게 된 상호 정보 (Content)에 대한 비밀 준수 의무가 있다.

제11조 (계약해지 및 책임)

당사자는 다음 각 항에 해당하는 경우 상대방에게 7일 간의 기간을 정하여 시정을 요구할 수 있으며, 이에 상대방이 정당한 사유 없이 응하지 않을 경우 본 계약을 해지할 수 있고, 계약 해지에 따른 손해배상을 청구할 수 있다.

1. 당사자가 본 계약사항을 위반하였을 때
2. "갑" 또는 "을" 이 계약 기간 내에 계약이행을 할 수 없다고 판단될 경우
3. "을"이 "갑"의 승인 없이 본 계약을 타인에게 위임 또는 양도했을 경우

제12조 (효력 발생 시기)

이 계약은 "갑"이 "을"에게 _____ 시점으로부터 효력을 발생한다.

본 계약을 증명하기 위하여 계약서를 _____부 작성하여 "갑"과 "을"이 한 통씩 보관하도록 한다.

20____년 ____월 ____일

갑 :

이름 :　　　　　　　　　　　(서명)

주소 :

주민등록번호 :

연락처 :

3. DOCUMENT : 서류 업무 이해하기

콘텐츠를 만드는 데에는 필요한 서류가 많다. 콘텐츠 기획안뿐만 아니라 콘티, 줄거리
도 동영상 콘텐츠제작에 필요한 서류의 종류에 속한다. 콘텐츠 제작에 필요한 서류에
대해 알아 보자.

1) 줄거리 연습하기

[줄거리 연습하기]란 콘텐츠 제작자와 콘텐츠에 출연할 배우들이 모여 줄거리를 읽고 각
자 맡은 대사를 말하면서 전체적인 콘텐츠의 틀을 완성해 내는 과정이다.

[대본 리딩]이라고 부르는 이 과정에서 콘텐츠 제작에 참여하는 모든 이들이 인사를 하
고 안면을 튼다. 배우들끼리는 서로 친해지는 계기도 된다. 그래서 줄거리 연습하기 시
간이 매우 중요하다. 실제 촬영 전에 전체 스태프가 모여서 얼굴을 보는 인사이기도 하
지만 그 콘텐츠가 완성되면 성공할지 어떨지 전체 인력의 합을 맞춰보는 시간이기도 해
서다.

그래서 줄거리 연습 과정(대본 리딩) 시간은 배우들이 각자 맡은 대사를 말하면서 캐릭터

를 이해하는 시간이기도 하거니와 각자의 대사에 어울리는 감정 씬을 적어두며 어떻게 표현해 낼지 준비하는 시간이기도 하다.

2) 동영상 속 중요한 신(SCENE) 설정하기

줄거리 연습 시간이 끝나면 그 다음엔 씬 설정표가 나온다. 씬 설정표란 각자 맡은 역할에 따라 배우들이 언제, 어디에 와서 어떤 스타일의 의상이나 스타일로 촬영을 할 것인지 기재한 서류다. 씬 설정표는 콘텐츠를 완성해 내는 아주 세밀한 작업공정이라고도 할 수 있다. 배우들의 의상이나 헤어스타일, 말투, 표정, 메이크업 등이 같아야 하기 때문이다. 즉, 어느 씬에서 어느 씬으로 연결될 때 차이가 없어야 하는 부분을 정리한 서류다.

TIP

현장 콘티

현장콘티란 글자 그대로 촬영 현장에서 결정하는 콘티를 말하는 데 줄거리와 다르게 새로운 장소에서 촬영할 경우, 기존의 줄거리에 맞춰 상상해서 만든 콘티 대신 장소에 맞춰 현장에서 수정하는 콘티를 말한다. 현장콘티는 배우나 스태프들에게 있어서 촬영시간을 줄여 주고 효율을 높여 준다. 줄거리 속 장면들에 얽매이지 않고 현장에서 어울리는 이미지를 만들어 내는 데도 적합하다.

3) 동영상 촬영스케줄 정하기

배우들과 모여 줄거리 연습을 마쳤다면 이제 본격적으로 동영상 촬영 스케줄을 정할 때다. 참고로 촬영 스케줄을 미리 정해두고 줄거리 연습 등을 하는 것보다는 모든 일정이 세팅되었다고 확인될 때 동영상 촬영 스케줄을 정하는 게 좋다.

콘텐츠에 참여하겠다고 약속한 스태프나 배우들이더라도 다른 콘텐츠를 촬영할 일이 생기거나 그들의 스케줄에 다른 일이 생겨 중간에 빠지겠다는 경우가 생긴다. 가령, 내일 오후에 콘텐츠를 찍기로 했는데 그 배우가 내일 오전 중에 끝났어야 할 다른 촬영이 길어지면서 내일 하루 종일 촬영할 경우, 배우 스케줄이 늦어지면서 콘텐츠 촬영 자체가 무산되는 일이 생기기 때문이다.

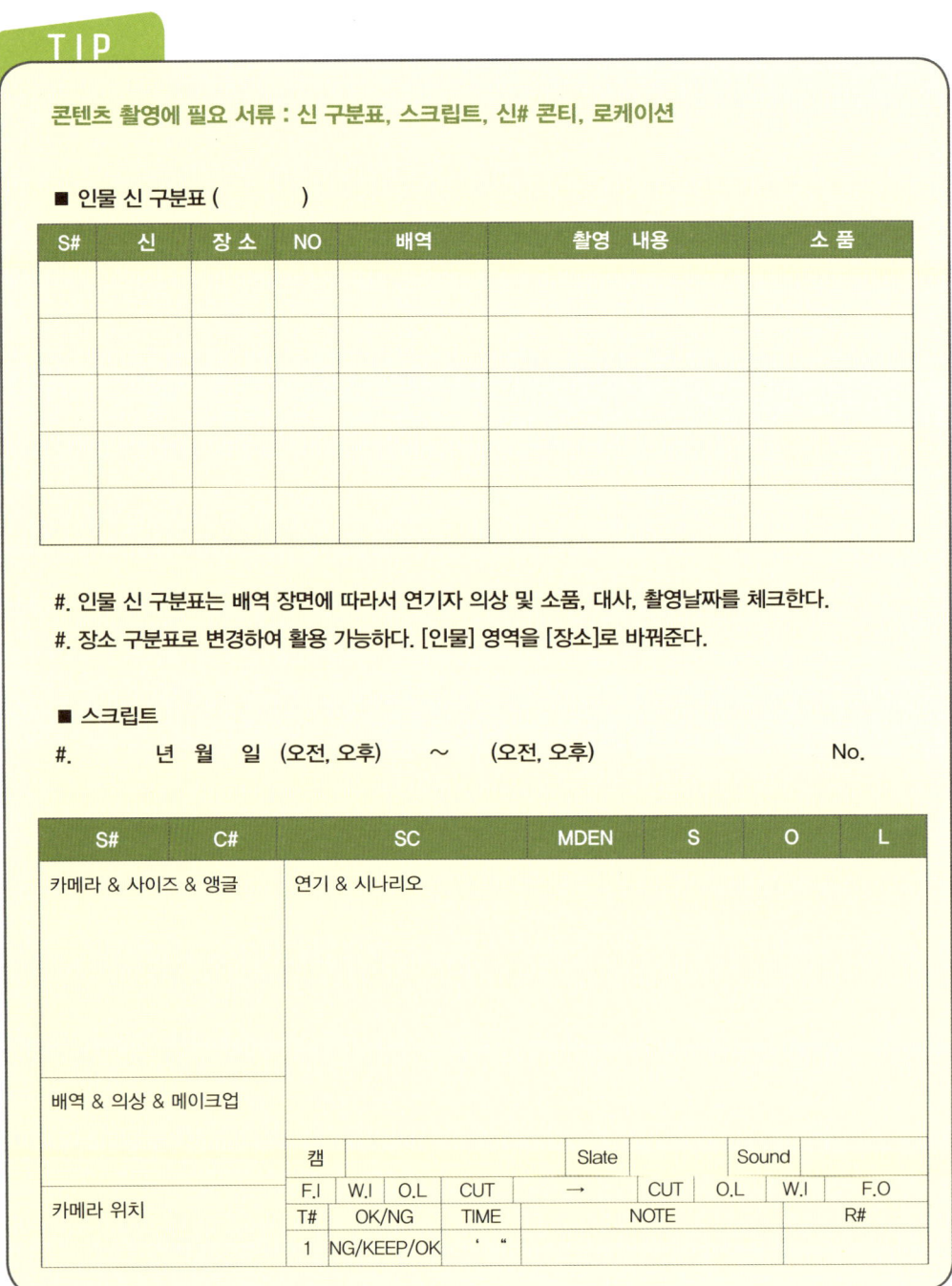

TIP

콘텐츠 촬영에 필요 서류 : 신 구분표, 스크립트, 신# 콘티, 로케이션

■ 인물 신 구분표 (   )

S#	신	장 소	NO	배역	촬영 내용	소 품

#. 인물 신 구분표는 배역 장면에 따라서 연기자 의상 및 소품, 대사, 촬영날짜를 체크한다.
#. 장소 구분표로 변경하여 활용 가능하다. [인물] 영역을 [장소]로 바꿔준다.

■ 스크립트
#.   년 월   일 (오전, 오후)   ~   (오전, 오후)   No.

S#	C#	SC	MDEN	S	O	L
카메라 & 사이즈 & 앵글		연기 & 시나리오				
배역 & 의상 & 메이크업						

					Slate			Sound		
카메라 위치		F.I	W.I	O.L	CUT	→	CUT	O.L	W.I	F.O
		T#	OK/NG		TIME	NOTE				R#
		1	NG/KEEP/OK		' "					

124

카메라 위치		F.I	W.I	O.L	CUT	→		CUT	O.L	W.I	F.O
		T#		OK/NG		TIME		NOTE			R#
		2		NG/KEEP/OK		' "					
		3		NG/KEEP/OK		' "					
		4		NG/KEEP/OK		' "					
		5		NG/KEEP/OK		' "					
		6		NG/KEEP/OK		' "					
		7		NG/KEEP/OK		' "					
		8		NG/KEEP/OK		' "					
		9		NG/KEEP/OK		' "					
		10		NG/KEEP/OK		' "					

신# 별 콘티　　　　　　　**촬영일 :**　　　**년　월　일**　　**촬영장:**

S#	CUT /

S#	CUT /

S#	CUT /

S#	CUT /

의상		소품		비고	

스마트폰으로 만든 영상, 국제영화제에도 출품할 수 있어요?

내가 만든 영상을 프랑스 칸 국제영화제에 출품할 수 있을까?

가능하다. 아래 사이트에 접속해 보자. 프랑스에 가지 않더라도 온라인 사이트를 통해서 칸 영화제에 내가 만든 영상을 출품할 수 있다.

www.festival-cannes.com

프랑스 칸에서 열리는 칸영화제[Cannes Film Festival]는 1946년 9월 20일부터 10월 5일 사이에 첫 회가 개최된 이후 매년 5월경 프랑스 칸에서 개최된다. 영화를 출품하는 방법은 '칸 영화제' 사이트에서 **Submit a film** 을 선택한다.

칸영화제에 작품을 출품 하는 방법은 온라인으로 신청서를 작성하고, 신청서 하단에 기재된 주소로 영화작품을 보내면 된다. 칸 영화제에서 심사위원들이 심사하고 선정된 작품들에게 연락을 주게 된다. 칸영화제에는 [경쟁 부문]과 [비경쟁 부문], [주목할 만한 시선 부문]으로 나뉘어 있는데, 전 세계에서 신청된 작품을 검토하는 심사위원단의 판정에 따라서 어느 부문으로 될지 결정된다.

[작품 조건 안내(필자의 번역/요약본)]

– 출품 영화는 제작 국가를 기재해야 한다.
– 국제영화제에 출품된 적이 없는 작품이어야 한다.
– 인터넷에서 공개된 적이 없는 작품이어야 한다.
– 단편영화작품은 엔딩크레딧까지 포함하여 상영시간이 15분 이내여야 한다.
– 장편영화로 출품할 경우에는 60분 이상이어야 한다.
– 칸영화제에서는 15분에서 60분 사이 분량의 영화를 신청받지 않는다.
– 출품신청은 영화제 2개월 전까지 접수되어야 한다. (2011년 영화제의 경우 2011년 3월 11일 전까지)
– 출품신청 작품의 비디오카세트, DVD 등은 55일 전까지 영화제사무국으로 도착되어야 한다.
 (2011년 영화제의 경우, 2011년 3월 15일까지)
– 개봉을 준비하면서 편집 중인 작품을 접수할 경우에는 편집본인지 완성본인지 반드시 기재한다.
– 영어 또는 프랑스어로 된 작품을 제외하고는 반드시 영어 또는 프랑스어로 자막을 넣는다.

– 미니 DV, 8mm, 35mm, 그 외 어떤 영화촬영기기에 상관없이 아래 조건에 맞게 출품 신청되어
 야 한다.
 [장편]
 – HDCAM / HDCAM-SR
 – Beta SP (Pal, NTSC) 또는 Digital Beta (Pal, NTSC)
 – Blu-ray Disc + 1 standard DVD (만약 블루레이를 보낼 경우엔 DVD 본을 같이 보내야 한다.
 – VHS (인코딩: Pal, Secam, NTSC)
 – DVD (Standard)

 [단편]
 – VHS (인코딩: Pal, Secam, NTSC)
 – DVD (Standard)

– 선정된 작품은 개별적으로 연락을 한다.

– 주소 : FESTIVAL DE CANNES, CINEFONDATION, MARCHE DU FILM
     3, rue Amélie, 75007 Paris - France
     Tel : +33 (0) 1 53 59 61 00
     Fax : +33 (0) 1 53 59 61 10

– 자세한 내용 참조 :
 http://www.festival-cannes.com/en/festivalServices/submitAFilm.html

스마트폰 카메라 한 대면 충분하다. 동영상(비디오)을 촬영하는 데 필요한 건 스마트폰 카메라뿐. 나만의 동영상을 만들면서 동영상 콘텐츠 제작에 이용하도록 하자.

본 도서에서는 동영상을 촬영하면서 일체의 다른 장비, 즉, 붐 마이크, 조명, 광학렌즈 등의 별도의 렌즈 등을 일절 사용하지 않는다는 점을 기억하자. 스마트폰 한 대로 만드는 동영상이다.

1. 스마트폰 카메라를 소개합니다

스마트폰 카메라의 구성과 특징에 대해 알아 보자.

스마트폰 카메라는 앞선 버전의 카메라보다도 더욱 뛰어난 해상도와 화소를 자랑한다. 영화제까지 소화해 내고 유명한 영화감독들에게까지 매력적인 존재로 다가선 스마트폰 카메라의 사양을 살펴보면 아래와 같다.

1) 스마트폰 카메라의 구성(예 : 아이폰6)

구분	사양
메모리 용량	16G, 64G

디스플레이	레티나 HD
해상도	1334x750, 1920x1080
명암비	1400:1, 1300:1
컬러	풀sRGB
줌	3배 줌
플래시	트루 톤
슬로모션	초당 120 또는 240 프레임
흔들림	시네마틱 동영상 흔들림 보정
얼굴인식	지원
위치표시	지원

2) 스마트폰 카메라의 특징

스마트폰 카메라를 동영상(비디오) 기능으로 사용할 경우 HD 영상을 촬영할 수 있다. H.264/Mpeg 모두 가능하다. 또한, 기기에 내장 후레시 기능으로 동영상 촬영용 LED 라이트를 장착하였다.

2. 스마트폰 카메라로 동영상을 찍어 보자

스마트폰으로 촬영을 시작해 보자. 캠코더, DSLR, 디지털카메라 대신 오로지 스마트폰 한 대만 있으면 동영상 촬영이 충분하다. 스마트폰으로 동영상을 찍어서 유튜브 채널에 UCC 동영상으로 올리고 친구들에게도 뽐내 보자.

유튜브 채널에서 동영상의 소재는 어떠한 내용도 좋은 콘텐츠가 된다. 유학 생활 현지에서 생활을 촬영해도 좋고, 내가 다니는 학교, 내가 다니는 식당, 내가 자주 가는 장소도 좋다. 내 주위 모든 것이 내가 만드는 동영상의 좋은 소재가 될 수 있다.

친구들과의 즐거운 생일 파티에서, 입학식과 졸업식에서 동영상 촬영은 이제 스마트폰 한 대만 있으면 된다. 해외여행을 떠났다면 스마트폰 한 대 들고 떠나서 현지 풍경을 담아 보자. 여행의 추억이 영원토록 저장된다.

HD급 동영상 촬영이 가능한 스마트폰 한 대로 나만의 다큐멘터리, 그 비밀의 문이 열리기 시작한다.

1) 동영상을 손쉽게 촬영하기

스마트폰 한 대로 가능한 동영상 촬영 방법에 대해 알아보자. 실내에서, 실외에서 스마트폰 카메라로 촬영하는 연습을 해 보자. 아래에서 제시한 각각의 상황에 맞게 직접 연습하는 게 중요하다.

(1) 실외에서 촬영하기

스마트폰 카메라로 촬영할 때 가장 중요한 건 조명이다.
조명에 따라 영상 속 연기자들의 얼굴도 달라질 수 있고 시청자들의 감정도 영향받을 수 있다. 햇볕이 좋은 아침과 낮, 그리고 저녁 무렵과 밤 시간대에 촬영보다도 더 중요하게 생각해야 할 부분은 조명이다. 일반적으로 '자연조명'이라고 부르는 빛의 세기를 활용해서 동영상을 촬영해 보자.

동영상 촬영할 때 주의해야 할 부분에 대해 알아 본다.

먼저 다음 영상을 참고하여 보자. 영상은 필자가 2010년 5월에 스마트폰으로 촬영해서 편집을 거쳐 같은 해 7월에 인터넷에 게시한 작품이다.

○ **제목 : 그녀(SHE) [2010년 작, 주연 : 윤소정]**

출처: https://blog.naver.com/designero/50091955736

위 작품은 1인 모노드라마 형태의 콘티구성이 특징이고 스마트폰 카메라를 통해 여성이 관객과 대화하는 가상의 스토리를 표현했다. 조명은 자연조명 그대로인 상태로 트인 공간에서 촬영하였기에 실외 촬영 상태인 것과 같다.

※ 실외 촬영에서 주의할 점 ────────────────

스마트폰 카메라 한 대로 영상을 촬영한다는 것은 '촬영'이라는 점에선 전문적인 영화나 드라마 촬영과 크게 다르지 않지만, 세부적으로는 어떤 조명에서 어떤 스태프들이 어떤 장비를 추가해서 사용하는지 비교하면 많은 차이가 생긴다. 그러나 1인 콘텐츠 제작자 입장에서 고가의 장비를 사용할 수는 없는 노릇이므로 '스마트폰 카메라 한 대'만으로 원하는 효과를 얻는 노하우를 습득하는 게 중요하다고 하겠다.

여기서는 각자의 스마트폰 카메라를 활용해서 아래에 제시된 실외에서의 상황별 촬영을 해 보고 그때마다 어떤 효과가 나는지, 어떻게 찍어야만 원하는 효과를 얻을 수 있는지 알아 두도록 하자.

스마트폰 종류는 상관없다. 카메라 사양도 중요하지 않다.

여기서 알아둘 부분은 각자의 스마트폰 카메라를 사용해서 콘텐츠를 촬영하는 사람이 원하는 효과를 시기적절하게 얻는 방법이다.

a. 밤, 자동차

밤 시간대에 움직이는 물체를 촬영할 때 촬영 방법을 배운다. 조명도 없고 달빛도 없는데 도로를 달리는 차량을 인도에서 촬영해 보자. 카메라에 비치는 영상들이 또렷하지 않다는 걸 확인하게 된다. 자동차가 지나가면서 뿌연 헤드라이트 불빛이 잔상으로 남을 수도 있다. 이 경우 잔상을 줄이고 최대한 움직이는 물체를 제대로 촬영하려면 움직이는 물체랑 같은 속도로 스마트폰 카메라를 움직이며 촬영하는 게 바람직하다.

b. 흐린 오후, 사람들

스마트폰 카메라는 간접조명이 없을 경우엔 자연조명의 영향 아래에 놓이게 된다. 이 경우엔 촬영 영상이 대체적으로 흐릿하게 찍히는 걸 확인할 수 있다. 사람들이 북적대는 곳에서 정지된 물체를 촬영해 보자. 이 경우 스마트폰 카메라를 위에서 아래로 향하게 들고 찍는다.

c. 밤, 거리 장면

밖에서 촬영하다가 실내로 들어올 경우, 조명이 어두운 곳에서 밝은 곳으로 들어오는 순간의 촬영이다. 스마트폰 카메라는 조명의 변화에 민감하게 반응할 수 없어서 영상 속 대상은 흐릿하게 바뀌기도 하고 대상 주위에 조명이 하얗게 변하기도 한다. 스마트폰 카메라가 실내조명에 적응하는 동안 일정 시간이 필요할 경우다.

이 경우엔 스마트폰 카메라를 촬영하는 대상에게 가깝게 근접시켜서 촬영을 이어가도록 한다. 그래야만 밖의 조명이나 실내조명이 변하는 차이에서 오는 영향을 덜 받는다.

d. 밤, 자동차 라이트

조명이라고는 지나다니는 차량 조명만 있는 경우의 촬영 방법이다. 스마트폰 카메라는 자동차 조명과 반대되는 방향으로 향하게 하고 하늘 쪽으로 앵글을 맞춰서 찍도록 한다. 자동차 조명이 영향을 미치지 않는 지역에서 촬영해도 좋다.

만약 자동차 조명하에서 촬영을 강행할 경우에는 촬영하려는 대상이 자동차 조명에 영향을 받아서 반사된 조명 탓에 영상 화질이 낮아진다.

e. 흐린 오후, 달리는 자동차에서 촬영

스마트폰 카메라는 밝은 조명 영향을 받는다. 가령, 어두운 실내조명하에서 밝은 곳 대상을 촬영해 보면 알 수 있다. 영상의 초점이 좋다. 그리고 달리는 자동차에서 밖 풍경을 촬영해 보자. 가까운 풍경은 흐릿하게 지나가지만 먼 곳에 초점이 맞춰진 대상은 또렷하게 나온다. 지하철 안에서 바깥 풍경을 촬영할 때도 마찬가지다.

이런 효과는 밝은 시간대에 맑은 날씨 하에서 촬영하도록 한다. 어두워지기 시작한 저녁 무렵이나 흐린 날 촬영은 금물이다.

f. 흐린 날씨, 많은 사람

흐린 날씨에 많은 사람들을 촬영할 때는 스마트폰 카메라 노출 시간을 최대한 줄여서 느낌을 내기 위한 촬영에 목적을 둬야 한다. '사람이 많다'거나 '밤 풍경이다' 정도만 전달하면 된다는 뜻이다. 그 외에 다른 효과를 내기 위한 촬영은 무리수가 따른다.

가령, 한 장소에서 여러 사람들을 차례대로 찍어보자. 가까운 사람들일지라도 초점이 흐릿해진다. 먼 곳 사람들은 더 심하다. 화면에 비치는 사람들 모습이 불명확하다.

g. 밤, 많은 사람들

거리에 휘황찬란한 조명들은 어떤 영향을 미칠까? 스마트폰을 들고 동대문시장 패션상가 거리에서 사람들을 찍어보자. 네온사인 조명 불빛이 스마트폰 카메라 안에 들어오는데 생각만큼 그 분위기가 살아나지 않고 화려한 거리 분위기와 다르게 스마트폰 카메라 안 풍경은 다소 가라앉은 느낌이 구현될 수 있다.

그래서 화려한 네온사인 조건에서 촬영할 때는 밝은 곳에서 움직임이 적은 사람들을 촬영하도록 한다. 스마트폰에 최대한 조명이 들어오도록 해야만 의도했던 것만큼의 분위기를 촬영할 수 있다.

h. 밤, 네온사인 건물

이번엔 화려한 네온사인이 번쩍거리는 건물을 촬영해 보자. 시간대는 밤이다. 스마트폰 카메라에 비치는 영상을 보면 네온사인이 변하는 만큼 화면이 못 따라가는 걸 알게 된다. 사람 눈의 잔상과 스마트폰 카메라의 영상반응 속도, 네온사인이 변하는 속도가 모두 다르기 때문이다.

그런데 실제로 영상을 찍어서 나중에 동영상으로 보면 네온사인이 제대로 변하는 모습 그대로가 촬영된 걸 알 수 있다. 이 차이는 영상의 촬영속도가 네온사인의 속도를 감당해낸 덕이다. 이러한 촬영은 네온사인 아래에서 건물을 촬영하고 나중에 제대로 표현된 네온사인 모습들을 편집해서 골라 사용하는 게 바람직하다. 그 이유는 스마트폰 화면 속에서 보면 네온사인 영상들이 변하는 순간들까지 그대로 녹화되었기 때문이다.

이를테면 우리에게 글로 전달되는 화법이 있다면 영상으로 전달되는 영상화법이란 게 있는데, 글로 읽을 때는 머릿속에서 연상하게 되는 반면, 영상으로 볼 때는 시각 그대로 인식된다는 차이가 있다. 이 경우, 글을 통해 연상하는 내용과 영상으로 보이는 내용에서 차이가 있기 때문에 '영상을 편집해서 사용'해야 하는 일이 생긴다. 그러므로 네온사인 모습들을 골라서 사용해야 한다.

i. 오후, 움직이는 사람들

북적거리는 사람들 틈바구니에서 촬영할 때 스마트폰 카메라는 가장 가까운 사람에게 초점을 맞추고 곧이어 움직이는 사람에게 초점을 맞춘다. 그런데 이 경우 지나가는 조명이 생기거나 어디에선가 조명이 들어오게 되면 사람들 움직임도 마찬가지로 흐릿하게 나온다. 많은 사람들 틈에서 특정한 사람만 촬영할 때는 최대한 그 사람 가까이에서 초점을 맞춰야 한다.

j. 어두워질 무렵, 조명이 있는 곳

조명이 없는 곳에서 촬영은 어떤가? 사람 눈으로 볼 때는 어느 정도 보이는 곳이다. 그런데 조명이 없어서 스마트폰 카메라로 비추면 아무것도 안 보이는 곳이다. 어떻게 할까? 이 경우엔 어두운 곳에 스마트폰을 향하게 두고 화면을 터치해주면서 스마트폰 자체적으로 조명을 만들도록 해준다.

사람들 육안처럼 스마트폰 카메라 안에도 일정 부분 자체 조명 효과를 낼 수 있다. 어두운 곳을 비추지만 자체 영상처리 효과로 인해서 화면을 터치해주기만 해도 해당 부분에 초점이 맞춰지며 아주 작은 빛이라도 스마트폰 카메라가 스스로 모아서 조명을 주게 된다.

k. 자유롭게 움직이는 대상 촬영

카메라는 움직이는 대상에 초점을 맞추고 이동하면서 움직임을 예측하고 카메라에 담아내게 된다. 그런데 스마트폰 카메라로는 움직임을 최대한 예측하고 잡아내는 과정이 쉽지만은 않다. 그래서 스마트폰 카메라의 최대 장점은 근접촬영이라는 소리들이 나온다.

하지만 스마트폰 카메라로 촬영을 할 때 이동하는 물체에게서 가까이 있다가 점점 멀어지면서 촬영을 해 보자. 전체적으로 '풀샷(full shot)'을 줘서 촬영하는 것도 방법이다. 움직이는 대상을 하나의 화면 안에 잡아낼 수가 있다. 이 같은 방법으로 촬영하면 스마트폰 카메라 한 대로도 움직이는 대상의 모습 및 전체적인 움직임까지 모두 담아낼 수 있다.

l. 움직이지 않는 대상 촬영

움직이지 않는 대상을 촬영할 경우다. 건물이나 주차된 자동차, 멈춘 사람들의 모습을 촬영할 때는 카메라 움직임이 거의 없는 것처럼 매우 느린 속도로 움직이면서 촬영하도록 한다. 이렇게 하면 움직이지 않는 물체를 촬영하더라도 시청자 입장에선 지루함이 없어진다. 그리고 움직이지 않는 대상 주변을 지나다니는 사람들이나 자동차, 동물들의 모습도 카메라에 담길 때 자연스럽게 보이는 효과가 있다.

m. 춤추는 인형

날씨가 흐리다는 건 그만큼 촬영할 대상이 돋보일 수 있다는 장점이 된다. 비가 내리는 오후거나 잔뜩 찌푸린 날씨에서 촬영할 때는 원색의 물체에게 초점을 맞춘다. 화면 속에서 도드라져 보이면서도 시선을 모아주는 효과가 생긴다.

영상에 출연하는 배우들도 흐린 날에는 원색의 옷이나 신발, 소품으로 부각시켜줘야만 더 효과가 좋다. 스마트폰 카메라에 비치는 모습들이 시선을 잡아당겨 주는 것 같은 효과를 낸다.

n. 근접 촬영

스마트폰 카메라는 작지만 해상도 면에서는 일반 카메라에 미치지 못하는 게 아니다. 오히려 더 뛰어난 효과를 얻을 때도 생긴다. 근접 촬영을 해 보자. 촬영 대상이 되는 물체의 세밀한 부분까지 표현된다.

o. 실외 같은 실내

실외 같은 실내 장소가 있다. 야구장이나 스케이트장, 지하철역 같은 곳이다.

○ **제목 : 내 발이 칸에게 말하다 [2013년작]**

출처: https://youtu.be/qK7n7L7arYw

가령, 지하철역에서 역 안으로 들어오는 전철을 촬영해 보자. 어두운 곳에서 점점 밝은 승강장 안으로 들어오기 시작하면서 화면 속 상태가 고르지 못하게 되는 걸 보게 된다. 어떻게 할까? 이 경우엔 밝은 곳에서 들어오는 전철을 먼저 촬영하고 뒤이어 카메라 앞에서 멈추는 전철을 찍은 후, 두 영상을 붙여서 사용하는 게 바람직하다. 중간 과정을 없앰으로써 자연스러운 영상처리를 하게 된다.

야구장이나 스케이트장에서의 촬영도 마찬가지다. 우선 밝은 곳 관중을 촬영하고 나서 카메라는 곧장 조명이 상대적으로 어두운 마운드를 찍는다. 시청자 입장에선 야구장 전체를 본 것과 같은 느낌을 받는다.

p. 밤, 가로등 조명

가로등 조명이 아름답다. 이 경우 촬영은 어떻게 할까? 스마트폰을 들고 움직이면서 가로등 조명을 담아내기란 불가능하다. 화면에 빛이 번지면서 뿌연 효과만 생기고 가로등 주위를 다니는 사람들도 제대로 나오질 않는다. 가로등 빛이 사람들에게 비치고 그 빛이 반사되면서 전체적으로 뿌연 느낌만 강해진다.

가로등 불빛처럼 특정한 조명을 촬영할 때는 가까운 곳에 스마트폰 카메라를 고정시켜 두고 촬영하기를 추천한다. 카메라에 비치는 영상을 보더라도 가로등 불빛이나 지나다니는 사람들 모습이 잔상이나 흔들림 없이 고스란히 영상으로 담기는 걸 보게 된다.

여기까지, 실외에서 스마트폰 카메라만으로 촬영할 때 주의해야 할 부분을 알아 보고, 각 경우에 따른 촬영 노하우를 소개했다. 실외에서 촬영할 때 가장 신경 써야 할 부분은 '조명'이다.

위 사례는 실외에서 밤과 낮, 맑은 날과 흐린 날 모두 스마트폰 카메라 한 대로 촬영하는 노하우를 숙달되게 해 주는 방법들이다. 다음 단락에서는 실내 촬영에 대해 알아보도록 하자.

(2) 실내에서 촬영하기

스마트폰 카메라의 실외 촬영 노하우에 대해 알아 보면서 조명의 중요성을 배웠다. 이번엔 온갖 조명이 가능한 실내에서의 촬영에 대해 알아 두자. 스마트폰 플래시를 말하는 게 아니다. 스마트폰에 내장된 플래시 조명은 사용하지 않고 실내 촬영을 할 때 만나게 되는 주위 조명 여건을 활용하는 방법들이다.

가령, 식당 안에서 촬영할 때, 나이트클럽 안에서 촬영할 때, 패스트푸드점 안에서 촬영할 때, 커피점 안에서 촬영할 때, 학원 강의실 안에서 촬영할 때 등 다양한 조명의 종류와 여건, 세기에서 스마트폰 촬영을 할 때 어떻게 해야 하는지 노하우를 배우고 숙달되도록 연습해두자.

○ 제목: 남자친구가 뭐길래[2012년작]

[빅터리하우스] 영화 "남자친구가 뭐길래" 티저영상

출처: https://youtu.be/UDyD_hXoNd0

위 작품은 2012년 작품으로 '남자친구가 뭐길래'라는 영화다. 촬영 장소는 경기도 부평역 인근 카페이고, 실내에서 카페의 인공조명보다는 창으로 들어오는 자연조명 상태에서 촬영했다.

※ 실내 촬영에서 주의할 점

실내 촬영은 주위 조명을 이용하는 노하우가 중요하다. 천장에 달린 조명도 있고 벽에 세워진 조명도 있을 수 있다. 조명을 등지고 촬영하기, 조명을 마주하고 촬영하기 등 자기만의 촬영 효과를 익히는 게 중요하다.

a. 인물과 사물

실내에서 사람과 사물을 동시에 촬영해 보자. 사람의 그림자가 비치는 곳이 영상에 제대로 표현되는지, 사람이 입은 옷의 색상이 주위 물체에 반사되면서 영상에 어떻게 비치는지 확인할 수 있다. 사람과 사물을 동시에 촬영할 때는 사람의 움직임이 반사되는 물체가 없는 곳에서 흰색 톤의 밝은 배경 앞에서 촬영하도록 한다. 그렇지 않으면 색 번짐 효과가 생길 수도 있고 사람의 움직임이 반사되면서 흐리게 표현될 수도 있다.

b. 사물의 색상

실내에서 사물을 촬영할 때 빛의 방향과 같도록 위치를 정해서 촬영해 보자. 짙은 색, 어두운 색 위주로 선명하게 영상에 나오는 걸 보게 된다. 원색의 색상이 제대로 더 잘 나온다는 것도 알 수 있다. 빛의 방향을 같게 한다는 것은 예를 들어, 형광등의 경우 천장에 있으므로 위에서 아래로 스마트폰을 향하게 하고 촬영하는 방식이다.

c. 인물

사람을 촬영할 때도 마찬가지로 빛의 방향과 같게 스마트폰을 향하고 촬영해 보자. 사물을 촬영할 때는 빛이 사물에 반사되어 스마트폰 카메라 화면을 거쳐 사람 눈에 들어오는 순서인데, 사람을 촬영할 때는 빛이 사람에게 반사되어 스마트폰 화면에 비춰지면서도 동시에 사람의 눈에 비치는 현상이 있다.

이 경우 카메라 화면 속에서 표시된 사람의 모습과 실제 사람의 모습에서 차이가 생길 수 있으므로, 카메라 화면 속에 표시되는 사람의 모습이 실제 사람의 모습과 같도록 카메라 위치를 바꿔가며 최적의 위치를 찾도록 한다.

d. 고정 카메라에서 움직이는 대상 촬영하기

정지된 상태에서 움직이는 물체를 촬영해 보면 움직이는 물체가 흐릿하고 뿌옇게 처리되는 영상을 보게 된다. 실내조명의 영향력이 거의 없는 상태다. 이 경우엔 움직이는 물체를 따라 카메라를 이동시켜서 최대한 짧은 순간만 촬영하는 게 좋다. 오래 촬영할수록 뿌연 잔상만 남게 되므로 되도록 짧은 시간만 움직이는 물체의 속도에 맞춰 촬영하도록 한다.

e. 움직이면서 정지된 풍경 촬영하기

조명이 밝은 곳에서 밖으로 난 창문을 통해 바깥 풍경을 촬영해 보자. 조명의 차이에 따라 조명이 어두운 곳은 흐리게, 밝은 곳은 밝게 표시되는 걸 보게 된다.

f. 멈춘 상태에서 어두운 배경 속의 밝은 장소

어두운 배경에서 밝게 빛나는 전등을 촬영해 보자. 화면을 터치해 주는 것만으로도 초점은 잡히지만 화면 상태에서 보는 것처럼 영상이 뿌옇고 초점이 흐릴 뿐이다. 이런 이유는 주위 조명이 어둡고 빛의 간섭 현상이 두드러지기 때문인데, 스마트폰 카메라만으로 어두운 곳에서 촬영하기엔 무리가 있다.

g. 움직이면서 어두운 배경 속의 밝은 장소

이번엔 어두운 곳에서 움직이면서 밝은 부분을 촬영해 보자. 이 또한 색 번짐에 따른 색

간섭 효과만 두드러져 보인다. 어두운 곳에서는 물체가 제대로 초점이 잡히지 않는다. 이 경우엔 야간촬영 모드로 전환(관련 카메라 어플 사용)해서 촬영을 시도해 보자.

h. 달리는 지하철 실내에서 정지 물체 촬영

○ 제목 : 내 발이 칸에게 말하다[2013년작]

출처: https://youtu.be/qK7n7L7arYw

지하철 전철 내부 조명에서 전철 안에 있는 사람들이나 물체들이 스마트폰 카메라에 어떻게 비치는지 알아 두자. 사람의 육안에 보이는 색과 스마트폰 화면에 표시되는 색의 차이점에 대해 알아 둔다. 같은 실내에서도 조명을 바로 받는 위치에 따라 촬영대상이 화면에 비치는 선명도가 달라지는 걸 알 수 있다. 특히 전철이 움직이는 상황에서 전철 안에 대상들을 하나씩 촬영해 보면서 그 차이점에 대해 숙지해 둔다.

i. 갈색 조명의 실내

조명이 갈색이면 스마트폰 화면에 비치는 모든 물체들의 색상이 갈색에 가깝게 표시된다. 검정색이거나 어두운 색일지라도 스마트폰 화면으로 보면 갈색톤이 깃든 색상으로 표시됨을 알 수 있다.
이러한 현상은 갈색 조명하에서 사람의 육안으로 물체를 보는 것과 스마트폰 화면으로 보는 것이 동시에 이루어지는 상황의 잔상 효과 때문일 수도 있으므로 보다 정확한 영상 확인을 위해선 영상 촬영 후에 모니터에서 상영해 보는 게 중요하다.

j. 갈색 조명의 실내에서 컴퓨터 모니터

컴퓨터 모니터는 그 자체가 조명이다. 그래서 어두운 곳에서 촬영할 경우 스마트폰 화면엔 모니터 화면이 처음엔 제대로 표시되지 않다가 차츰 나타나게 된다. 모니터 조명 밝기를 스마트폰 카메라가 인식하면서 스마트폰 화면에 표시되는 순서다. 갈색 톤의 조명하에서 모니터를 촬영할 경우에도 크게 다르지 않다. 모니터의 밝기가 조명이기에 갈색톤 조명은 모니터에서 묻히고 스마트폰 화면엔 모니터 화면의 밝기만 표시된다.

k. 밝은 실내에서 컴퓨터 모니터

이번엔 밝은 실내인 환경에서 스마트폰 카메라로 컴퓨터 모니터를 비춰 보자. 어두운 곳에서 컴퓨터 모니터를 볼 때와는 사뭇 다른 것을 보게 된다. 스마트폰 카메라가 어두운 상태를 인식하다가 갑자기 모니터의 밝은 조명이 들어올 때 이걸 인식하는 속도와 밝은 상태에서 촬영할 때 대상을 인식하는 속도의 차이다. 스마트폰 카메라에 충분한 조명이 들어온 상태에서 모니터를 비추게 되면서 영상의 지연 현상도 없다. 실내 촬영에서는 이처럼 밝은 조명이 중요하다.

l. 밝은 실내에서 흰 벽면 앞의 컴퓨터 장치

밝은 조명, 밝은 배경의 벽지 앞에서 어두운 색상의 물체를 촬영해 보자. 스마트폰 카메라엔 밝은 톤만 가득하지만 어두운 색의 물체를 비추는 순간 그 주위에 흰 배경도 어두운 톤으로 표시되는 걸 확인할 수 있다.

실제 촬영에서는 이런 그림자 현상을 없애기 위해 촬영 대상 앞에 반사판 등을 두어 그림자를 없애 준다. 스마트폰 카메라에서는 이러한 그림자 현상을 없애기보다는 이 자체를 하나의 효과로 만들어서 영상에 이용하도록 해 보자.

m. k, l과 같은 실내에서 벽면

빛의 양은 스마트폰 화면 속 영상의 느낌도 바꾼다. 흰색 조명을 스마트폰 카메라로 촬영해 보자. 스마트폰을 움직이면서 화면의 조명이 어떻게 변화하는지 살펴보고 조명 주위로 변화하는 색도 살펴보자. 색은 그대로인데 조명 주위의 배경이 빛의 양에 따라 흰색에서 조금씩 어두운 톤으로 바뀌는 걸 알 수 있다.

n. 스포트라이트(SPOT LIGHT)가 번쩍이는 실내

나이트클럽 등의 어두운 곳에서 스마트폰 카메라를 사용해 본다. 스포트라이트가 번쩍거릴 때 드문드문 밝게 비치는 나이트클럽 곳곳을 촬영해 보자. 스마트폰 화면에는 별 차이가 없음을 알게 된다. 스포트라이트의 번쩍거림의 속도가 나이트클럽 안의 어두운 빛에 묻혀 버려서 스마트폰 화면엔 제대로 표시되지 않아서이다.

o. 밝은 곳에서 더 밝은 곳

밝은 곳을 촬영해 보고 그보다 더 밝은 곳을 촬영해 보자. 스마트폰 카메라로 밝은 곳을 촬영할 때는 화면에 밝게 표시되는 곳을 볼 수 있다. 하지만 그보다 더 밝은 곳을 촬영해보면 조금 전 밝게 표시되는 곳에 조금 어두운 부분이 생긴 것을 볼 수 있다. 이는 빛의 차이로 인해 생기는 반전 효과다.

밝은 곳이지만 더 밝은 곳을 촬영할 경우, 밝은 곳에 생기는 그림자 현상이다. 밝은 빛이 그보다 덜 밝은 빛을 누르면서 생기는 빛의 반사작용 때문이다. 밝은 곳 주위에 생기는 어두운 부분은 더 밝은 빛 입자들의 그림자인 셈이다.

p. 어두운 실내의 라인 조명

칵테일 bar에서 촬영해 보자. 손님들의 어깨를 저절로 들썩거리게 해 주는 음악이 귓가에 흘러넘치고 눈이 시릴 정도의 조명이 가게 테이블 위를 수놓는 곳, 이런 장소에서 스마트폰 카메라를 촬영해 보면 어떤 화면이 나올까?

바텐더 앞에 진열된 유리컵을 비춰보면 가게 안의 조명이 유리컵 안에 모였다가 스마트폰 화면에 표시되면서 오묘한 느낌을 만들어내는 걸 볼 수 있다. 칵테일 bar처럼 어둡고 순간적인 조명이 난무하는 상황에서 촬영하려면 같은 공간 안에 진열된 유리컵처럼 움직이지 않는 정지된 물체들을 대상으로 촬영하도록 한다.

※ 여러 가지 촬영 가이드

콘텐츠를 만들면서 스마트폰 카메라로 촬영하게 될 여러 장소들에 대해 추가적인 촬영 노하우를 습득해 두자. 유튜브 채널의 핵심은 남들과 다른 영상을 만드는 차별화에 있다고 해도 과언이 아니다. 그렇다면 1인 콘텐츠 제작자 입장에서 고가의 장비를 구비해서 촬영하기보다는 스마트폰 한 대만으로 영상을 만드는 방법에 대해 여러 가지 노하우를 습득해 둘 필요가 있다.

가령, 이런 경우다. 당신은 스마트폰 카메라를 사용하고 누군가는 고가의 DSLR 카메라 또는 방송 카메라를 사용한다고 하자. 장소는 동대문 패션 시장이고 시간대는 밤이라고 하자. 촬영시각은 밤 9시부터 시작이다. 이 경우 누가 어떤 장비를 써서 촬영하는지는 전혀 중요하지 않다. 동대문시장의 밤 풍경을 누가 제대로 표현해 내는지가 중요하다.

결과는? 촬영을 하는 사람이 자기 손에 가장 숙달된 카메라를 사용해서 자기가 원하는 느낌대로 제대로 잘 표현해냈느냐가 승패를 가른다. 가격이 비싸거나 여러 명의 스태프가 붙어야 하는 방송 장비여야 한다는 문제가 아니다. 표현만 제대로 한다면 스마트폰 카메라 한 대만으로도 승리할 가능성이 훨씬 더 높아진다.

a. 동대문시장 쇼핑몰

쇼핑몰 내에서 인물을 따라 이동하며 촬영해 보자. 인물이 이동하면서 조명이 달라지고 지나가는 물체나 사람들도 생기는데 이럴 때마다 스마트폰 화면이 어떻게 변화하는지 알아 두자. 스마트폰 카메라를 인물에게 가깝게 둘수록 주변 환경의 변화에 영향을 받지 않는다는 걸 알 수 있다.

반대로 스마트폰 카메라를 촬영대상과 멀리 둘수록 조명의 세기 및 인물이 지나가는 곳에서 화면에 같이 들어오는 물체나 다른 사람들의 영향으로 여러 가지 색이 변하는 것도 볼 수 있다. 이러한 변화를 통해서, 인물의 가까이에서 볼 경우 주위 여건은 상관없지만, 인물에게서 한 발짝 떨어져 보면 인물 주변의 복잡한 상황들이 드러나는 효과를 내는 데 도움이 될 수 있다.

b. 밝은 조명에서 지하철

움직이는 차량 안에서 어두운 밤 시간대인 창밖을 내다보는 인물을 촬영해 보자. 차량 안의 조명만으로 인물의 모습을 비추게 되는데 창밖의 어두운 풍경 때문에 스마트폰 화면에 표현되는 인물에게서도 빛과 어둠이라는 두 가지 이미지가 표현되는 걸 알게 된다. 몸은 밝은 곳에 있지만 시선은 어둠을 향하는 상황, 인물의 양분된 심리상태 등을 표현할 수 있는 효과가 되겠다.

c. 밤거리 천막 공간에서 인물

조명에 대비를 줘 보자. 밤거리에는 휘황찬란한 네온사인이 가득하고 도로변 허름한 천막 안에는 타다 만 촛대 위에서 가냘픈 촛불이 타오르는 중이다. 스마트폰 카메라로 촛대를 촬영하다가 다시 밤거리를 촬영해 본다. 천막 안의 촛불을 촬영할 때는 화면 자체가 뿌옇고 당장 내일이 불투명한 흔들거리는 불안정을 표현해 내지만 밤거리를 촬영할 때는 유혹이 넘실대는 도시 풍경을 표현해 낼 수 있다.

d. 밝은 실내에서 인물들

밝은 곳에서 촬영하더라도 스마트폰 카메라에 빛이 많이 들어가면 영상이 흐려진다. 어두운 곳에서 밝은 곳을 촬영하면 빛의 간섭으로 밝은 곳도 약간 어둡게 나온다. 검은 배경을 찍어보면 그 반대로 흰색이 섞인 검은 톤으로 표현됨을 알 수 있다.

e. 스타일링 의상

인물의 의상은 카메라에 표시되는 배경과 사물의 색상과 어울리는 게 중요하다. 인물을 촬영하는 데 주위 색상과 어울리지 않고 인물의 스타일이 튀거나 혹은 주위 색에 묻혀 버리게 되면 올바른 촬영이 나올 수 없다. 이처럼 스마트폰 카메라로 촬영할 경우라도 화면에 표시되는 전체적인 색감에 주의하면서 색을 맞춰야 한다.

f. 지하철 안에서 인물

조명이 밝은 공간에서는 빛의 간섭을 받을 가능성이 크다. 이 경우엔 촬영하려는 대상(주로 인물)에 카메라를 근접시켜 두고 이동하면서 초점을 잃지 않도록 주의한다. 되도록 근접 거리에서 촬영을 이어가면서 다른 조명이나 빛의 간섭이 최소한이 되도록 한다.

g. 분식집

분식집에서 식사하는 장면을 촬영해 보자. 떡볶이를 비롯하여 김밥과 김치 단무지 등의 컬러를 스마트폰 화면에 담아 보고 조명의 위치와 스마트폰의 위치가 달라지면서 화면에 어떻게 표시되는지 눈여겨 본다.

○ 제목 : 내 발이 칸에게 말하다[2013년작]

출처: https://youtu.be/qK7n7L7arYw

이 경우의 분식집은 혼잡한 도로변 포장마차가 되는데, 밝지 않은 조명 상태에서 포장마차 바로 옆 자연조명이 간섭하는 상태에서 촬영해 보면서 스마트폰 카메라를 어떻게 위치할 것인지 알 수 있다. 자연조명을 뒤로 하고 포장마차 조명에 의지할 것인지, 아니면 포장마차 조명을 배제하고 자연조명 상태를 이용할 것인지에 따라 스마트폰 화면에 비춰지는 느낌이 달라지기 때문이다. 그리고 포장마차 분식가게 안에서 노랑색의 튀김, 빨강색의 떡볶이, 검은색의 김밥, 회색의 순대가 각기 다르게 비춰지는 것을 볼 수 있다.

h. 호프집

호프집의 전체 조명은 가게 내부 어느 곳을 촬영하더라도 영향을 준다는 걸 알 수 있다. 가게 내부의 흰색 스크린도 마찬가지다. 흰색을 찍어도 스마트폰 화면엔 결과적으로 갈색 톤의 호프집 조명이 영향을 준다. 이처럼 전체 조명은 화면 속 각 색상을 제대로 표시되지 않게 해 준다. 영상을 촬영할 때 그 공간에 전체 조명이 어떤 톤인지에 따라 화면의 느낌이 달라진다는 걸 기억해두자.

i. 어두운 피시방

어두운 피시방에서 모니터 조명만으로 촬영을 해 보면 빛의 영향력을 느낄 수 있다. 모니터 앞에 인물의 얼굴이나 모니터 옆 핑크색 가방도 모두 검정 톤의 물체로 표시된다. 어두운 빛이 물체의 원색에 영향을 주면서 제대로 색감이 표시되지 않는 상태가 된다.

j. 어두운 피시방에서 컴퓨터 모니터

어두운 피시방에서 컴퓨터 모니터를 촬영해 보면 사정이 조금 다르다. 밝은 곳에서 촬영할 때와 차이가 있다. 컴퓨터 모니터에 비치는 사이트 곳곳의 색감이 스마트폰 화면에 제대로 표현되는 걸 확인하게 된다. 밝은 곳에서 촬영할 때는 모니터의 밝은 화면과 서로 영향을 주고받으면서 스마트폰 화면에 모니터 색감이 제대로 표시되지 않거나 시간이 지연되는 현상이 벌어지는데, 어두운 곳에서 모니터를 촬영할 때는 주위 어두운 빛이 모니터의 밝은 빛에 눌려서 영향을 주지 못하는 상태가 된다.

k. 건물 1층

출처: https://youtu.be/9rnCAGjTqQc

실내조명도 있고 건물 1층이라 외부에서 들어오는 자연조명의 영향도 있을 때의 촬영을 연습해 보자. 실내조명과 자연조명이 서로 간섭하면서 색감에 차이가 생기게 된다. 가령, 여자의 좌우 양측을 보자. 실내조명을 받는 부분이 자연조명을 받은 반대 측보다 영향이 없는 걸 볼 수 있다. 실내에 인위적인 조명이 자연조명과 영향을 주고받을 때 스마트폰 카메라엔 어떻게 표현되는지 차이점을 알아 두도록 한다.

l. 어두운 장소

○ 제목 : 홍대스캔들[2013년작]

[빅터리하우스] 뮤직필름 "홍대스캔들(윤재아 주연)"

출처: https://youtu.be/aFhG95hGepw

어두운 장소에서 조명에 차이를 두며 촬영을 해 본다. 뒤에서 조명을 받을 때, 자동차 운전등처럼 조명을 약간만 켰을 때, 특정한 장소에 조명을 다 켰을 때를 보자. 화면에 영상이 비춰질 때마다 우리의 시선은 조명이 비춰지는 밝은 쪽으로 집중되는 걸 알 수 있다. 어두운 곳에서 조명을 받는 곳이라면 시청자들의 시선을 집중시켜 주는 효과를 만든다. 이처럼 어두운 곳에서 촬영할 때 조명의 위치에 따른 차이를 두고 스마트폰 화면에 표현되는 영상의 차이점을 알아두도록 한다.

m. 패스트푸드점

조명이 밝고 실내가 베이지 톤의 색감인 곳이 패스트푸드점이다. 1층이나 2층, 3층에서도 외부의 자연 조명이 많은 곳이라서 실내조명과 자연 조명의 영향을 동시에 받는 곳이다. 패스트푸드점 안에서 위치를 바꿔가며 촬영을 해 보자. 자연조명이 많은 경우, 실내조명이 더 영향을 주는 경우 등, 위치에 따라 어느 빛을 더 많이 받는지 알아 둔다.

n. 넓은 음식점

넓은 음식점에서는 조명의 영향이 강력하다. 가게 곳곳에 어느 한 곳이라도 어두운 곳이 없어 보일 정도다. 이런 장소에서는 테이블에 앉은 상태에서 인물과 배경, 주위 다른 테이블 등을 촬영해 보면서 스마트폰 화면에 비치는 영상을 살펴보도록 한다.

o. 지하철 손잡이

지하철 안에서 손잡이를 촬영해 본다. 전철이 달리게 되면서 살짝 흔들리는 모습도 스마트폰 화면에 담아 보고 손으로 잡았을 때 스마트폰 카메라를 어느 위치에 둬야만 손이 제대로 촬영되는지 위치를 알아 둔다.

p. 호텔 방

호텔 방의 조명으로 테이블, 조명등, 가방, 텔레비전 등을 촬영해 보자. 커튼을 쳐둔 상태에서 촬영했을 때와 커튼을 젖히고 외부 조명을 받는 상태에서 호텔 방 조명을 켠 상태와 끈 상태 모두를 촬영해 본다. 스마트폰 카메라를 어느 위치에 두었을 때 어느 조명을 더 받는지 알아 둔다.

q. 지하철에서 인물

지하철을 타려고 기다리는 사람의 모습을 촬영해 보자. 조명이 인물의 등을 비출 때와 앞에서 비출 때의 차이점을 알아 두자. 지하철 승강장 건너편에서 인물을 촬영해 보고 양쪽 조명의 차이를 알아 둔다.

r. 지하철 내부

지하철 안에서 승객들의 모습을 촬영해 본다. 스마트폰 카메라의 위치에 따라서 지하철 안에 사람들이 많아 보일 수도, 단 몇 사람만 보일 수도 있다.
인물이 스마트폰 카메라를 바라보도록 해 보고 카메라를 정면으로 응시할 때와 옆으로 볼 때 등의 차이점을 알아 둔다. 사람이 꽉 찬 지하철 안에서 인물의 시선에 따라 스마트폰 카메라를 이동시키며 촬영 방향을 정해 본다. 이 경우 인물의 시선의 높이와 스마트폰의 위치가 같거나 비슷해야만 한다.

s. 지하철 통로

지하철 통로에서 사람들의 이동을 촬영해 보자. 가까이에서 근접 촬영을 할 때는 커다랗던 사람들이 스마트폰이 멀어질수록 작아지는 모습이 표시된다. 지하철 통로도 점점 작아지며 개미굴처럼 좁아지는 모습도 보인다. 이때 스마트폰을 이동하면서 인물과 지하철 통로 내부를 촬영해 보자. 위치에 따라 스마트폰 화면에 표시되는 영상의 차이를 눈여겨 봐두고 숙달되도록 한다.

t. 호텔 엘리베이터

엘리베이터는 신비스러운 장소가 된다. 저 문이 열리면서 누가 나올지 모르는 상태, 엘리베이터 앞에 선 사람이나 탄 사람 모두 문이 열리게 되면 처음 만나는 사람과 시선이 마주치는 일이 생긴다.

스마트폰 카메라를 한 번은 엘리베이터 앞에서, 한 번은 엘리베이터 안에서 찍도록 하자. 위치는 사람들 눈높이로 하고 문이 열릴 때와 닫힐 때 등을 여러 번 촬영한다. 엘리베이터가 갖는 특유의 정서를 스마트폰 화면에 표현해 낼 수 있도록 한다.

u. 호텔 프론트

호텔 프론트를 촬영한다. 여행객들이 들어오고 나가는 관문인 프론트 데스크. 인적사항만 확인되면 방을 내주고 일절 간섭을 하지 않는 곳이 호텔이다. 하루에도 수많은 사람들이 호텔에 오고 나가기도 하는 곳, 그러나 어느 누구 하나 서로 친해지려고 하지 않는 곳의 정서를 스마트폰 화면에 담아본다.

v. 도로 터널

2011 F/W 영화 [인서트(2011)] 출연_엄영연, 박하늬
▷ 242 ㅇ 0 ⓒ 0

극본: 이 영호

▶ ◀》 06:59 | 07:12　　　　　　　270p ∧

출처: https://blog.naver.com/designero/50136876911

어두운 밤 도로에서 자동차 라이트 조명은 자동차들이 가야 할 길을 비춰 준다. 여기에 자동차 라이트로 앞을 비추며 주위 다른 자동차들의 조명들과 보조를 맞춘다. 스마트폰 카메라를 운전석에서 차창 밖을 향하게 두고 자동차 조명은 앞을 비추면서 주위 조명의 변화를 촬영해 보자. 길게 이어진 선처럼 조명이 줄줄이 화면 속으로 들어오는 걸 보게 된다. 자동차 라이트와 터널 조명이 스마트폰 화면에서 어떻게 비치는지 보고 역으로 인물의 얼굴을 비춰보면서 색감이 어떻게 달라지는지도 살펴보자.

w. 버스 안

버스 안에서 촬영을 해 본다. 버스 내부를 찍어보기도 하고 버스에 앉아서 바깥 풍경을 찍기도 하자. 버스 앞 좌석에 앉아서 버스가 헤쳐 나가는 도로 풍경을 화면에 담아 보기도 한다. 택시들과 자동차들이 꽉 들어찬 시내 도로에서 커다란 버스가 길을 만들며 나아가는 모습을 찍어보며 스마트폰 화면 속에 시시각각 등장하는 자동차들을 담아보도록 한다. 이상으로, 스마트폰 카메라로 동영상 촬영을 할 때 참조할 만한 여러 가지 촬영 장면을 알아봤다. 스마트폰으로 동영상 촬영을 하면서 어떤 촬영까지 가능하냐는 질문들에 대한 가이드가 될 것으로 생각한다.

캠코더보다 크기도 작고, 디지털카메라보다 기능도 적을 것 같은 스마트폰 한 대로, DSLR 에 견주어 뒤떨어지지 않는 화질 뛰어난 동영상을 촬영할 수 있다는 것을 알아 두자.

앞에서 알아본 바와 같이 실내에서, 실외에서 스마트폰 한 대로 동영상을 촬영하는 건 어렵지 않고, 불가능하지도 않다. 게다가 실제 동영상을 상영해 보면 그 화질까지 HD 급으로 뛰어나다는 걸 직접 확인하게 되니 매우 신기한 일일 수 있다. 이제부터 시작이 다. 스마트폰 한 대로 만드는 HD급 동영상을 완성하기까지 필요한 지식이 이어진다.

(3) 스마트폰에서 동영상 조명 만들기

스마트폰 카메라를 사용하면서 조명 조절은 어떻게 할까? 스마트폰을 이리저리 들여다 봐도 도무지 알 길이 없었다는 사람들이 많다. 스마트폰 카메라에 관련된 어플리케이션 을 다운로드 받아서 설치하면 되는지 묻는 사람들도 있었는데, 사실 스마트폰 카메라로 조명을 조절하는 방법은 의외로 간단하다. 화면 터치 하나면 충분하기 때문이다.

❶ 스마트폰 카메라 조명 비교 1

스마트폰으로 같은 시각, 같은 장소에서 촬영해 보자. 스마트폰 카메라 화면에서 휴대 폰을 손가락으로 터치하고 촬영해 본다. 스마트폰 카메라로 들어오는 자연조명이 휴대 폰에 집중되면서 배경 위치는 하얀색으로 표시된다.

○ 제목 : 남자친구가 뭐길래[2012년작]

[빅터리하우스] 영화 "남자친구가 뭐길래" 티저영상

빅터리하우스] 영화 "남자친구가 뭐길래" 티저영상

출처: https://youtu.be/UDyD_hXoNd0

스마트폰 카메라 화면을 통해 영상을 체크하면서 손가락으로 가볍게 건드려 본다. 휴대폰 화면을 터치할 때마다 초점이 달라지며 터치한 부분의 영상이 하얗게 변하는 걸 볼 수 있다. 스마트폰 카메라로 들어오는 빛의 양이 분산되었기 때문이다.

❷ 스마트폰 카메라 조명 비교 2

자연조명이 들어오는 실내에서 촬영해 본다. 이어서 자연조명이 조금 더 많이 들어오는 위치에서 촬영해 본다. 그러나 두 영상 모두 스마트폰 화면을 조작하지 않은 자동 초점 기능 상태이다. 영상 모두 큰 차이가 없는 걸 볼 수 있다. 그 이유는 스마트폰 카메라에 들어오는 빛의 양이 일정하기 때문이다. 인공조명의 경우 스마트폰 카메라의 위치와 방향에 따라 조명과의 거리가 멀어지거나 가까워져서 그만큼 빛의 양도 차이가 생긴다. 하지만 자연조명의 경우엔 스마트폰 카메라를 어느 방향으로 하더라도 사방에서 일정한 양만큼(스마트폰 카메라 크기) 받기 때문에 화면상에 큰 변화가 나타나지 않게 된다.

❸ 스마트폰 카메라 조명 비교 3

스마트폰 카메라의 자동 조명 그대로 촬영해 본다.

[빅터리하우스] 영화 "남자친구가 뭐길래" 티저영상

출처: https://youtu.be/UDyD_hXoNd0

인물을 근접 촬영하면서 스마트폰 카메라 화면에서 인물 부분을 손가락을 가볍게 건드려 주고 촬영해 본다. 영상 속 인물의 터치된 부분 위주로 더욱 하얀 톤으로 바뀌면서 스마트폰 카메라에 빛이 많이 들어온 걸 알 수 있다. 이처럼 스마트폰 카메라를 따로 조작하지 않고 화면상에서 영상의 일정 위치를 터치해 주기만 해도 초점이 변하면서 받는 빛의 양이 달라진다.

[주] 어두운 곳에서 밝은 곳을 촬영하면서 밝은 곳을 터치해 보면 모두 어두워진다. 스마트폰 화면에선 어두운 상태도 어두운 빛으로 간주되는 것이므로 영향력이 센 빛 위주로 화면에 표시하기 때문이다.

스마트폰 카메라 조명 비교 촬영을 할 때는 자연조명만 사용하도록 한다. 인위적인 조명은 사용하지 않는다. 그리고 스마트폰 카메라만으로 촬영해 본다. 실외 촬영이나 실내 촬영 모두 자연조명을 사용하면서 카메라 화면을 건드려 줌으로써 각기 다른 영상 효과를 얻을 수 있다는 걸 확인할 수 있다.

(4) 스마트폰으로 동영상 촬영 시작하기

스마트폰 카메라 촬영에서 가장 문제점은 '흔들림'이 생긴다는 점이다. 스마트폰으로 영화를 찍는 사람 중에는 어깨견착대를 사거나 DSLR용 렌즈를 부착해서 영상의 변화를 주기도 하는 데 초보자 입장에서 그럴 필요까지는 없다고 여긴다.

스마트폰 카메라로 촬영할 때 손 떨림 등을 예방하는 방법은 스마트폰을 양손으로 쥐고 양팔을 옆구리에 착 붙이는 방법이 있다. 이 경우 팔을 움직이면서 촬영하는 게 아니라 몸을 움직이면서 촬영하게 된다. 이러면 손 떨림이 극도로 줄어든다.

또는 스마트폰을 반드시 들고 촬영해야 하는 것은 아니므로 촬영을 할 때는 스마트폰을 놓아둘 곳을 마련해서 그 자리에 얹어두고 촬영 버튼만 눌러주는 방법도 있다. 스마트폰 카메라가 계속 촬영을 하는 중에도 여러 가지 일을 할 수 있다. 가령, 인물을 위치를 조정하거나 대사를 알려주기도 하고 화면에 제대로 영상이 나오는지 확인할 수도 있다.

단, 스마트폰 카메라는 반드시 가로로 놓고 촬영하도록 한다. 텔레비전 화면이나 극장 스크린이 가로가 더 긴 화면인 만큼 비율을 맞추기도 편리하다.

"가로로 찍었는데 영상이 세로로 나와요!"

스마트폰을 가로로 놓긴 했는데 기기 자체가 가로로 인식 못 하고 세로로 인식한 상태다. 다시 찍기를 추천한다. 이 경우에 스마트폰을 가로로 둔 상태에서 녹화 버튼을 눌렀을 때 가로 화면 우측 상단에 시간 표시가 나오는지 확인해 주면 좋다. 가로 화면에서 우측 위에 시간 표시가 나온다면 기기가 영상을 가로 화면으로 인식했다는 증거다.

또는, 다시 촬영할 여유가 없다면 영상편집 프로그램에서 세로 화면을 일정 부분 잘라서 가로 화면으로 만드는 방법도 가능하긴 하다. 하지만 영상 화질이 낮아질 수도 있고 비율이 맞지 않아서 영상을 시청하는 데 어색할 수도 있는 점은 염두에 두자.

[셀프 테스트]

스마트폰 카메라를 들고 촬영해 본다. 동영상 기능을 켜고 가로로 들면 스마트폰 화면에 흰색 네모(초점 위치)가 표시된다. 손가락으로 터치할 때마다 초점이 잡히는 곳이다. 네모 위치는 손가락으로 터치할 때마다 위치가 자유롭게 변경된다. 초점을 잡았고 화면에 촬영할 모습이 제대로 들어온 게 확인되었다면 '빨간 버튼'을 눌러서 녹화(촬영)를 시작한다.

녹화(촬영)를 마치면 '정지' 버튼을 누르거나 '잠시 멈춤' 버튼을 누른다. 이와 같은 방식으로 촬영을 이어간다. 촬영을 마치면 멈춤 버튼을 누르는데, 이때 촬영한 영상은 스마트폰의 이미지 폴더(사진 폴더)에 자동으로 저장된다. 촬영한 영상은 '공유' 기능을 통해 이메일로 보내서 저장할 수 있고 스마트폰을 컴퓨터와 연결해서 컴퓨터에 옮겨서 저장할 수도 있다.

(5) 스마트폰 동영상 촬영 멈추기

스마트폰 카메라로 길게는 1시간 이상도 연속해서 촬영할 수 있다. 그러나 오래 촬영할수록 영상 용량도 커지게 되는데 1시간 영상이 대략 1G 용량 정도가 된다.

"오래 촬영해서 나중에 편집하면 되는 거 아닌가요?"

영상의 용량이 크면 스마트폰에서 컴퓨터로 옮기거나 이메일로 공유하기도 버거운 일이 생긴다. 용량이 커서 영상을 옮기기 어려워지는 경우다. 그러므로 영상 촬영을 5분 이내로 촬영해서 작은 용량으로 만드는 방법을 추천한다. 영상 파일은 여러 개가 되지만 이메일이나 컴퓨터로 옮기기도 쉽고 나중에 편집하기도 용이하다.

(6) 동영상 확인하기

"촬영하면서 영상을 그때그때 확인하려면 어떻게 하죠?"

동영상 콘텐츠를 만들 때 영상 촬영을 하면서 영상을 제대로 찍었는지 아니면 다시 찍어야 하는지 등을 수시로 확인해야 한다.

촬영하면서 영상을 보는 방법 외에 촬영한 영상을 다시 보기 할 때는 사진 폴더에 저장된 영상을 실행하는 방법이 있다. 저장된 영상을 보고 마음에 들면(OK) 영상을 보관하고 다시 찍어야 한다면 지우고 재촬영을 한다.

(7) 동영상 지우기

마음에 안 드는 동영상은 파일을 '휴지통'에 버리기 하면 된다. 삭제한 영상을 다시 살릴 방법은 없다. 똑같은 영상을 다시 찍기란 불가능하므로 지우기 전에 신중하게 생각해야 한다.

여기까지 스마트폰 카메라로 동영상을 촬영하는 방법에 대해 알아보았다. 이제 스마트폰 한 대만 있으면 실내이건 실외이건 간에 멋진 동영상을 만들 수 있다. 스마트폰 화면을 통해 조명을 조절하고, 원근 거리를 조절하면서 색다른 느낌의 동영상을 만들어 보자. 흐린 날, 맑은 날, 비 오는 날 등에 따라서도 독특한 분위기의 영상 작품이 만들어진다.

다음 내용은 스마트폰을 활용하여 오디오(소리) 파일을 만드는 방법이다.

가령, 멀리 있는 인물을 촬영할 때 그 사람의 목소리를 영상에 같이 넣고자 할 경우 영상과 소리를 따로 만들어서 나중에 서로 붙여 넣어야 하는 작업이 필요한데, 이럴 때 활용할 수 있는 오디오 파일 만드는 방법이다.

영상과 소리를 붙여서 하나의 동영상으로 만드는 방법은 절대 어렵지 않다. 우선, 오디오(소리) 파일 만들기에 대해 알아 두자.

2) 동영상에 특별한 소리를 넣어 볼까요?

멀리서 어떤 사람이 걸어온다. 그런데, 영상을 보는 사람들은 그 사람이 무슨 말을 하는지 듣고 있다. 어떻게 이런 일이 가능할까? 스마트폰의 성능이 아무리 좋다고 해도 멀리 있는 사람의 목소리까지 완벽하게 녹음해서 들려줄 수 있을까? 정답은 오디오 파일과 영상 파일을 따로 만들어서 편집 과정을 통해 서로 붙였다는 사실이다.

영상은 영상대로, 오디오(소리)는 오디오(소리)대로 만드는 방법을 알아 두자.

> **TIP**
>
> **오디오 파일 분량 정하기**
> 스마트폰으로 오디오 파일을 만들려면 동영상을 촬영한 시간을 체크하고, 동영상에서 오디오(소리)가 들어갈 위치를 지정한 후에 레코드(녹음) 시간을 정한다. 가령, 멀리서 인물이 걸어오는 10초 분량의 동영상이 있다면 오디오(소리)는 1~10초 분량 전체 길이에 맞게 만들 수도 있고, 1~5초까지 영상에만 사용되도록 만들 수도 있다.

(1) 오디오(녹음) 어플로 녹음하세요

새로운 어플을 설치해야 하는 게 아니다. 스마트폰 바탕화면에서 **[음성(녹음)]**을 선택한다.
녹음 버튼를 누르고 원하는 시간만큼 녹음한다. 오디오를 녹음할 때는 촬영한 영상과 비교하면서 영상에 비해서 소리(오디오)가 크거나 작지 않게 조절해야 한다.

"스마트폰 볼륨을 안 들리게 해두면 녹음이 안 되지 않나요?"

오디오(녹음)를 하는 데 스마트폰 볼륨 크기를 묵음으로 해 두는 건 전혀 상관이 없다. 스마트폰 볼륨은 스마트폰에 저장된 영상이나 오디오의 소리 크기를 설정하는 기능일 뿐, 녹음 기능에서 사용되는 기능이 아니다.

다만, 스마트폰을 녹음하려는 오디오가 있는 곳에 가깝게 둘수록 큰 소리가 녹음된다.

(2) 오디오(녹음) 마무리는 '정지' 버튼을 눌러 주세요

오디오 녹음을 완료하면 정지 버튼을 누른다. 녹음이 끝난 오디오는 파일 형태로 스마트폰에 자동 저장된다. 저장된 오디오 파일은 음성 목록에서 확인할 수 있다.

(3) 오디오(녹음)를 잠깐 멈춰 주세요

녹음 도중에 '일시 정지'를 원할 때는 '잠시 멈춤' 버튼을 누른다. '잠시 멈춤'이란 표시가 나타나면서 녹음이 일시적으로 중단된다. 오디오 녹음을 이어가고자 할 경우엔 한 번 더 눌러 준다.

(4) 오디오(녹음) 내용을 확인해 주세요

녹음 내용을 듣고자 할 경우엔 스마트폰 화면에서 녹음 관련 메뉴 버튼을 누른다. 음성 메모 목록으로 이동한다. 음성녹음을 한 날짜와 녹음분량이 표시된다. 듣고 싶은 음성 메모 목록을 선택하고 누르면 녹음내용이 들린다.

소리가 안 나온다면 [스피커]를 누르자. 크기는 볼륨으로 설정한다. 조금 더 명확하게 듣고자 한다면 이어폰을 사용한다.

(5) 오디오(녹음) 내용을 지울 수도 있어요

지우고자 하는 파일을 선택한 후 삭제를 누른다.

(6) 오디오(녹음) 파일을 이메일로 보관할 수 있어요

오디오 파일을 만들었는데 스마트폰에만 저장해 두기가 불안할 수 있다. 실수로 지워지면 낭패이고 스마트폰 기기 자체가 고장 날 수도 있다. 어떻게 해야 할까? 이 경우엔 '공유하기' 기능으로 이메일, 클라우드 등에 보내어 별도의 서버에 보관할 수 있다.

그리고 컴퓨터에 저장된 오디오(녹음) 파일은 [연결 프로그램]을 선택해서 프로그램 목록을 표시하고 이 가운데 사용할 프로그램을 선택해서 다른 형태로 변환하여 사용할 수 있다.

가령, 오디오 파일을 만들었는데 M4A로 된 형태라면 이런 파일 형태를 지원하지 않는 프로그램 때문에 영상과 오디오를 섞을 수 없는 일이 생긴다. 어떻게 할까? mp4 또는 mp3 등의 형태로 변환을 해 줘야 한다. 이 경우 스위치(Switch), 카카오 인코더 등의 오디오 파일 변환을 지원해 주는 무료 프로그램 중에서 골라서 사용하도록 한다.

(7) 오디오(녹음)를 동영상에 넣어 보세요

오디오 파일을 만들고 나서 영상에 넣는 방법이다. 오디오 파일과 영상을 붙이는 방법으로 '무비메이커'라는 프로그램을 사용할 수 있다. 이 프로그램은 윈도우(Windows)를 사용하는 컴퓨터에 무료로 설치되어 있다. 만약, 무비메이커가 없거나 삭제되었다면 인터넷에서 다운로드 받으면 된다.

무비메이커에 사용하는 오디오 파일은 확장자가 wav, aif, aiff, snd, mp3, au, mp2, asf, wma, aifc 등으로, 오디오 파일이 위 종류에 없다면 '스위치(Switch)'를 사용하여 mp3로 변환하여 사용한다.

무비메이커를 실행한 후 비디오가져오기 를 눌러서 영상을 불러오고, 오디오 또는 음악 가져오기 를 눌러서 오디오를 불러온다.

불러온 영상파일은 의 형태로 여러 개로 나뉘는데, 사용할 영상들을 마우스로 선택해서 처럼 세로 줄이 표시하는 원하는 위치에 갖다 놓는다. 이 경우, 마우스에 붙였던 손가락을 떼면 된다.

오디오 불러오기를 선택하면 영역에 넣고, 전체 길이는 마우스로 오디오 파일 표시 부분의 테두리를 클릭해서 원하는 길이로 줄인다.

영상과 오디오를 원하는 위치에 서로 배치시켰다면 AutoMovie 만들기 를 실행해서 오디오와 영상을 붙이도록 한다. 동영상 편집이 완성되면 내 컴퓨터에 저장 을 통해 저장하거나 CD에 저장, 전자메일로 보내기 등으로 보관한다.

'무비메이커'는 오디오 파일과 영상 파일을 서로 붙일 때 사용하며, 스마트폰 카메라로 촬영한 영상을 편집할 때는 주로 Daum 팟인코더를 사용하는 게 편리하다. 그 이유는 팟인코더에서 동영상 편집을 마치고 바로 이어서 스마트폰에 저장할 수 있는데, 자기가 사용하는 스마트폰 외에도 다른 스마트폰 또는 저장기기에 저장할 수 있는 파일 형태로 변환하는 기능도 있기 때문이다.

지금까지 스마트폰 카메라를 활용하여 동영상을 촬영하고, 음성 메모(녹음) 기능을 활용하여 오디오 파일을 만드는 방법에 대해 알아 봤다. 다음 단락에서는 내가 만든 동영상들을 손쉽게 편집하는 방법에 대해 알아 보도록 하자.

3) 내가 만든 동영상에 오디오(소리) 넣기

베가스(VEGAS)는 조금 더 고급 사용자들에게 적합한 영상 편집 프로그램이다. 동영상 편집 프로그램은 소니 베가스 외에도 어도비 프리미어, 파이널컷 프로 등 다양하다. 그러나 필자가 추천하기에 베가스로 어느 정도 손에 익숙하게 된 이후에 다른 프로그램을 사용해 보기를 추천한다.

아래 링크는 Trials and Demos 버전을 다운로드 받을 수 있는 곳이다. 각자 필요한 버전을 다운로드 받는다.

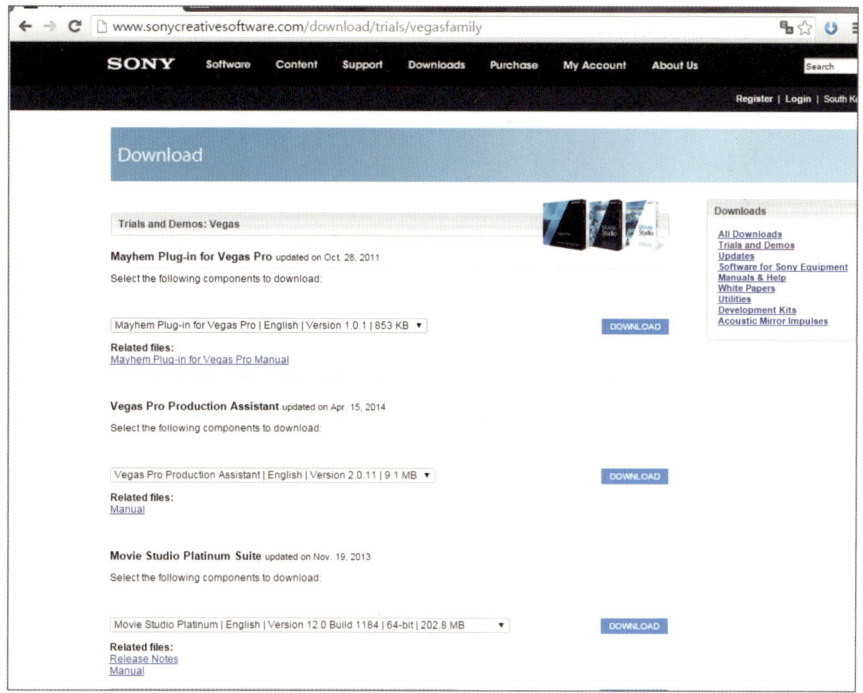

출처: http://www.sonycreativesoftware.com/download/trials/vegasfamily

소니 베가스 최신 버전 무료버전시험판은 아래에서도 다운로드 받을 수 있다.

http://www.sonycreativesoftware.com/download/trials/vegaspro

베가스를 사용하면 화면 전환, 연결 부분에서 보다 많은 효과를 줄 수 있으며 기본으로 제공되는 영상효과까지 사용할 수 있어서 도움이 된다. 뿐만 아니라, 음악을 영상에 넣는 작업이 가능한데, 이는 영상을 감상할 때 더욱 몰입할 수 있게 해 주는 효과가 있다. 베가스를 사용해서 동영상에 음악(오디오)를 넣는 방법을 배우도록 하자. 베가스는 유료로 구입해야 하는 소프트웨어이지만 시험 데모판은 무료로 다운받아서 한정 기간 동안 이용 가능하다.

소니 베가스를 설치해 보자.

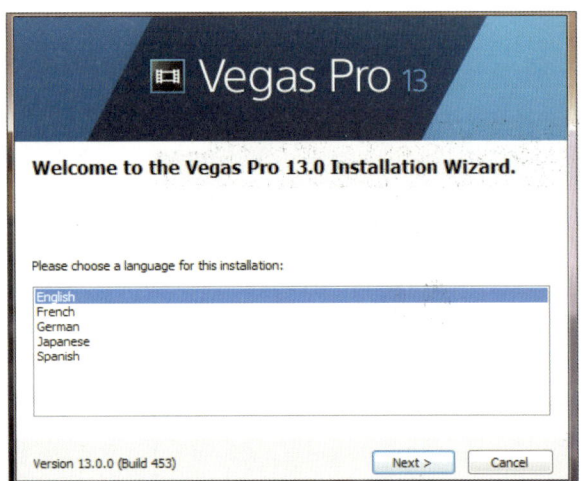

소니 베가스가 설치되면서 압축파일을 푸는 과정이 진행된다. 본 작업은 VEGAS 13 시
험판(한정기간 이내만 사용)을 컴퓨터에 설치하는 과정이다.

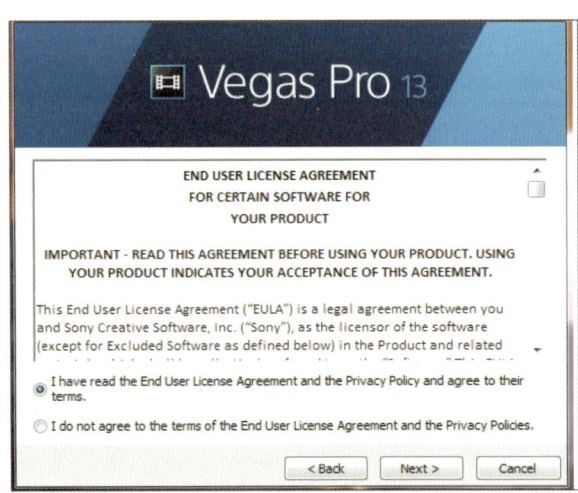

[사용규정 동의] 과정이 진행된다. 선택하고 [Next]을 누른다.

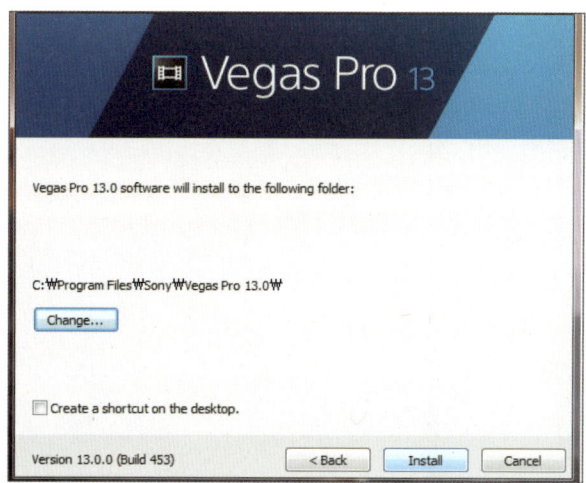

설치할 폴더를 선택하고 [인스톨(Install)]을 누른다.

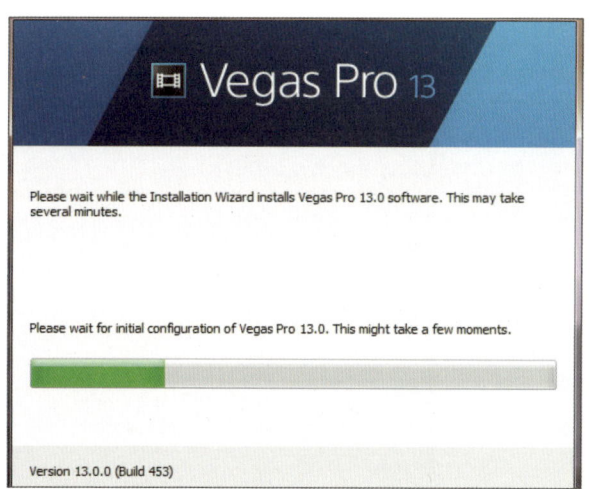

컴퓨터에 따라서 VEGAS Pro 프로그램을 실행하는 데 필요한 다른 프로그램이 있을 경
우, 해당 프로그램을 먼저 설치하고 VEGAS 설치를 계속할 것인지 [확인]하는 과정을
거친다. 관련 프로그램을 모두 다운로드 받으면 인스톨 과정이 시작된다.

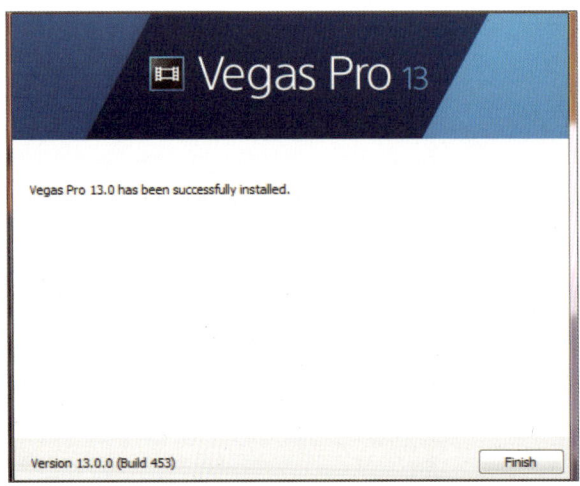

설치가 완료되었다.

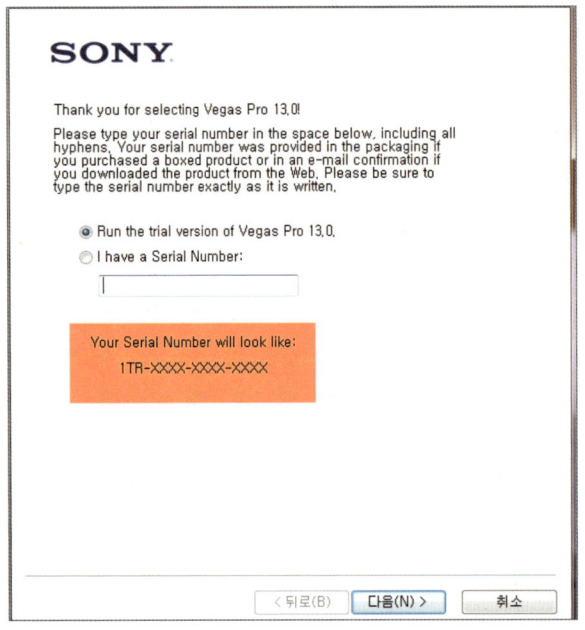

소니 베가스를 실행해 보자. 시험판을 사용한다는 위치에 마우스를 클릭하고 [다음]을
누른다. 이름과 이메일, 사용 지역을 입력하면 설치가 끝난다.

지금부터 베가스(VEGAS)를 실행해 보자.

단, 소니 베가스 최신 버전이 아니더라도 영상을 편집하고 오디오를 입력하는 것에는 아무런 지장이 없다. 그리고 동영상 편집 프로그램은 소니 베가스 외에도 다양한 무료 소프트웨어가 있으므로 인터넷에서 다운로드 받아서 사용하도록 하자. 이 단락에서는 편집 관련 핵심 사용법만 추려서 설명하도록 한다.

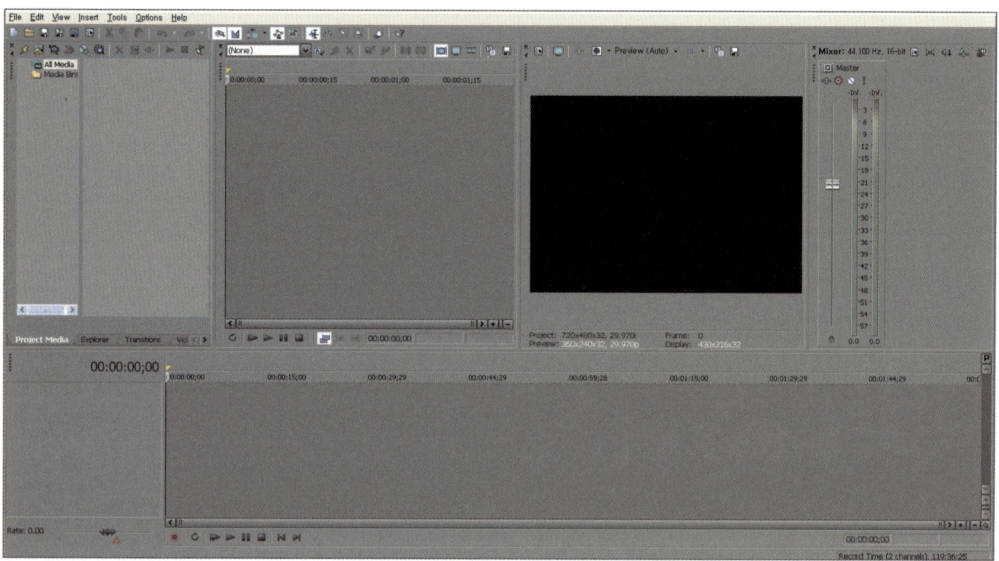

베가스가 실행되었다. 동영상에 음악(오디오) 파일을 넣는 작업을 실행해 보도록 한다.

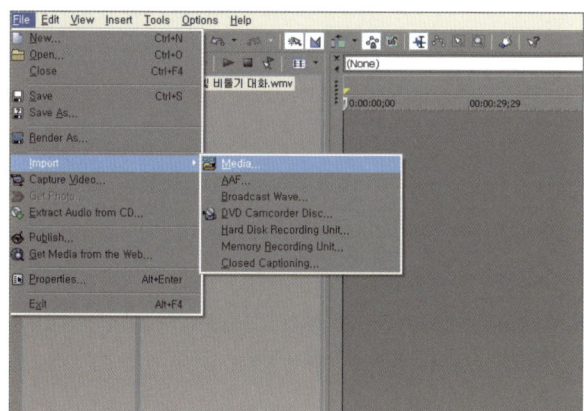

먼저, 동영상을 불러온다. [IMPORT]를 눌러서 음악을 넣을 동영상을 베가스로 업로드 한다. 또는, 파일이 있는 폴더에서 파일을 마우스로 누른 후 베가스의 프로젝트 미디어 [Project Media] 창으로 가져와도 된다.

동영상을 가져왔으면 다시 음악(오디오) 파일을 같은 방식으로 가져온다. 그리고, 타임라인 안에 가져다 둔다.

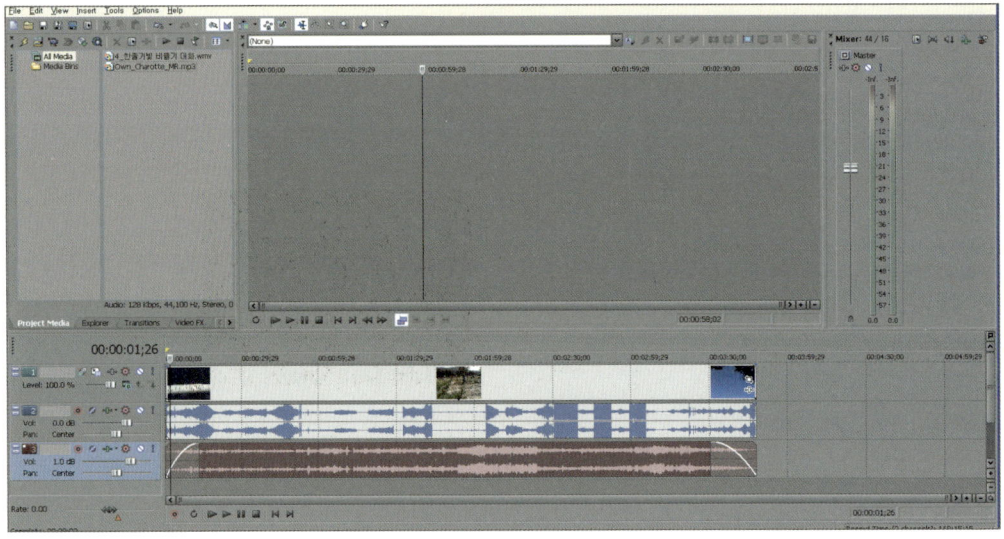

동영상 파일은 타임라인 1번, 2번 라인에 놓였고, 음악 파일은 3번 라인에 두었다. 동영상 파일이 1번, 2번으로 두 개의 타임라인 공간에 온 이유는 비디오(영상)와 오디오(소리) 파일로 나뉘었기 때문이다.

동영상에 오디오를 넣는 방법은 간단하다.
위 화면에서처럼 각 파일들을 타임라인에 넣은 후 시작과 끝을 조절하고, 동영상 어느 부분에 소리(오디오)가 들어갈 것인지 정한 후에, 영상의 해당 영역을 '자르기'해서 그 안에 오디오를 넣어주기만 하면 된다.

동영상과 오디오 파일 작업을 마쳤으면 베가스의 렌더링 기능을 실행해서 하나의 파일로 만들어 주면 모든 작업이 마무리된다.

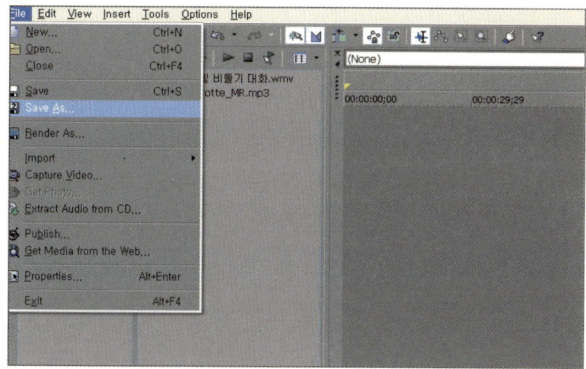

단, 이때 주의할 점은 베가스에서 작업한 파일은 저장할 때 [SAVE as]를 누를 경우, 이 파일은 베가스 파일로 저장된다. 다시 말해서, CD나 컴퓨터에서 볼 수 있는 비디오 파일이 아니라 베가스에서 작업하기 위한 베가스 파일 형태로 저장된다는 뜻이다.

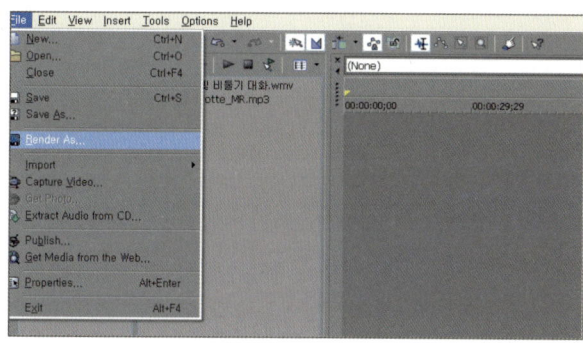

베가스에서 작업을 완료하고 PC나 CD, 인터넷에서 스트리밍 가능한 파일로 저장하려면 [Render As] 기능을 실행해야 한다. 렌더링 작업으로 마무리하는 과정인데, 새롭게 생성하는 파일을 저장할 폴더를 지정하고, 파일 형태는 avi 또는 wmv 등 자유롭게 지정한다.

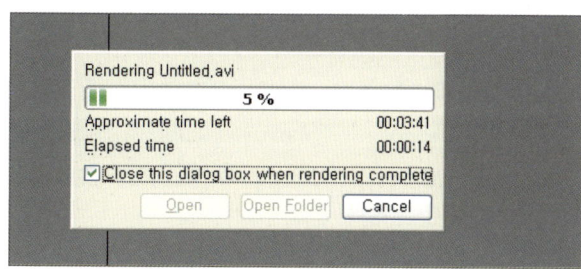

렌더링이 시작되면서 작업을 마무리하는 단계로 접어든다.

이상으로, 소니 베가스 프로그램을 사용하여 동영상 파일에 오디오(소리)를 넣는 방법에 대해 살펴봤다. 동영상 편집을 위한 많은 수의 프로그램들이 있는데, 어느 프로그램을 사용하던 그건 편집자에게 가장 편리하고, 편집자가 원하는 영상 연출이 가능한 기능만 충실히 구현되면 좋은 프로그램이다.

본 내용에서 필자가 베가스를 추천하는 이유는 초보자 수준에서 손쉽게 사용 가능한 프로그램이면서 편집을 원하는 대개의 장면 연출이 가능하다는 점 때문이다.

4) 동영상 화면을 재미있게 만들어 볼까?

본 단락에서는 앞서 사용해 본 베가스를 활용하여 동영상의 각 장면과 장면을 연결하는 효과를 만드는 방법에 대해 알아보도록 한다. 웬만한 영화에서 많이 쓰이는 화면 전환 기법은 충분히 구현할 수 있으므로 도움이 된다.

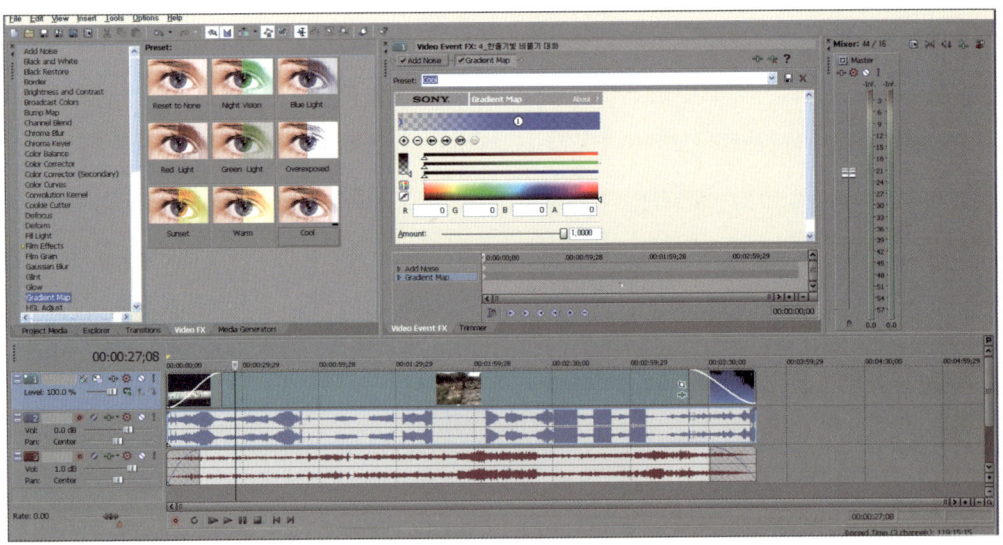

먼저 비디오 FX[Video FX] 창을 열어서 화면전환 기능을 살펴보도록 한다. 수많은 기능 중에서 마음에 드는 기능을 고른 후 마우스로 클릭하고 누른 상태에서 타임라인 비디오 영역에 가져온다.

예를 들어, Gradient Map을 선택하고, 그 기능들 가운데 Cool을 지정했다면 ▦로 표시된 버튼을 각각 클릭해서 효과를 줄 동영상 영역과 색감의 정도를 설정한다. 같은 방식으로 여러 기능들을 사용해 보면서 각각의 분위기와 스토리에 맞는 가장 적합한 장면전환 효과를 적용할 수 있다.

TIP

세부설정 에 대해 알아보자.

[출력선택]은 동영상을 사용할 기기와 제조사별로 분류하고, AVI, WMV 등의 동영상 형태를 설정한다.

1. [비디오]

　1) 코덱설정

　　(1) 압축방식 : MPEG-4나 H.264 방식 등 동영상 방식을 설정한다.
　　　　　　　　 비트레이트와 비디오 가운데에서 기준을 설정한다.

　　(2) 비트레이트 : 동영상은 1초 동안 몇 개의 사진을 연속으로 보여 주는가로 구분하는 데
　　　　　　　　　 사진의 개수를 프레임이라 하고, 사진의 화질을 비트레이트라고 말한다.
　　　　　　　　　 비트레이트가 높으면 동영상 용량이 커진다.

　　(3) 비디오 품질 : 해상도를 설정한다.

　　(4) 키프레임 간격 : 키프레임이 10이라면 10프레임마다 키프레임을 생성한다.
　　　　　　　　　　 키프레임 사이에 변화된 데이터로 프레임을 구성한다.
　　　　　　　　　　 간격이 넓은 경우 인코딩 사이즈가 줄어들고 간격이 좁은 경우 늘어난다.

　　(5) 프레임 변경 : 1초당 사진 개수를 설정한다.
　　　　　　　　　 Fps = Frame per second

(6) 리사이즈 필터 : 리사이즈+필터로 이뤄진 단어이다. 인코딩/디코딩에서 쓰는 필터라는 뜻은 컴퓨터의 응용프로그램에서 플러그인으로 만드는 추가 기능과 비슷하다. 필터의 종류를 바꿔 주면 동영상 결과물이 달라진다.

(7) 고급 옵션 설정 : Main, R.C, M.E, Mask 등으로 나눈다.
최소 프레임 간격에서 최대 프레임 간격 등을 설정한다.

2) 화면설정
(1) 화면 크기 : 동영상 화면의 가로X세로 크기를 128X96부터 1280X720까지 설정한다.
가로 세로 크기를 각기 다르게 설정할 수도 있다.
(2) 잘라내기/확장 : 4:3 또는 16:9 등의 비율로 잘라내기와 확장하기 설정이 가능하다.

2. 영상처리

1) 영상 속성 : 명도, 채도, 대비, 색상 설정을 조절한다.

2) 영상 설정 : 동영상 화질을 부드럽게, 날카롭게, 블록제거 등으로 설정한다.
화면 뒤집기 설정을 통해서 상하반전 또는 좌우반전을 할 수 있다.
90도 회전을 설정해서 시계방향, 시계 반대방향으로 회전 설정할 수 있다.

3. 오디오

1) 코덱 설정
(1) 압축방식 : MPEG 오디오 레이어 방식 등을 설정한다.

(2) 음질 : 48, 64, 96, 128, 192, 320에서 설정한다.

(3) 샘플레이트(Sample rate) : 영상이 아닌 음성에서 사용하는 단어로써 아날로그 또는 디지털, 오디오를 읽을 때 음원을 정확하게 기록하고 듣기에 필요충분한 횟수로 지정한 단위로 44.1khz로 지정된 단위를 샘플레이트 단위라고 부른다. Hz가 높을수록 좋은 반면에 작업시간이 늘어난다.

(4) 노멀라이저 : 음을 평준화해 주는 의미다. 볼륨 높낮이와도 약간 유사하다. 간단하게 설명하자면 음량이 클 때에는 작게, 음량이 작을 때에는 크게 해 주는 기능을 말한다.

2) **이퀄라이저** : 음향 설정 기능으로써, BAR가 움직이는 방향 −12dB +12dB란 음량이고 BAR의 아래 숫자는 주파수를 뜻한다. 윈앰프에서 600 이하는 hz를 뜻하고 그 이상은 1000hz(1Khz)로 표시한다. 주파수 숫자는 제작사에 따라 다르다.

4. 자막

– 글꼴, 색상&투명도, 위치&여백을 설정한다.
– Closed Caption이란 자막 기능을 부여하지 않는 동영상이란 뜻이다.
– ASS/SSA란 자막 파일의 종류이다. 우리나라는 smi 자막파일이 주로 쓰인다.
– IDX, SUB 형태의 자막파일은 Vobsub이 설치되어야만 재생할 수 있다.

5. 로고

– 로고 이미지, 투명도&구간적용, 위치 등을 설정한다.

6. 기타

1) **파일 설정** : M4V, MAQ 등으로 파일명 규칙을 정하고, 저장 폴더를 지정한다.

2) **기타 설정** : PSP와 MP4 관련 설정 기능이다.
동영상 이미지 가운데 썸네일 이미지를 설정할 수 있다.
VC1 코덱으로 내장코덱을 사용할 것인지 지정해 둔다.

3장

케이팝(노래) 콘텐츠 만들기

유튜브 채널에 업로드할 수 있는 콘텐츠는 동영상뿐만이 아니다. 내가 만든 노래 한 곡이라도 충분하다. 뮤직비디오까지 만들어 올린다면 더 좋다. 노래와 영상이 채널 구독자 수를 늘려 준다.

나만의 동영상에 이어 이번엔 나만의 노래 콘텐츠를 만드는 방법에 대해 알아보자. 어쩌면 당신의 노래가 유튜브 전 세계 사용자들에게 널리 퍼져 글로벌 히트곡이 될 수도 있다.

컴퓨터를 살펴보자. 여러분의 집에 어떤 컴퓨터가 있는지 보자. 컴퓨터를 2010년대 이후로 장만한 것이라면 작곡을 하는 데 성능상으로 큰 무리가 없다고 본다. 조립식 컴퓨터도 무관하다. 컴퓨터 성능은 언젠가부터 어지간한 게임이나 멀티미디어 실행 정도는 사용하기에 무난할 정도다. 요즘엔 가격 대비 성능(가성비)을 따지는 시대 아닌가?

1. 컴퓨터랑 친해지기

이 책의 독자들이라면 집에 컴퓨터 한 대쯤은 있을 것이고 인터넷 서핑이나 게임, 문서 작성은 할 정도의 컴퓨터 사용능력(?)을 갖춘 인재들이라고 여긴다. 그렇지 않은가? 혹시 여러분들 중에 컴퓨터 전원 켜는 것도 두려워하는 왕초보가 있을까? 유튜브 채널을 만들려는 데 컴퓨터를 이제 막 접하기 시작한 초보자라면? 그래도 괜찮다. 이제부터 하나씩 따라 해 보자. 이 책은 초보자는 물론이고 컴퓨터가 익숙한 사람들에게도 도움되는 작곡 배우기 내용을 담았다. 이제 바로 컴퓨터 전원을 켜자.

1) 컴퓨터가 궁금해요

컴퓨터의 성능을 체크하는 단계다.
램과 CPU, 그래픽 카드와 사운드 카드 등을 점검하자. 당신의 컴퓨터가 키보드와 모니터, 마우스로만 이뤄진 건 아니다. 컴퓨터 본체 안에는 온갖 복잡한 부품들이 쌓였다.

마우스 안에도 회로도와 기판 전자장치가 가득하다.

"복잡한 컴퓨터 지식을 다 알아야 하는 거죠?"

마우스를 사용하려는데 마우스 기판에 들어간 회로도를 만들어야 하는 건 아니다. 키보드는 두드릴 줄 알면 될 뿐, 키보드를 만들어야 하는 것도 아니다. 작곡도 마찬가지다. 마우스랑 모니터, 키보드만 사용할 줄 알면 된다.

(1) 내 컴퓨터가 해낼 수 있나요?

대부분의 컴퓨터가 다 할 수 있다. 문제는 속도의 차이다.
컴퓨터의 램(RAM: 실행 중인 내용을 일시적으로 저장하는 장치)과 CPU(중앙정보처리장치: 인간의 뇌에 해당)가 중요하다. 작곡한다는 건 노래 한 곡에 여러 가지 소리를 넣는 작업이다. 컴퓨터의 램이 8G 이상은 되어야 한 곡 정도 만든다.

많은 악기를 다루는 사람을 생각해 보자. 한 사람이 악기 여러 개를 다룬다고 상상할 때, 악기를 연주하는 속도가 느리면 작곡 시간이 오래 걸리고 연주 속도가 빠르면 노래 만드는 시간이 상대적으로 줄어든다. 같은 이치다.

SSD 카드도 챙겨보자.
SSD 카드란 Solid State Disk 또는 Solid State Drive를 일컫는 말로써, NAND 플래시 또는 DRAM 등 초고속 반도체 메모리를 저장 매체로 사용하는 대용량 저장 장치를 말하는 데, 데이터를 저장하는 단순한 HDD(하드 디스크 드라이브)와는 다르게 반도체를 이용해 정보를 저장한다.

SSD 카드를 사용하면 탐색 시간 없이 고속으로 데이터를 입출력할 수 있으면서도 기계적 지연이나 실패율이 현저히 낮다. 그래서 컴퓨터를 켜는 작업이나 프로그램 운영 속도도 현저히 빠르고 좋다. 컴퓨터 사양은 최소한 2010년대 이후에 등장한 컴퓨터로 8기가 램 이상은 되어야 무난하겠다.

(2) 내가 컴퓨터랑 대화를 한다고요?

마이크는 노래를 부르는 가수의 목소리를 녹음하는 장치다. 크게 나누자면 콘덴싱 마이크와 다이내믹 마이크로 나뉘는데, 가수들의 노래를 녹음하고 음반으로 출시할 수 있게 해 주는 스튜디오 작업에서는 작은 소리도 다 잡아주는 콘덴싱 마이크를 사용하고, 다이내믹 마이크는 콘서트나 노래방 등에서 사용한다. 작곡 초보자인데 무조건 좋다고 해서 콘덴싱 마이크를 사용해야 하는 건 아니다. 이어폰에 달린 마이크나 저렴한 마이크라도 무난하다.

모든 마이크에는 어느 정도 수준의 잡음을 억제해 주거나, 주변에 생기는 이상한 소리를 모두 방지할 수 있는 기능들이 있다. 물론, 주위에 잡음이 없는 공간일 경우엔 당연히 콘덴싱 마이크를 사용하는 게 좋다. 집에서 컴퓨터 한 대로 노래를 만드는 경우라면 조용한 방 환경에서 이어폰에 달린 마이크만 사용해도 된다. 오디오 녹음을 할 때 이불 속에서 녹음하는 경우도 있다. 중요한 건 노래 실력일 뿐, 마이크가 아니다.

(3) 오디오는 거실에 있는데요?

"오디오요? 그거 비싸서 부모님이 거실에 뒀는데요?"

작곡하는 데 오디오가 필요하다고 해서 무슨 거실에 두는 크고 굉장한 고가의 오디오가 필요한 게 아니다. 컴퓨터엔 오디오가 다 있다. 소리가 나게 해 주는 부품을 말한다. 당신의 컴퓨터에 스피커가 있고 음악을 들을 수 있으며 게임을 할 때 배경음악이 잘 들린다면 컴퓨터 안에 이미 오디오 카드가 있는 것이다.

컴퓨터는 오디오 카드가 없으면 소리가 안 나니까 말이다. 그런데, 작곡할 때는 원음을 제대로 잡아주고 잘 들려 주는 효과가 필요한데 이럴 때를 대비해서 오디오 카드를 준비해도 좋다. 오디오 카드도 여러 종류가 있다. 지금 컴퓨터에 꽂혀 있는 오디오 카드를 그대로 사용할 수도 있고, 더 좋은 소리를 원한다면 오디오 카드를 구입해서 기존의 것을 버리고 새롭게 그 자리에 꽂아서 사용할 수 있다는 의미다.

(4) 소리만 잘 나오면 되는 거 아닌가요?

"스피커는요?"

모니터 스피커란 게 있다.
컴퓨터를 살 때 무료로 주는 스피커와 다르게 모니터 스피커는 가격이 비싸고 만드는 소리를 제대로 뽑아주는 기능이 있다. 이 스피커를 통해 들으면 소리가 왜곡되지 않고 들리는 게 특징이다.

"저는 막귀(평범한 귀)인데요?"

오디오 회사에서 일하는 전문적인 프로들은 '소리를 귀로 듣는다'고 하면 웃는다. 그들은 새로운 오디오 기기를 출시할 때마다 밀폐된 공간 안에 들어가서 귀를 막고 몸으로 소리를 듣기도 한다. 오디오를 틀고 밀폐된 공간에서 들으면 소리가 나오며 여기저기 반사되어 온몸에 전해지게 되는데 이 느낌을 들으며 오디오의 품질을 체크하는 전문가들이다. 스피커랑 같은 기능으로, 작곡자들이 주로 사용하는 모니터 헤드폰이란 것도 있는데, 이건 스피커를 사용하지 않고 헤드셋으로 작곡자만 들어야할 때 사용하는 도구다.

"이 정도의 프로가 아닌 경우가 대부분이므로 보통 사람 귀 정도면 충분하다."

필자처럼 돈이 없을 경우엔 가장 저렴한 스피커만으로도 가능하다. 소리만 잘 나오면 된다.

(5) 컴퓨터만 있으면 된다면서요?

"컴퓨터만 있으면 작곡한다면서요?"

맞다. 왕초보 작곡가인가? 생애 처음 노래를 만들려고 하는 중인가? 여기서 소개하는 부수적인 도구들은 미래를 위해 참고적으로만 알아두도록 하자. 작곡 실력이 좋아질수록 소리에 대해 욕심을 내는 건 당연, 그때 가서 나중에 좋은 장비를 알아봐도 좋다.

다음은 작곡을 하는 데 있어서 컴퓨터랑 같이 사용할 만한 부록용 도구다. 시작 단계에서 필요한 장비는 아니지만 나중에 하나씩 사용해도 좋은 장비들이다. 실력이 늘어날수록 좋은 장비가 작곡의 완성도를 높여 줄 것이기 때문이다. 이 단계에서 설명하는 도구 장비들은 참고용으로만 알아 두자.

a. 마스터 건반

피아노를 칠 줄 아는 사람이 아니더라도 키보드 하나는 장만하는 게 좋다.
대략 4분 정도의 노래라고 해도 한 음은 1초에 한 번 찍는다. 4분이면 240번을 찍어야 하며, 한 곡에 들어가는 박자, 멜로디, 리듬과 각종 악기 음을 찍으려면 최소한 1천 번은 넘게 찍는다.

Q : "찍는다고요?"
A : "작곡 프로그램에서는 마우스를 사용해서 음표를 찍는다는 얘기다."
Q : "악보를 그리는 건 아니고요?"
A : "요즘엔 악보를 보지 못하는 가수나 작곡가들도 많아졌다. 화성학을 배우지 않고도 프로그램 안에서 귀에 듣기 좋은 음악을 만드는 사람들도 많다. 작곡 프로그램이 나오면서부터인데 시대적 흐름이려니 생각하자. 물론 아직 악보에 음표를 그려가며 작곡하는 사람들도 많다."

마스터 키보드라고 부르며, 피아노 건반처럼 생긴 미디 입력장치를 사용할 수 있다.

컴퓨터에서 만든 미디 신호를 컴퓨터에 입력하기 위한 장치로, 음원은 없고 외장 사운드 모듈이나 VSTi 장치를 연결해서 음원을 출력하고, 마스터 키보드로는 컴퓨터에 음원을 입력하는 기능이 있다.

어려운 말이 아니다.

컴퓨터로 음악을 만들 때 모니터에서 마우스로 한 음씩 찍어서 들어보며 정하는 게 아니라 키보드 건반을 컴퓨터에 연결해 두고 건반을 두드려서 음을 만들어 입력하는 방법이다. 마우스로 찍지 않고 건반으로 두드려서 음표를 찍는다는 것, 마우스가 할 일을 건반이 대신한다는 것 정도다.

마우스로 한 음씩 찍어서 음을 정하는 게 편할까? 아니면, 키보드로 두드려서 음을 만드는 게 편할까? 당연히 키보드로 두드리는 게 빠르고 편하기도 하다. 물론, 마우스를 사용해서 '찍어서 표현'하면 된다. 단, 마우스로 찍을 경우 걸리는 시간이랑 마스터 키보드로 칠 경우 시간 단축이 가능하다는 장점만 기억하자.

마스터 키보드엔 어떤 종류가?

키보드엔 88건반, 61건반, 32건반 제품이 있는데, 피아노를 잘 치는 사람은 88건반을 사서 이용하면 되고, 그게 아니라 건반 사서 피아노 연습도 하고 싶다면 61건반, 디제이나 컴퓨터 음악 작곡을 위한 용도에는 32건반 키보드면 충분하다. 작곡은 기본적인 멜로디 입력이 끝나면 건반 대신에 키보드나 마우스로 음을 만들기 때문에 조옮김도 다 되고 휴대성도 있는 32건반이 작곡만 하는 데에는 좋다.

피아노 잘 치면 88건반, 피아노 배우고 싶으면 61건반, 컴퓨터 작곡만 하고 싶다면 32건반.

b. 미디 인터페이스(MIDI Interface)

악기의 소리를 디지털 신호로 듣게 해 주는 것

작곡을 하려면 악기 하나는 다룰 줄 알아야 한다? 예전엔 그랬다. 기타나 피아노쯤은 잘 다룰 줄 알아야만 새로운 곡을 만들고 작곡도 했다. 기타 코드를 악보에 적고 피아노 화음을 악보에 옮겼다. 하지만 이젠 컴퓨터 한 대만 있으면 기타를 칠 줄 몰라도, 피아노를 몰라도 작곡을 할 수 있다.

미디 'MIDI(Musical Instrument Digital Interface)'란 음원을 디지털 신호로 바꿔 주는 장치를 말한다. 가령, 악기로 연주하는 음악을 컴퓨터에서도 듣고 싶을 때 우리 귀를 컴퓨터에 달아 줄 수 없으니 어떤 방법을 찾아야 했는데, 이럴 때 MIDI 제품을 사용하여 악기의 소리를 컴퓨터가 저장하고 읽을 수 있는 디지털 신호로 바꿔 줄 수 있게 되었다는 것이다.

'미디 인터페이스'란 미디 장비가 많을 경우 미디 신호들을 효과적으로 혼합하기 위해 필요한 장치를 말한다. 미디 음을 넣고 빼는 '미디 인 MIDI In' 2개, '미디아웃 MIDI Out' 2개 정도로 구성된 간단한 제품도 있다.

가령, 마스터 키보드로 만든 '음'을 컴퓨터로 입력하고, 이를 스피커나 헤드폰 등의 사운드 모듈(장치:module)로 전달하기 위해 사용되는 제품이다. 하지만 반드시 필요한 건 아니고, 미디 인터페이스 대신에 컴퓨터에 있는 오디오 카드 자체에 미디 포트(port)가 있으면 오디오 카드에 연결해서 사용해도 된다.

가령, 컴퓨터 뒤에 보면 오디오카드가 꽂힌 위치를 알 수 있는데 여기에 소리를 넣고 빼는 홈이 있다면 거기에 케이블을 연결해서 사용하면 된다.

컴퓨터에서 듣는 MP3나 wav 음원 파일은 '오디오 데이터'이다.

c. 오디오 믹서 (AUDIO MIXER)

음원 정보를 말하는 '오디오 데이터'를 모아서 섞어 주는 장치다. 오디오 카드에서 나오는 소리를 오디오 믹서로 보내고, 사운드 카드에서 나오는 소리도 오디오 믹서로 보내고, 마이크 소리도 오디오 믹서로 보내며, 다른 악기 소리도 오디오 믹서로 보낸다.

이렇게 여러 악기의 오디오(소리)와 작곡자가 만든 전자 음(오디오)까지 모두 모으는 곳이 바로 오디오 믹서인 셈이다. 오디오 믹서는 그러니까 컴퓨터랑 소리를 만드는 다른 제품들을 서로 연결해 주는, 소리를 모아서 하나의 음원으로 저장할 수 있게 해 주는 역할을 하는 제품이다.

d. 사운드 모듈 (SOUND MODULE)

'사운드 모듈'은 '소리 장치'를 말한다.
'모듈'이란 단어 대신 '장치'로 이해해 보자. 즉, 여러 가지 악기의 소리가 담긴 제품을 말하는 데, 컴퓨터 작곡에서는 VSTi(가상 음악 악기)로 대체하기도 한다. 악기의 원음을 원하거나 원음에 가까운 실제 소리처럼 좋은 소리에 민감한 사람이라면 필요할 수도 있는 제품이다. 사운드 모듈이란 여러 악기 소리를 담아 놓은 악기 장치인 것만을 알아 두면 되겠다.

사운드 모듈에서는 미디 신호를 컴퓨터 안에 설치된 사운드 모듈로 보내서 오디오 신호로 출력하고, 그 오디오 신호를 오디오 믹서나 스피커로 보내서 소리로 듣게 된다.
VSTi란 [Virtual Studio Technology Instrument]의 약자로 컴퓨터로 듣는 악기를 말한다.

2) 그런데 이것들을 다 어떻게 연결하죠?

오디오 카드와 미디(MIDI)는 USB로 컴퓨터에 연결하고, 오디오 데이터를 사용하는 오디오 인터페이스는 컴퓨터에서 나오는 오디오 데이터를 받아서 전달해 주는 기능으로 LINE out에서 오디오 믹서의 채널과 연결한다.

사운드 모듈에서 오디오 데이터가 LINE out 되면 이것 역시 오디오 믹서 채널에 연결하고, 마스터 키보드 등 다른 장치에서도 LINE out이 있으면 오디오 믹서에 연결한다. 마이크도 오디오 믹서 채널에 연결하고, 오디오 믹서에 모인 소리를 들을 때는 Control

Room Out을 통해서 스피커에 연결해 준다.

또, 오디오 데이터는 컴퓨터와 연결된 오디오 인터페이스에 보내는데 이 경우 Main Out 단자나 Alt 3-4 output 단자를 사용한다.
참고로, 오디오 데이터를 컴퓨터에서 받아 녹음프로그램을 통해 녹음을 하게 된다.

미디(MIDI) 데이터를 연결할 때는 마스터 키보드의 MIDI out 단자를 미디 인터페이스의 미디 인(MIDI in)으로 연결해 준다. 마스터 키보드에서 건반을 두드려 주면 그 미디 정보가 미디 인터페이스로 가고 이걸 컴퓨터와 작곡 프로그램에서 인식해서 미디 정보로 저장할 수 있다.

여기 인식된 미디 정보에 소리를 입히려면 미디 인터페이스의 미디 아웃을 음원이 들어 있는 사운드 모듈로 연결해 줘야 하는 것이고, 미디 인터페이스의 미디 아웃은 사운드 모듈의 미디 인으로 연결하게 되면, 작곡 프로그램의 미디 데이터가 미디 인터페이스를 거쳐서 사운드 모듈로 가고, 오디오 데이터로 변환되어 그 소리가 오디오 믹서를 통해서 스피커나 헤드폰으로 출력되는 것이다.

컴퓨터랑 주변 장치를 연결할 때, 소리를 넣을 곳엔 in 표시를 찾아 케이블을 연결하고, 소리가 나오는 곳에서는 out 홈을 찾아 케이블을 꽂아 준다. '모듈'이란 단어는 우리말 '컴퓨터 장치'로 이해하자.

2. 'FL 스튜디오'로 작곡하는 거예요!

"작곡 프로그램들은 많다. 자기에게 가장 편한 프로그램을 골라서 배워서 사용하자!"

작곡 프로그램은 '시퀀스 프로그램' 혹은 DAW(디지털 오디오 워크스테이션: Digital Audio Workstation)라고 불린다. 여러 다른 오디오 파일이나 MIDI(미디) 파일도 수정할 수 있고, 비디오 영상도 시청 가능하지만 비디오 영상편집은 불가능하다.

작곡 프로그램들 종류는 무수히 많다. 지금 이 순간에도 누군가 작곡 프로그램을 만드는 중이다. 그러면 어떤 프로그램을 써야 할까? 문서작성 프로그램을 생각해 보자. 한글 워드를 사용하는가? MS 워드를 사용하는가? 아니면 다른 워드 프로그램을 쓰는가? 다양한 종류가 있지만 자기에게 맞는 프로그램을 사용하기 마련이다. 이처럼 작곡 프로그램도 자기가 사용하기 쉽고 편리한 프로그램을 골라서 사용하면 그뿐이다.

1) 작곡할 수 있는 프로그램들에 대해 알려 주세요

(1) 큐베이스

작곡 프로그램 중에 하나로 조작이 간편하고 가상 악기도 다양하다. 작곡하는 과정도 간편하지만 초보자에게 조금 학습이 필요한 부분으로 큐베이스 내에서 가상 악기를 설치하고 사용하는 게 쉽지만은 않다. 어떤 가상 악기를 사용할 것인지 정하고 컴퓨터에 설치할 때부터 몇 비트 제품을 설치할 것인지 등을 설정해야 하는 점이 초보자로서는 불편할 수 있다.

(2) 로직

많이 사용되는 것 중에 하나다. 프로그램 외에도 가상 악기가 풍부해서 작곡하는 데 무리가 없다. 사용법이 초보자들에게 최적화된 것만은 아니어서 어려운 면도 있다. 모니터가 커야 사용하기 편리하며, 아이맥 버전용으로 구입해서 사용하고 키보드 마우스를 쓰는 게 편리하다.

(3) FL 스튜디오(FL Studio)

FL 스튜디오는 작곡 초보자들이 사용하기 편리하다. 사용자 입장에서 각종 기능의 위치와 기능 사용이 쉽고, 댄스곡과 힙합뮤직에 장점이 있어서 젊은 세대들에게 어울린다. 프로그램 내에서 녹음과 믹싱, 마스터링이 가능하고 각종 VSTi (가상 악기)를 사용해서 음색을 더욱 풍부하게 만드는 데 효과적이다. 가장 큰 장점은 정품 구입 시 업데이트는 평생 무료라는 점이다.

스마트폰 환경에서도 언뜻 떠오르는 멜로디 악상을 바로 기록할 수 있는 애플리케이션을 출시하여 컴퓨터에서 사용할 수 있도록 병행 지원해 주는 것도 장점이다.

2) 노래도 샘플을 주나요? 샘플링이 뭔가요?

"화장품 샘플 주는 것처럼 노래 작곡도 샘플을 주고받나요? 어디서 주나요?"

※ 샘플링이란?

기존의 음원을 샘플로 사용해서 자신의 감각대로 배치하며 음악을 만드는 것인데, 예를 들어 음악을 만들 때 피아노, 기타, 드럼 등의 연주를 통해 실제 음원을 사용하는 방법도 있지만, 작곡 초보자들의 경우엔 시퀀스 프로그램, 그러니까 작곡 프로그램 내에 설치된 다양한 음원을 샘플로 사용해서 음악을 만들기도 한다는 것이다.

이를테면, 작곡할 때 자주 사용하는 기법 중에 '샘플링(Sampling)'이란 용어가 있는데 이는 기존에 존재하는 음악을 다른 사용자가 새롭게 자르고 붙여서 다른 음악을 만들 때 사용한다거나 하는 작업을 말한다. 물론, 원저작권자에게 사전에 승인을 받아야 하는 과정이 필요하다.

샘플 음원을 그냥 사용해서 나만의 작곡을 한다고 생각하면 안 되고, 내가 쓰려는 샘플 곡에 저작권이 있는지, 있다면 어디서 구입하고 사용해야 하는지를 봐야 하며, 일반적으로 CD로 판매하고 있으므로 정품을 구입해서 사용하면 별문제는 없다.

3) 다른 사람이 만든 노래를 베끼면 안 돼요!

"어떤 노래를 듣다가 정말 마음에 드는 멜로디를 찾았어요. 그 멜로디를 내 노래에 사용해도 되나요?"

작곡을 하는 데 있어서 가장 조심해야 할 부분이 '표절'이란 저작권 침해 행위다. 작곡을 하면서 제일 먼저 생각하는 건 좋은 멜로디를 떠올리려는 것인데 이때 의도적이건 아니건 간에 귀에 익숙한 멜로디가 나도 모르게 떠오르는 경우가 있다. 순간적으로는 내가 떠올린 멜로디니까 나만의 창작이라고 생각하지만 나도 모르게 내가 예전에 들었던 멜로디를 떠올리게 되어 본의 아니게 남의 저작권을 침해하게 되는 경우가 있다.

표절이란 멜로디, 코드, 리듬을 중심으로 판단하게 되는데, 곡의 멜로디 몇 마디가 비슷하거나 유사한 경우 표절이라고 판단하는 일이 많다. 만약, 표절로 판명되어 저작권침해가 인정된다면 저작권법에 의해서 그 곡으로 인해 벌어들인 수익을 모두 원저작권자에게 피해배상금으로 줘야 하는 사태가 벌어진다. 멜로디만이 아니라 코드 진행이 유사하거나 음표가 유사하게 진행될 때도 마찬가지다. 그래서 리메이크를 할 경우라도 저작권자에게 반드시 허락을 받아야 한다.

"표절은 누가 찾는 건가요? 저는 들어도 모르겠어요."

노래의 유사성은 두 노래를 모두 들어본 사람이 의문을 제기한다. 대다수 사람들은 잘 모른다. 하지만 세상엔 쏟아지는 음악들만큼이나 그 모든 음악을 찾아서 듣는 전문가들이 많다. 그들은 노래를 만드는 사람은 아니지만 많은 노래를 자주 즐겨 듣는 사람들이다. 표절은 사실 만드는 사람이나 만들었던 사람이나 잘 모른다. 그러나 노래를 듣는 사람이, 특히 두 곡을 모두 들어본 사람이 느끼기에 '두 곡이 비슷한데?'라고 생각하면 그 순간부터 표절 의심 곡이 된다.

표절은 구체적인 기준이 없다. 1990년대에는 8마디가 유사하면 표절이라고 했지만 이마저도 정의의 모호성 때문에 사라졌다. 1~2마디 유사하면 표절이 아니라고 인정하는 일이 벌어지기 때문이다.

3. 더 알고 싶어졌어요! 알아 둘 게 또 있을까요?

"작곡프로그램으로 박자, 리듬, 멜로디만 만들면 노래가 완성되는 거죠?"

작곡 프로그램으로 박자, 멜로디, 리듬을 만들었다면 바로 사용할까? 아니다. 박자, 리듬 멜로디는 음의 3요소이긴 하지만 완성도 있는 곡이 아니다. 악기가 필요하다. 완성도 높은 곡을 만들기 위해서라도 작곡 프로그램과 같이 사용할 수 있는 프로그램들이 있다. 예를 들어, 만든 음에 효과를 입혀주는 가상효과 프로그램이 있고, 만든 음에 추가해서 여러 가지 악기 음을 넣을 수 있는 가상 악기 프로그램이 있다.

VST(Virtual Studio Technology)는 음악에 효과를 주는 기술을 말한다.
가상효과 프로그램들로 Delay(딜레이), EQ(이퀄라이저), Compressor(콤프레서), Reverb(리버브) 등이 있으며 작곡할 때, 특히 믹싱(Mixing) 작업에서 여러 효과를 곡에 넣을 수 있다. 이와 비슷한 VSTi(Virtual Studio Technology Instrument)는 가상 악기 프로그램이다. 작곡자들이 많이 쓰는 프로그램으로는 넥서스(Nexus) 등이 유명하다.

미디(MIDI)란 무슨 뜻일까?
MIDI란 Musical Instrument Digital Interface의 약자다. 컴퓨터로 만드는 음악으로 이해할 수 있다. MIDI 작업의 좋은 점은 예전엔 실제 악기 연주를 해서 녹음을 하던 것과 다르게 컴퓨터상에서 가상 악기를 연주해서 작곡을 할 수 있게 되었다는 점이다. 실제 악기를 연주하지 않아도 MIDI에서 해당하는 악기를 실행하고 그 소리를 다듬거나 높낮이를 맞추는 등 여러 작업을 거치며 곡의 완성도를 높일 수 있다.

작곡 프로그램에서 자주 쓰는 용어인 레이턴시(Latency)란 뭘까?

'시간이 지연된다'는 뜻, 그러니까 '지연시간'이란 뜻이다. MIDI로 만든 음을 오디오 파일로 변환해서 녹음을 할 경우에는 프로그램상에서 원음과 오디오 파일을 섞을 때 일치하지 않는 시간이 발생하게 된다. 이러한 레이턴시를 방지하기 위해 MIDI 작업을 할 때는 사운드카드 대신에 오디오카드를 사용한다.

가령, 대부분의 사운드카드에서 0.1초 이상 되는 시간 차이가 생긴다면 작곡용 오디오 카드를 사용하면 0.01초 이하의 차이뿐이어서 체감하지 못할 정도로 품질이 좋아진다.

작곡 프로그램에서 이벤트(EVENT)란?

작곡할 때 어떤 악기를 어떤 음으로 사용하는지 등을 말한다. 박자, 리듬, 멜로디 등을 구성할 때 '이벤트'를 추가한다는 것은 악기를 추가한다는 의미다.

'딱, 쿵, 칙'의 뜻은?

일반적으로 힙합 음악을 만들 때 '비트' 음을 표현하는 말이다. 힙합의 비트는 VSTi 등에서 음을 가져와서 서로 조합해서 리듬에 맞춰 쓰는데 그 소리들을 들리는 대로 적은 단어들이다.

1) VSTi(가상 악기) 알아보기

컴퓨터 작곡에 사용하는 가상 악기 음원으로, Virtual Studio Technology Instrument(가상 스튜디오기술악기 프로그램)의 약자 표기이며, 한마디로, 가상 악기를 말한다.

※ 작곡한다고? NEXUS(넥서스) 알지?

Nexus에서 자주 사용하는 기능 버튼에 대해 알아 두자.

☐ Filter Modifier (필터 모디파이어)

4개의 레이어(층)로 구성된 기본 필터를 조절하는 노브(knob : 꼭지, 손잡이)가 있다. 각각의 기능은 직접 마우스로 클릭해 보면서 어떻게 소리가 다른지 느끼도록 하자.

> ▷On 버튼 – 필터 파라미터 작동을 결정, On 상태에서 작동하는 노브들이 있다.
>
> ▷Env 노브 – 필터 엔벨롭 모듈레이션(Filter Envelope Modulation)의 강약 조절
>
> ▷Cutoff 노브 – 동시에 4개 레이어(층)의 컷오프 주파수를 수정
>
> ▷Res 노브 – 동시에 4개의 레이어 공명 파라미터(parameter)를 수정
>
> ▷atk, dec, sus, rel – 동시에 4개 레이어의 해당 필터 엔벨롭 파라미터를 수정

☐ Centeral Display (센트럴 디스플레이)

정중앙 상단에 있으며, 양쪽에 4개씩 총 8개의 탭으로 구분된다.

> ▷Library – 음원 선택 창. 카테고리에 따라 음원을 선택한다.
>
> ▷mod – 모듈레이션 장치에 LFO 또는 관련 기능 설정에서 버튼을 조절
>
> ▷LFO: Law Frequency Oscillators를 말한다. 20Hz 이하의 주파수는 사람 귀에 들리진
> 않아도 다른 장치에 영향을 준다.
>
> ▷arp – 아르페지오. 하나의 음을 선택해도 아르페지오 기법으로 다양한 멜로디를 표현
>
> ▷tg – Trance Gate 설정
>
> ▷freq – FFT Frequency Analyzer 주파수 분석 기능
>
> ▷mix – 마스터 이펙트(master effect), 피처 매트릭스(feature matrix), 오실리에이터 믹
> 서(Oscillator Mixer), 마스터 이퀄라이저(master EQ)를 조절하는 기능
>
> ▷sys – Nexus의 특정 시스템 설정

☐ Amp Modifier (앰프 모디파이어)

> ▷pan – 사운드 좌우 조절

▷spike – 소리의 초기 3ms(밀리초)의 진폭 증가 설정

▷spread – PAN 넓이를 수정

▷atk, dec, sus, rel – 동시에 4개 레이어의 앰프 엔벨롭 파라미터를 수정

☐ Master Filter (마스터 필터)

마스터 필터는 전체 출력 신호에 적용된다.

▷cutoff – 컷오프(방송 영상화법 기술로, 방송하던 음악이나 이야기 등을 갑자기 멈춤 상태로 만드는 일로서 시청자들의 호기심을 높여 주는 효과) 주파수 제어

▷res – 컷오프 주파수에 공진을 조절

▷type – 필터 유형 선택

　　　LP: Low Pass Filter(저주파를 통과시키는 필터)

　　　HP: High Pass filter(고주파를 통과시키는 필터)

　　　BP: band pass filter(특정 주파수 사이에서 신호를 통과시키는 필터)

　　　NTCH: notch Filter(특정의 주파수에서 급격히 줄어드는 특성을 갖는 필터로서, 텔레비전 등의 송신기에서 출력되는 고주파 신호를 이용하여 불필요한 주파수 성분을 제거할 목적으로 사용된다.)

▷slope – 필터 주파수의 기울기

▷Delay – delay(늦춤) 효과 조절

▷Reverb – Reverb(공간 느낌) 조절

▷Output – 최종 음원 출력 레벨을 표시

▷Vol – 소리(볼륨) 레벨 조절

VSTi를 컴퓨터에 설치하면 건반 표시가 나오는 것도 있고 없는 것도 있다. 건반이 없을 경우엔 건반 표시가 되는 프로그램을 추가로 설치해서 사용하자. 건반이 없는 경우엔 따로 프로그램을 설치하고 별도의 건반을 실제로 연결해서 직접 건반을 두드리며 소리를 들어 보고, 또는 연주를 해서 오디오 데이터를 만들어 저장해야 한다. 컴퓨터에 건반 프로그램을 설치해서 사용할 것인지, 아니면 실제 건반을 컴퓨터에 연결해서 사용할 것인지는 순전히 당신이 선택할 문제다.

TV에 이따금 소개되는 작곡가들을 보면 작업실에 컴퓨터와 모니터, 건반을 여러 개 두고 작곡하는 걸 보는데, 일반적인 경우는 아니다. 유명한 작곡가들의 경우 '자기만 만들 수 있는 소리에 민감'한 경우가 많은데 VSTi 프로그램을 구입해서 쓰더라도 해당 프로그램마다 건반을 연결하고, 작곡하는 도중에 소리를 만들고 직접 귀로 들어가며 소리를 만들기 때문이다. 말하자면, 건반을 여러 개 준비하는 게 반드시 그래야만 하는 건 아니다.

2) VST(가상 효과)

작곡을 하면서 음(音)에 입히는 가상의 효과(이펙트 effect)를 말하는 것으로, Virtual Studio Technology (가상 스튜디오 기술)이란 프로그램이며, EQ(이퀄라이저), Compressor(컴프레서) 등의 효과를 말한다.

작곡하면서 각 음의 증폭이나 변환, 높낮이를 조절하는 것처럼 다양한 효과를 주는 걸 말하며, 믹싱 작업에서 주로 사용되는 기능들이나 소리를 섞어주는 '오디오 믹서'를 사는 경우가 거의 없는 요즘엔 작곡 프로그램 내에서 믹싱 기능을 사용하면서 적용하기도 한다.

FL 스튜디오(FL Studio)

FL Studio를 사용하는 방법에 대해 알아보도록 하자. 이 책에서는 왕초보자에게 편하고, 댄스뮤직이나 힙합 스타일의 작곡에 적합한 작곡 프로그램으로 추천한다. 조작법도 간단하고 쉬워서 조금만 숙달되면 어떠한 곡이라도 용이하게 만들 수 있을 것이다.

1. 설치하는 방법을 알려 주세요

벨기에에 소재한 회사 '이미지라인'이 만든 DAW(Digital Audio Workstation)으로 FL Studio는 작곡 및 믹싱, 마스터링까지 해결 가능하며, 다양한 VST 프로그램은 물론이고, 녹음실에서 많이 사용하는 wav, mp3, ogg 등의 오디오 파일 형태를 다룬다.

사용자 입장에서 FL Studio의 장점은 정품 구입 시 평생 무료 업데이트가 된다는 부분으로, 초보자들도 학습하기에 편리한 '패턴'을 사용하는 작곡 프로그램인 게 특징이다. 오디오 작곡 프로그램으로서 비디오 시청도 가능하다.

이미지라인 www.image-line.com
FL Studio www.flstudio.com

FL Studio 프로그램을 다운로드해 보자. 국내에서 정품을 구입하려면 국내 라이선스권자인 아삽하우스(www.2496.co.kr) 사이트를 이용하도록 하자. 정품을 구입해서 FL Studio

사이트에서 데모 버전을 다운로드 받은 후 정품으로 인증확인을 거쳐 사용할 수도 있다.

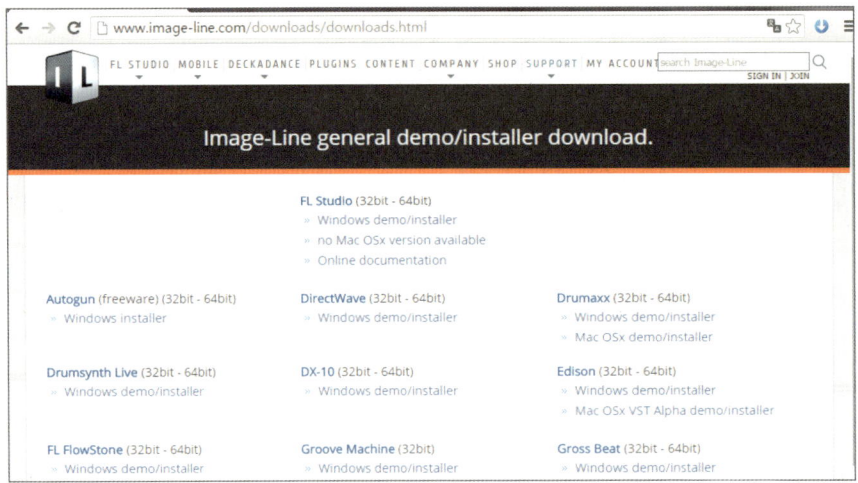

출처: http://www.image-line.com/downloads/downloads.html

MS의 윈도우 운영체제를 사용하거나 애플의 매킨토시를 사용할 경우 사용하는 운영체제에 맞게 선택하여 다운로드 받는다. 윈도우 운영체제를 사용할 경우, Windows demo/installer를 선택한다. 새 창이 열리고 FL Studio 다운로드 페이지가 열렸다.

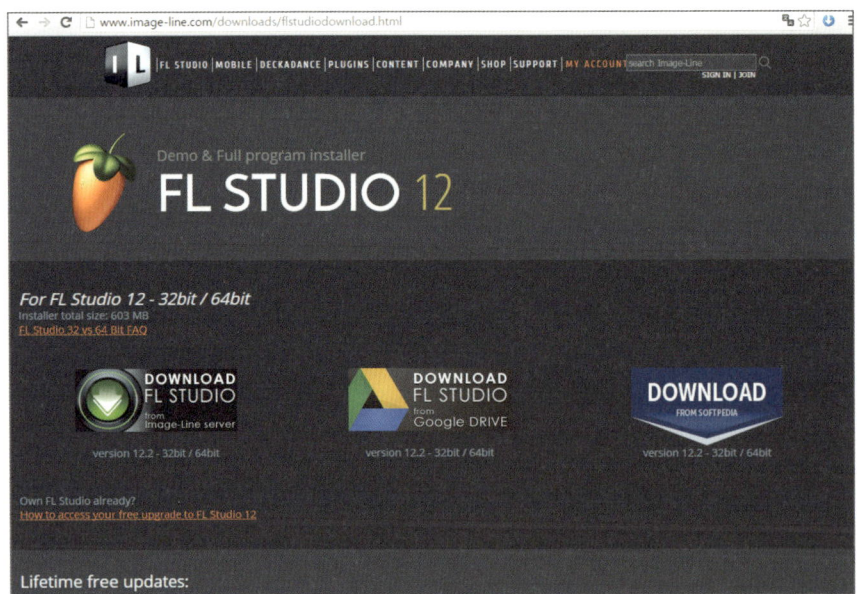

출처: http://www.image-line.com/downloads/flstudiodownload.html

FL Studio를 선택한다.

FL Studio 다운로드 실행 여부를 확인한다.

[실행]을 누른다.

FL Studio 프로그램 다운로드가 실행된다.

컴퓨터 성능에 따라서 다운로드 속도가 다르다.

화면 아래에 프로그램이 다운로드 되는 과정이 표시된다. 단, 웹브라우저에 따라 팝업
창이 새로 열리면서 각 단계별로 진행되는 경우도 있다. FL Studio 12 버전을 내 컴퓨터
에 설치하는 과정이 진행된다.

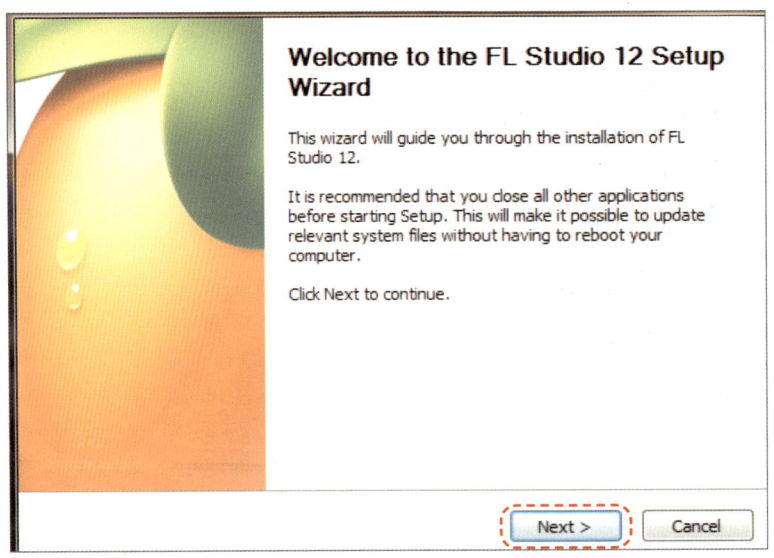

프로그램 버전은 이미지라인이 출시하는 프로그램에 따라 달라질 수 있다.

되도록 최신 버전을 다운로드받아서 설치하도록 한다.

사용계약에 동의하는 과정이다.

'I Agree(동의하다)'를 누른다.

사용자 정보를 설정하는 과정이다. 데모 버전 프로그램이지만, 이 프로그램을 혼자 사용할 것인지, 아니면 다른 사람들과도 같이 사용할 것인지 물어본다. 혼자 사용한다면

Current user only에 마우스로 클릭하고 '다음(Next)'을 누른다.

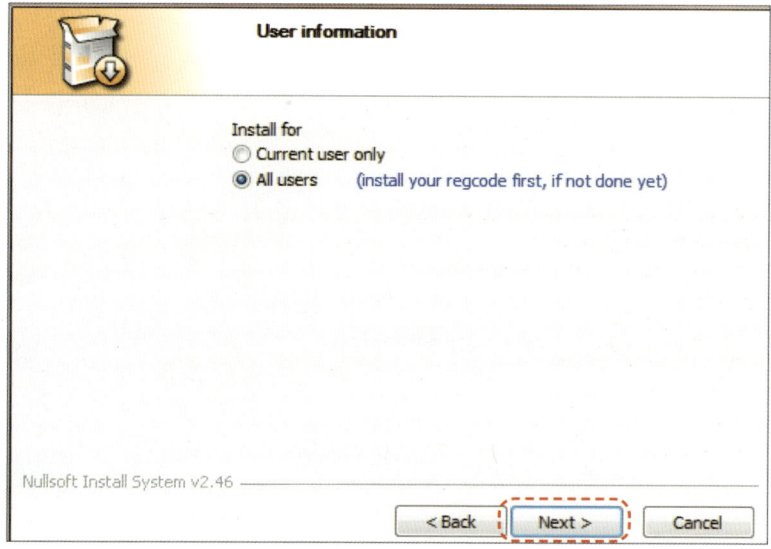

다른 사용자들과 같이 사용한다면 All User에 선택하고 '다음(Next)'을 누른다. 다만, 설치할 때 등록코드를 입력해야만 한다.

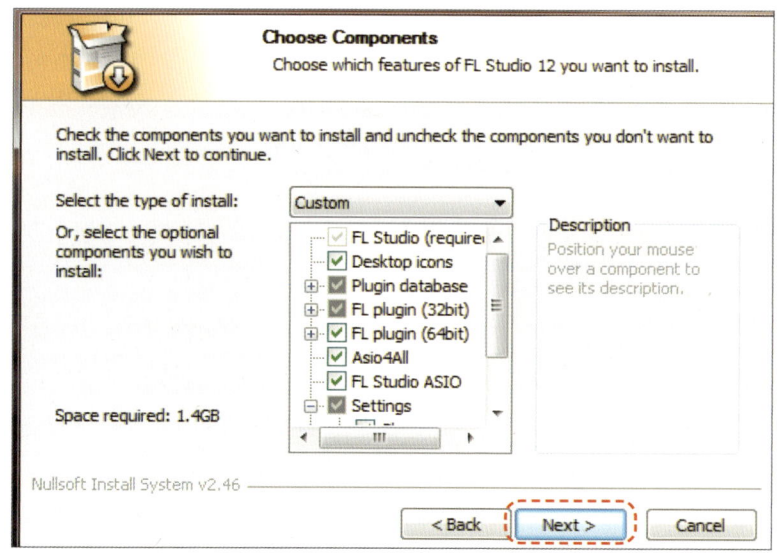

프로그램 설치 기능을 확인하는 과정이다. 초기 설정은 Full(전체) 다운로드로 설정되어 있고, 컴퓨터 하드디스크 남은 용량이 부족하다면 사용자별로 골라서 필요한 기능 우

선으로 설치할 수 있다. 초보자일 경우 되도록 전체 기능이 사용 가능해야 하므로 전체 (Full)상태로 설치한다.

다만, FL Studio (required)란 항목에 체크 표시가 되어 있으므로, 나머지 네모 항목엔 체크 표시를 지우고 설치해도 된다. 필자는 일단 모두 체크 표시를 하고 '다음(Next)'을 눌렀다.

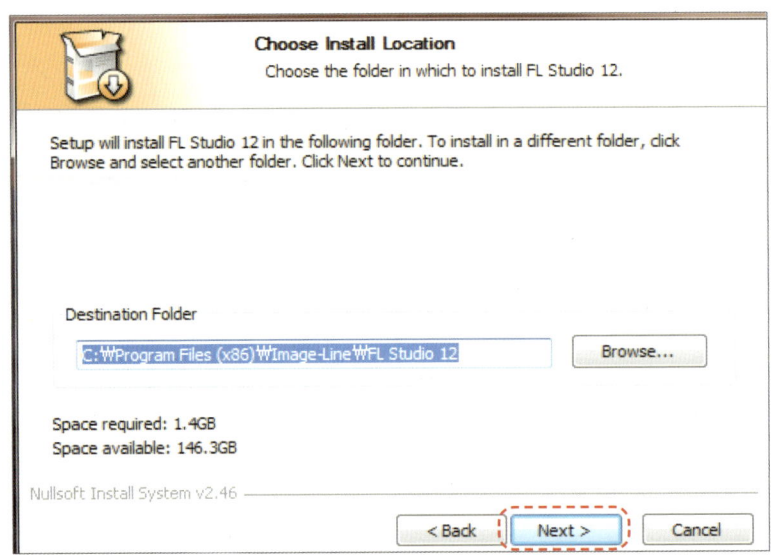

FL Studio 프로그램을 어디에 설치할 것인지 설정하는 과정이다. 자동으로 지정된 폴더가 표시된다. Program Files 폴더 내에 Image_line 폴더가 생기고, 그 안에 FL Studio 12 프로그램이 설치된다는 표시다.

Space Required(필요 공간)는 1.4GB 크기이고, 컴퓨터에 남은 공간(Space available)은 146GB로 표시된다. 필요공간은 다운로드 설치 프로그램이 파일의 크기를 표시하는 기능에 있고, 내 컴퓨터에 남은 사용 가능한 공간 얼마나 남아 있는지 표시해 주면서 프로그램 설치가 가능한지 불가능한지 확인하게 해 준다.

만약, 프로그램 설치를 할 수 없을 정도로 적은 용량이 남았다면 외장 하드를 사용하거나 USB 같은 외부 저장장치를 사용해서 프로그램을 설치할 수 있다.

파일 저장 위치를 확인했거나 다른 폴더로 바꿨다면 이어서 '다음(Next)'을 누른다.

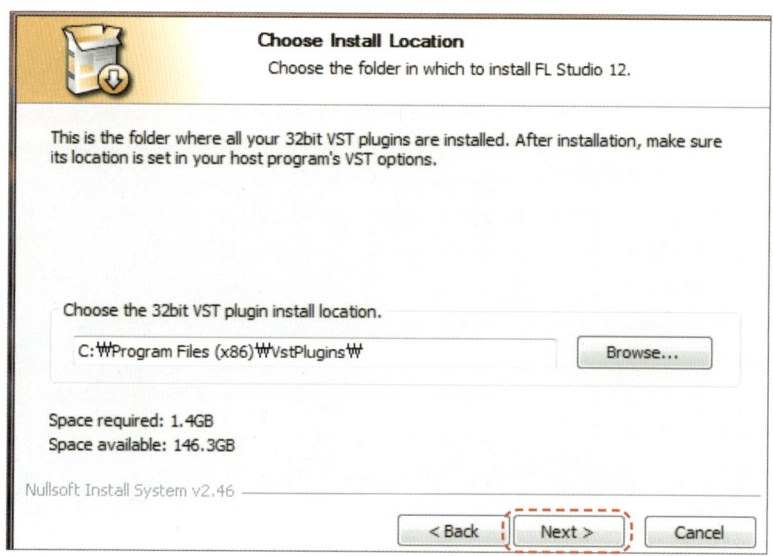

다음은 가상 악기(VSTi)를 설치할 폴더를 정하는 순서다. 파일 저장 위치를 확인했거나 다른 폴더로 바꿨다면 이어서 '다음(Next)'을 누른다.

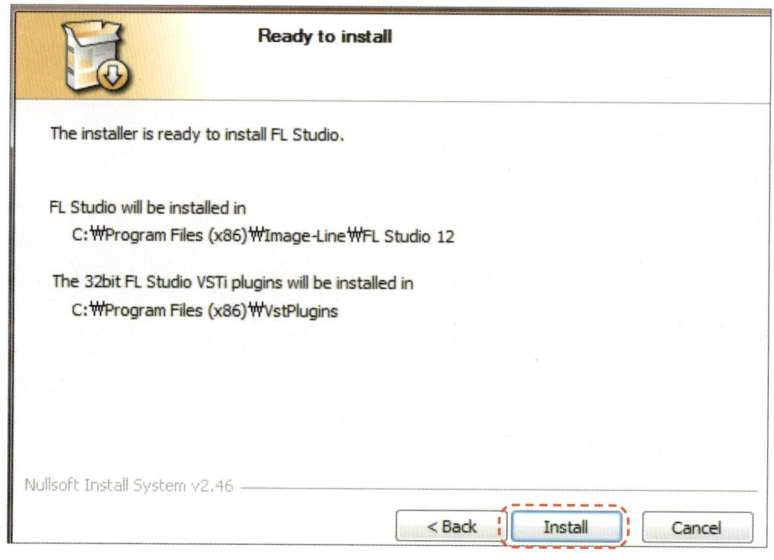

FL Studio 프로그램을 설치하는 데 모든 준비가 되었다는 표시다. 프로그램이 설치될 폴더와 파일들을 확인하고 이상 없을 경우 '설치(Install)'를 누른다.

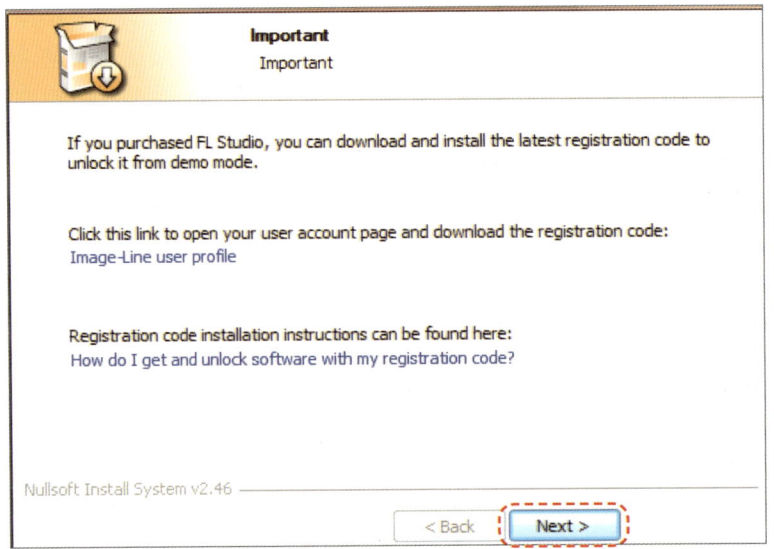

FL Studio 프로그램이 설치되기 시작한다.

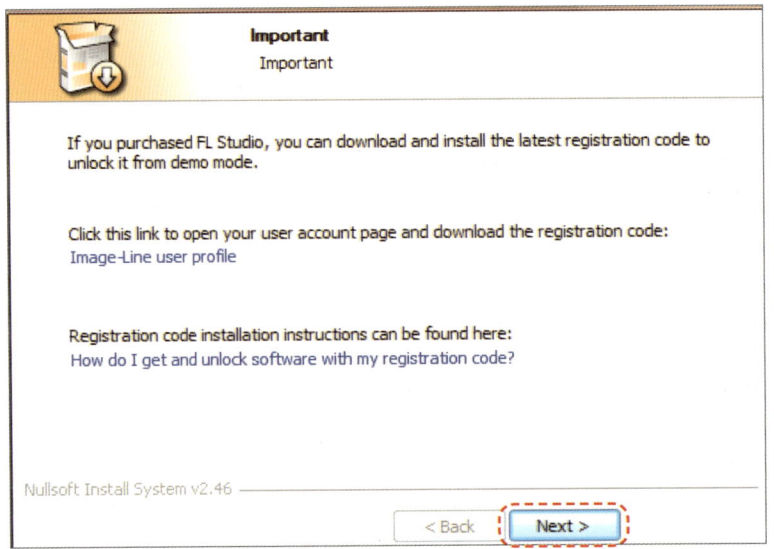

프로그램 설치가 마무리되면 사용자 등록 여부를 확인하는 과정이다. 설치할 프로그램을 선택하는 단계에서 FL Studio(Required) 외에 다른 프로그램 설치까지 체크 표시를 했다면, FL Studio 프로그램 설치가 마무리된 후에도 다른 프로그램 설치과정이 진행된다. 물론, 각각의 경우에 '설치'하거나 '취소(Cancel)'할 수도 있다.

FL Studio를 구입한 사람이라면 Image-Line User Profile를 선택하고 최신 등록코드를 다운로드받아서 데모 버전을 정품으로 바꿔서 사용할 수 있다. 그러나 데모 버전 사용자라면 일단 '다음(Next)'를 누른다.

드디어 FL Studio 다운로드 및 설치가 마무리되었다. 프로그램 설치 후에 바로 사용하고 싶다면 'FL Studio 실행(Run FL Studio 12)' 앞 네모에 체크 표시가 된 상태에서 '마침(Finish)'을 누른다. 나중에 사용할 경우엔 'FL Studio 실행(Run FL Studio 12)' 앞 네모의 체크 표시를 삭제하고 '마침(Finish)'을 누른다.

'FL Studio 실행(Run FL Studio 12)' 앞 네모에 체크 표시가 된 상태에서 '마침(Finish)'을 눌렀다.

설치된 프로그램 아이콘을 더블 클릭 해 보자.

프로그램이 실행된다.

음악이 나온다고 놀라진 말자. 프로그램 사용자들이 파일을 열었을 때 작동법을 알 수 있도록 개발사에서 미리 넣어둔 소스가 실행된 것일 뿐이다. 화면 왼쪽 FILE 메뉴를 마우스로(손 모양) 눌러보자.

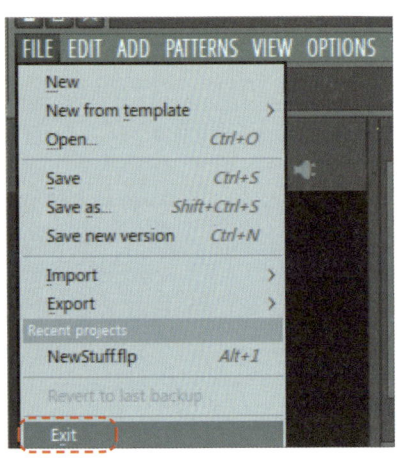

서브 메뉴다. EXIT를 선택하면 화면이 닫힌다.

"프로그램 열 때마다 화면에 표시되나요?"

아니다. 처음에만 나온다. 다시 눌러보자.
드디어 FL Studio 프로그램이 실행되었다. 독자분들이 사용하는 모니터 크기에 맞춰서
FL Studio 프로그램 화면이 보이게 된다.

"뭐가 이렇게 복잡해요? 나는 그냥 유튜브 채널을 만들려고 하는 거라고요!"

맞다. 지금 이 과정도 유튜브 채널에 업로드 하려는 영상과 반주곡을 만드는 법을 배우
는 과정이다.

"그렇지만 이건 너무 어렵잖아요! 영어도 너무 많고! 화면이 무슨 비행기 조종석 같잖
아요!"

그렇게 보일 수도 있다. 필자도 처음엔 이게 무슨 난리냐고 생각했다. 하지만 학교에 처
음 갔을 때, 어디 놀이공원에 처음 갔을 때를 기억해 보자. 모든 게 낯설고 어색하다. 하
지만 며칠 학교에 다녀보면 어떤가? 놀이공원에서 한 시간 만이라도 놀아 보면 어떤가?

주위 환경이 익숙해지고 눈에 익는다. 어디에 갖다 놔도 출입구 찾기는 누워서 떡 먹기이며 내가 다니는 교실, 내가 탄 놀이이구가 어디에 있는지도 다 안다.

FL 스튜디오 프로그램도 마찬가지다. 처음엔 어려워 보이지만 차츰 보다 보면 쉽다는 걸 알게 된다. 아니, 엄청 쉬운 건 아닐지 모른다. 하지만 하나씩 기능을 보고 알아 두고 다른 기능을 배우게 되면 모니터 화면에 처음 본 그 복잡한 비행기조종석이 사라지고 작곡하는 데 편리한 장난감이 생길 것이 분명하다.

2. 모니터에 처음 보는 메뉴들이 너무 많아요!

"프로그램 버전이 위로 갈수록 복잡해지는 거 아닌가요?"

아니다. 버튼 이미지들이 위치만 살짝 바뀔 수는 있지만 모양도 같고 같은 기능들이 대부분이다. 옛 버전이나 새로운 버전이나 동일하게 사용할 수 있다. 본 단락에서는 12 버전으로 숙달하자.

FL Studio 첫 화면을 보면서 아이콘 이미지로 표시된 각각의 메뉴와 기능에 대해 알아보자. 우선, FL Studio로 어떤 노래를 만들 수 있는지 샘플을 들어볼 수 있다는 사실이다.

첫 화면에서 을 찾아서 플레이(▶)를 누른다. FL Studio로 만들어진 샘플을 들을 수 있다.

샘플 곡을 실행시키면 스피커로 음악이 나오고 모니터 화면엔 음악이 흐르면서 갑자기 FL Studio 화면에서 뭔가 움직이는 걸 볼 수 있다. 불빛이 깜빡이기도 하고 마우스를 움직여 보면 뭔가 숫자나 알파벳이 표시되기도 하고, 뜻도 모르는 영어 단어가 적힌 네모 이미지 옆에서 불이 '들어왔다'가 '나갔다'를 반복하는 걸 보게 된다.

이런 현상들은 방금 실행한 샘플 곡의 박자, 리듬, 멜로디가 표시되면서 샘플 곡에 들어간 악기, 박자 명칭 등이 표시되는 것일 뿐이다. 복잡해 보이지만 복잡할 게 전혀 없다는 의미다. 그 샘플 곡을 만들 때 FL Studio에서 사용할 수 있는 박자랑 멜로디, 리듬을 갖다가 만들었고, 샘플 곡이 흐르면서 그 순간마다 사용된 박자나 리듬들이 화면에 나타나는 것일 뿐이다.

툴 바(TOOL BAR)는 도구 창을 말한다.

FL Studio의 각종 메뉴를 실행하고 저장, 불러오기, 재생, 정지 등의 기능을 실행한다.

우선, FL Studio 로고를 클릭하면 작업 화면의 크기를 조절할 수 있다. 모니터 화면 아래로 숨겨 주는 '작게(Minimize)', 모니터 화면에 꽉 차게 맞춰주는 '크게(Maximize)', 그리고, 작업 화면을 사라지게 하는 '종료(Exit)' 기능이다.

작업 화면 바로 옆 '제목 영역' 옆의 작은 네모 세 개를 볼 수 있는데, 같은 기능이다.

바로 이 부분!  순서대로 '작게', '여러 창으로', '종료' 기능이 실행된다.

1) 노래 이름은 어디에 있나요?

FL Studio에서 실행하는 음악 파일(또는 이벤트라고 부르는 작업명) 이름이 표시되는 곳은

FL Studio 로고 바로 옆에 직사각형 공간이다.

2) 어떤 기능들이 있는지 보는 게 어디죠?

FL Studio에서 반드시 알아 두어야 할 메뉴 영역이다.

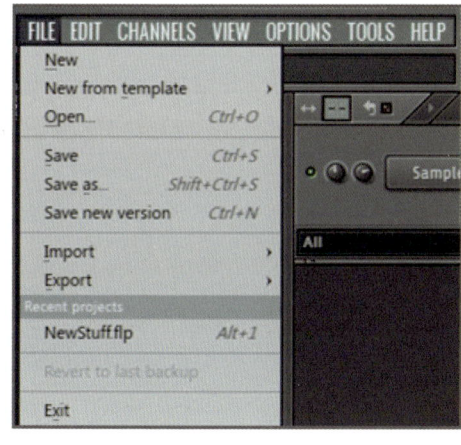

FiLE(파일)은 작업 중인 노래 파일이나 내 컴퓨터에 있는 노래 파일을 불러올 수 있다.

NEW 메뉴는 새 노래 파일 작업을 말한다.

Open은 기존에 작업 중이던 노래 파일을 다시 불러와서 작업 화면에 표시하는 기능이다.

Save는 완성한 노래 파일을 '저장하기' 기능이고, Save as는 다름 이름으로 저장하기 기능으로, 파일 형태를 지정할 수 있다. Save New version 역시 저장하기 기능으로 기존의 낮은 버전에서 작업하던 노래 파일을 불러와서 작업하다가 저장할 때 새로운 버전으로

작업하는 기능이다.

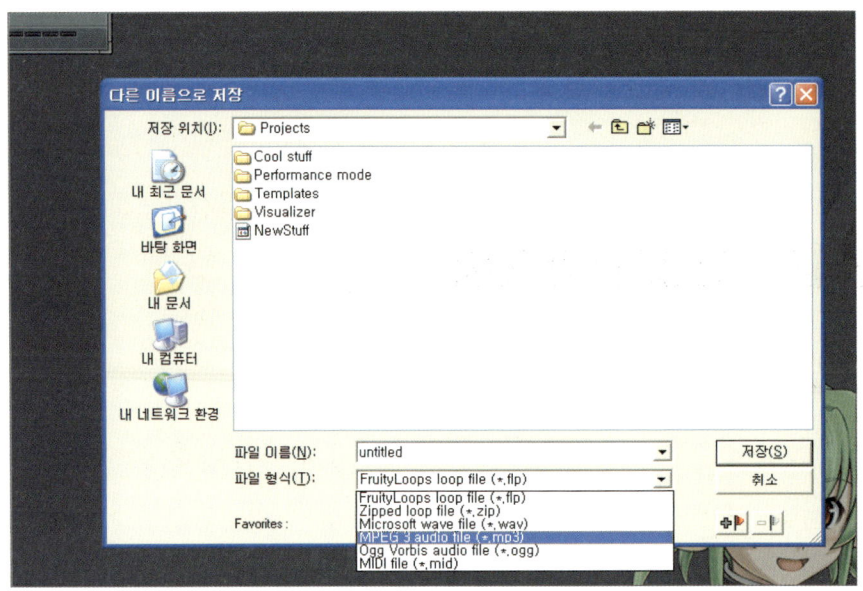

Save 또는 Save as 모두 FL Studio 프로그램의 작업 형태인 flp 파일로 저장하거나 zip, wav, mp3, ogg, mid 파일 형태로 저장 가능하다. zip 파일은 압축형태의 파일이고, wav 는 마이크로소프트 기기에서 최적화된 노래 파일 형태로 원음에 가까운 음색이 뛰어난 파일이다. mp3는 MPEG 3 Audio 형태를 말하며 mp3 파일을 들을 수 있는 모든 기기에 서 사용 가능한데, 음색이 다소 원음에 미치지 못하는 수준이란 점이 단점이다. ogg 파 일 형태도 wav 형태처럼 원음에 가깝도록 저장해 주는 파일이고, MIDI 파일은 MIDI(미 디) 기기에서 사용 가능하도록 저장하는 방식이다.

NEW from template는 노래 작업에서 어떤 탬플릿(기존에 고정된 형태의 노래형식)을 사용할 것 인지 골라서 적용할 수 있다. FL Studio에서는 클럽뮤직 등 여러 가지 탬플릿을 활용할 수 있다.

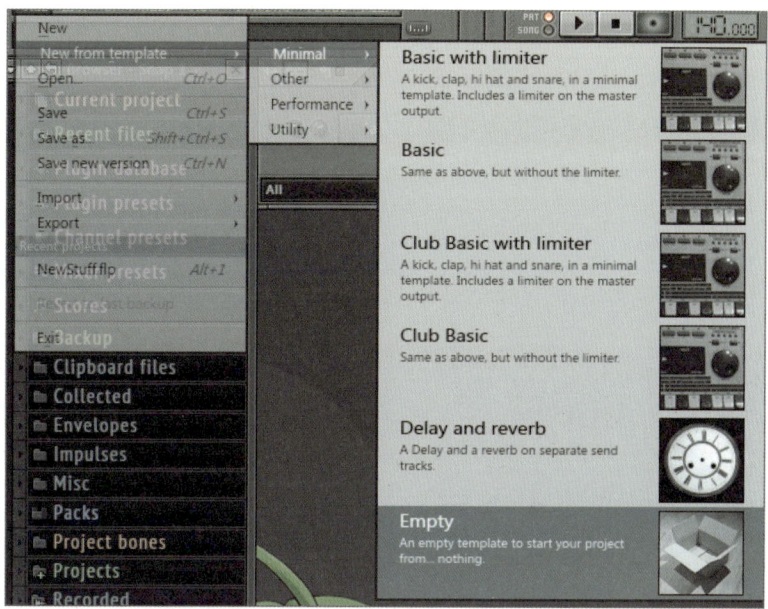

Kick, Clap, Hi Hat 등은 드럼에서 사용하는 박자 효과다. 이처럼 Basic with limiter라고 부르는 템플릿 외에도 Basic, Club Basic with Limiter, Club Basic, Delay and reverb 등의 템플릿을 이용할 수 있다.

Empty란 FL Studio를 사용하는 당신을 위해서 비워둔 공간이다. 당신이 스스로 노래 작업을 할 때 여길 누르고 선택하면 템플릿 없이 당신만의 노래를 만들 수 있다.

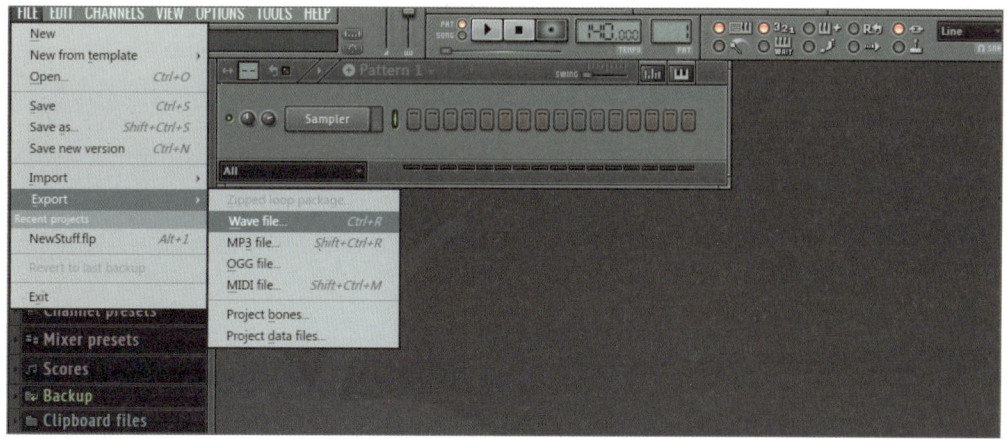

Import란 '가져오기' 기능이다. 내 컴퓨터에 저장 중인 이미 만들어둔 음원 파일을 가져

와서 작업화면에 올리고, 현재 만드는 노래 파일에 효과를 줄 수 있다. 리듬 형태 등으로 섞어 줄 수 있는 MIDI 파일을 가져올 수 있고, 박자 효과를 주는 '비트(Beat to slice)' 형태로 가져올 수도 있다.

가령, MIDI 파일이나 비트 파일을 미리 만들어 두고 FL Studio로 어떤 노래 파일을 만들 때 가져와서 사용하는 기능이다.

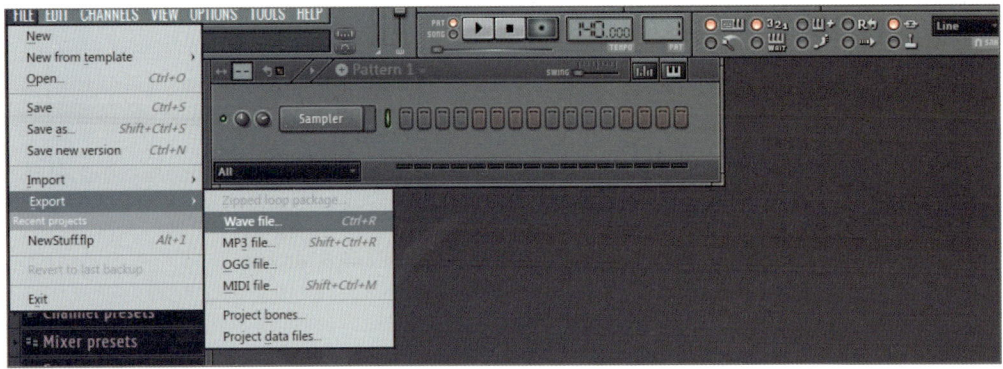

Export란 현재 작업 화면에서 사용 중인(또는 완성한 음원 파일을 내 컴퓨터의 어떤 폴더에 저장해 두는 기능이다.) Wave 파일, MP3, OGG, MIDI 파일을 추출해서 다른 폴더에 저장해 둘 수 있다. 뿐만 아니라, 현재 작업 중인 노래 파일의 틀 구조를 추출해서 다른 폴더에 저장할 수 있고, 틀 구조 외에 데이터 파일들을 모아서 다른 폴더에 저장해 둘 수 있다.

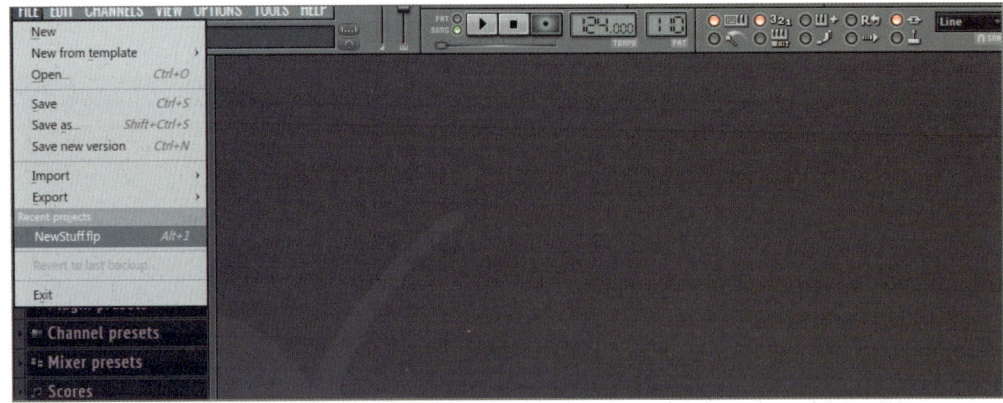

Recent projects란 현재 작업 중인 노래 파일을 보여 주는 기능이다. 메뉴 표시 바로 아래에 NewStuff.flp라는 음원 파일이 표시된 것은 FL Studio에서 미리 만들어서 보여 주

는 샘플 곡이다. FL Studio로 노래 파일을 많이 만들수록 Recent projects 목록에 나타나게 된다. Exit는 FL Studio 프로그램을 사용 종료하는 기능이다.

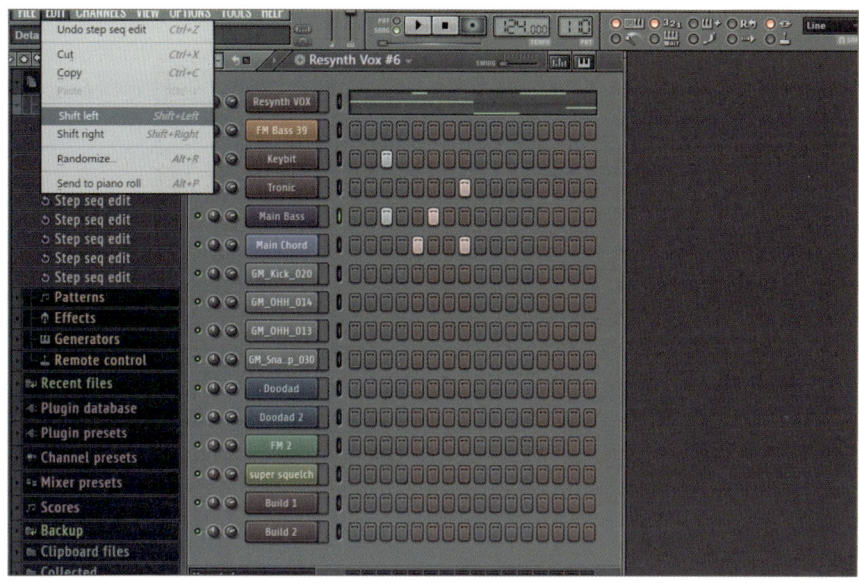

Edit는 노래 파일 편집 기능이다. 자르거나 붙여넣기를 할 수 있고, 스텝 시퀀서(Step Sequencer)라고 부르는 기능으로 각각의 음 하나하나를 마우스로 찍어서(표시해서) 편집할 수 있다. 가령, 어떤 노래를 만들어가며 노래 파일을 불러와서 편집 기능으로 사용하는 메뉴다.

단, 뜻도 모르는 영어 단어가 너무 많이 나왔다고 해서 겁먹을 필요는 전혀 없다. 각각의 음을 나타내는 표시일 뿐이다.

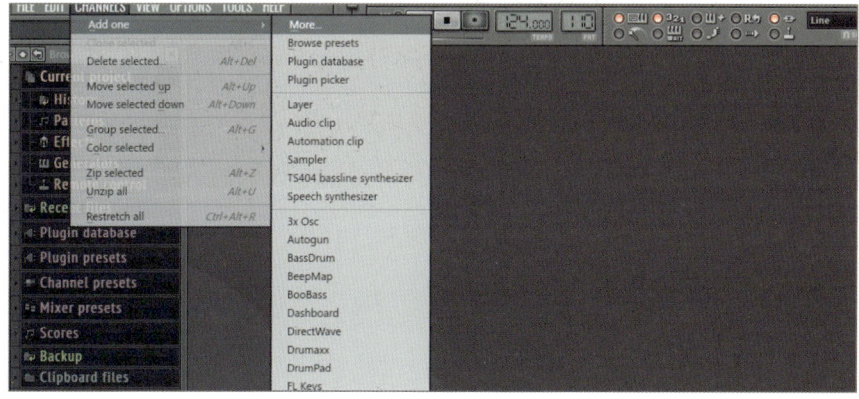

CHANNELS(채널) 기능은 음원 파일을 불러와서 작업 화면에 놓은 상태에서 악기를 불러오는 기능이다. 드럼, 기타 등의 여러 악기를 불러 오고 연주해 보면서 노래 파일을 완성해 가는 메뉴다.

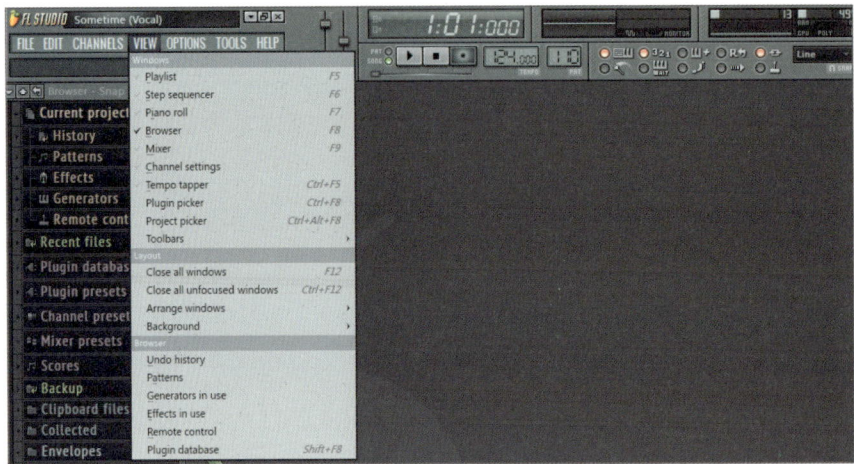

VIEW(뷰) 기능은 FL Studio 작업 화면에 표시할 기능을 설정하는 메뉴다. 브라우저, 레이아웃, 작업 창 등을 선택해서 화면에 표시하고 작업할 수 있다.

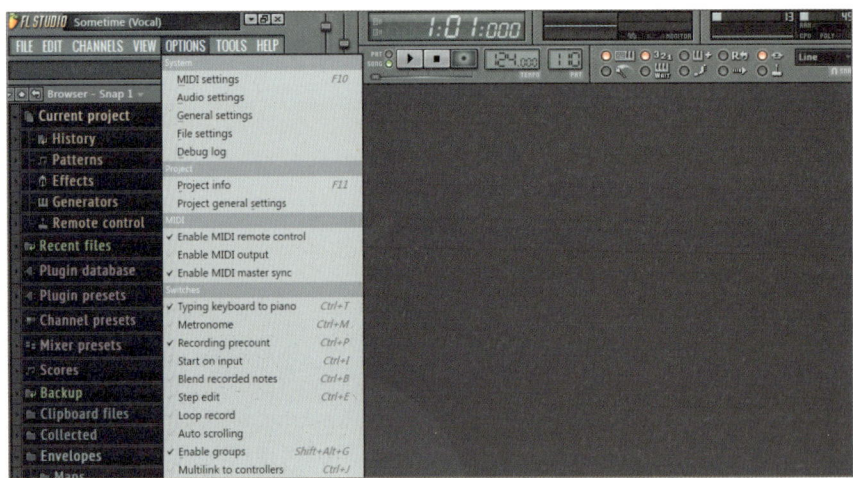

OPTIONS는 시스템, 프로젝트, MIDI, Switches를 설정하는 기능이다.

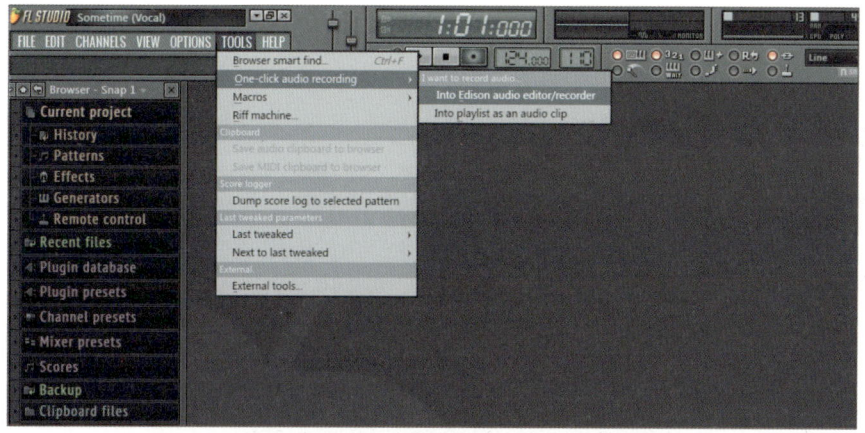

TOOLS는 FL Studio 프로그램을 사용할 때 간편하게 작업할 수 있는 기능이다.

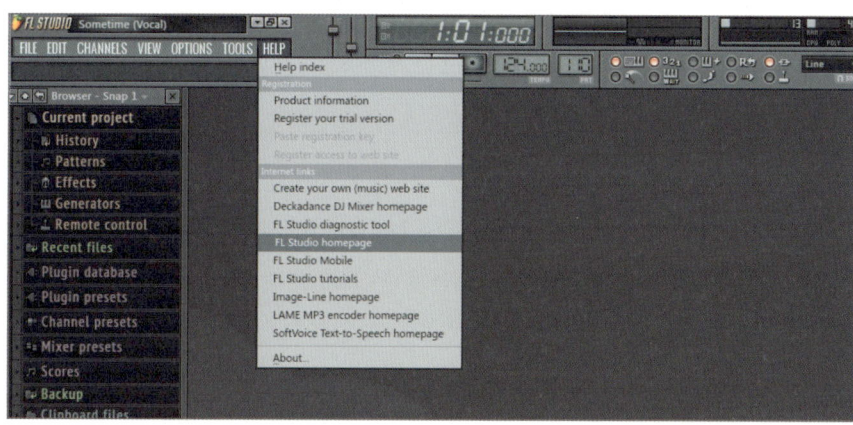

HELP 기능은 프로그램 사용자 등록이나 이미지 라인 홈페이지 가기처럼 여러 도움이
되는 정보를 보여 주는 메뉴다.

여기까지 FL Studio에서 사용하는 메뉴와 여러 기능에 대해 간략하게 알아 보았다. 각
메뉴에 포함되는 서브 기능들은 작곡에 숙달된 이후에 알아 보도록 하자.

3) 자, 처음부터 시작해 보죠

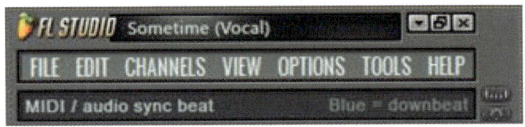

정보 보조창 바로 옆에 위아래로 맞보게 놓인 ▦ 버튼이 있다. 현재 사진은 위의 버튼에 마우스를 대면 표시되는 정보다. 파란색으로 표시될 때는

오디오에 가라앉는 비트 소리가 된다는 의미이다.

아래 버튼에 마우스를 대면 `MIDI input activity    Green = unhandled` 처럼 표시된다. 초록색으로 표시될 때는 작동 불가 상태 표시로 MIDI 인풋 기능이 불가능한 상태다.

4) 소리를 만지는 방법에 대해 알아 보죠

▮ 왼쪽이 마스터 볼륨이고, 오른쪽이 피치 조절 볼륨이다. 볼륨은 필요할 때마다 조절해서 사용해도 좋지만, 피치는 되도록 세팅된 상태로 두도록 한다.

▮ 는 초당 비트 수를 의미하며 전체 재생시간을 나타낸다

▬ 는 현재 노래 파일의 상태를 나타낸다.

▬ 는 전체 상태에서 현재 사용되는 컴퓨터 자원의 수치를 알려 준다.

▬ 는 음악패턴과 음악 모드, 플레이 상태 등을 나타낸다.

▮ FL Studio에서 플레이하는 노래 파일을 패턴 파일 또는 노래 파일 형태로 구분한다.

▮ 노래 파일을 플레이하거나 정지시킬 때의 기능이다.

▬ 음악 파일을 어디에서부터 들을 것인지 지정할 수 있다.

노래의 빠르기를 설정하는 기능이다.

패턴 보기 또는 패턴 설정 기능이다.

불러오기 메뉴 영역이다.

왼쪽부터 오른쪽으로 순서대로, 재생목록(F5), 스텝 시퀀서(F6), 피아노 롤(F7), 브라우저(F8), 믹서(F9) 기능이다.

저장하기, 마이크, 잘라내기 등의 기능 아이콘 영역이다.

왼쪽부터 순서대로, 다시 듣기, 저장하기, 다른 이름으로 저장하기, 편집하기, 마이크, 정보관리, 도움말 기능이다.

빨간색 표시가 기능 사용 상태 표시다. 마우스로 선택해서 설정한다. 왼쪽 위에서부터 오른쪽으로 순서대로, 피아노 건반을 키보드에서 사용하게 해주는 기능, 녹음 전에 카운트다운 하기 기능, 블렌드 녹음 기능, 루프 녹음 기능, 클립 그룹핑 기능, 메트로놈 기능, 플레이하기 전 인풋 대기 기능, 음을 계속 유지하기 위한 서스테인 페달로 건반을 누른 상태로 페달을 밟고 건반에서 손을 떼도 소리가 계속 유지되는 기능, 시간 표시 기능, 컨트롤러의 멀티 링크 기능이다.

스텝 또는 비트 등의 설정 기능이다.

온라인 뉴스 보기 기능이다. 카테고리별로 구분되어 뉴스 보기가 가능하다.

3. 그런데 오디오(소리)들이 다 어디에 있죠?

'브라우저(browser)'란 작곡에 필요한 소스 파일들을 넣어둔 곳을 말한다. FL Studio에서 작곡하는 데 필요한 소스들이 모여 있다. 여러 가지 오디오 소스 파일들도 브라우저에 목록으로 정리하고 사용할 수 있다. 브라우저와 스텝 시퀀서에 대해 알아 두도록 하자.

1) 소리들만 모아 둔 저금통이 있다고요?

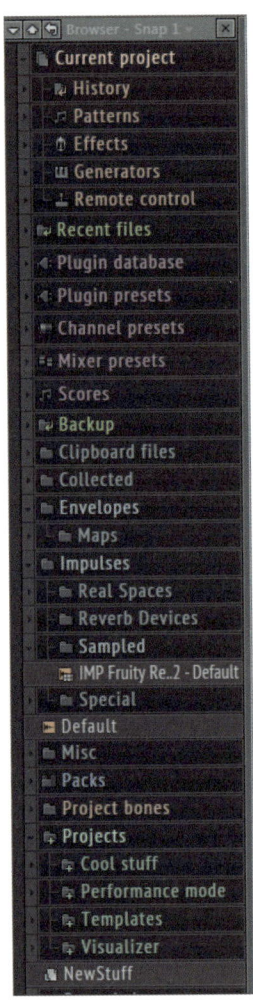

'브라우저(browser)'는 작곡에 사용할 음원이나 프리셋(미리 만들어 둔) 파일을 불러오는 기능이다. 작곡에 필요한 소스 파일들을 모아둔 곳이다. 이를테면, 미리 만들어둔 음원 파일을 FL Studio 브라우저 목록에 표시되게 하고 작곡 화면에 불러와서 쓰는 것을 말한다.

컴퓨터에 소스 파일을 저장한 폴더를 만들고, 마우스로 폴더를 드래그해서 브라우저로 가져온 후 떼기만 하면 폴더가 브라우저 안에 들어간다.

2) 여러 가지 기능에 대해 알아 볼까요?

여러 가지 기능들을 하나씩 알아보면서 곡을 완성해 보도록 한다. 마우스로 '음'을 찍어 보며 자신만의 '패턴'을 만들다 보면 어느새 박자, 리듬, 멜로디가 생기게 된다. 기타, 피아노, 드럼? 필요한 악기는 메뉴목록에서 마우스로 선택하고 가져와서 스텝 영역에 놓고 마우스로 스텝을 찍어 주면 그 악기의 음이 표시된다.

(1) 스텝 시퀀서가 뭔가요?

스텝 시퀀서(Step Sequencer)란 순서대로 작곡을 하게 해 주는 기능이다. 작곡을 할 때 각 단계가 이루어지는 상태를 보며 작곡을 완성하게 된다.
패턴 길이 조정, 패턴 이름, 음량 조절 등을 조절하는 스텝 시퀀서 메뉴다.

(2) 패턴을 늘렸다 줄였다

패턴의 전체 길이를 조절한다. 4부터 16까지 설정할 수 있다.

(3) 패턴도 이름이 필요하다

[Resynth Vox #6] 패턴 명칭이 표시되는 영역이다.
현재는 Resynth Vox #6라는 이름의 패턴이 표시된 상태다.

(4) 피아노 건반이 더 익숙해

[아이콘] 피아노 롤이다. 작업 화면에서 사용하는 소스를 피아노 롤 기능으로 보낸다.

(5) 소리 크기를 크게 또는 작게 만들기

[아이콘] 왼쪽부터 순서대로, 선택한 패턴의 음소거 기능, 음량조절 기능, 각 소스 파일
의 볼륨 조절 기능이다. 선택한 패턴의 음소거 기능으로 [버튼] 버튼도 같은 기능이다.
[아이콘] 그래프 에디터라고 부른다. 각 소스의 벨로서티(속도, 시간당 움직이는 거리), 피
치(음높이) 등을 조정한다.

6) 소리를 구분하기 쉽게 이름을 달아줘

[Resynth VOX] 소스 파일 명칭을 표시하는 기능이다. 다만, 명칭은 사용자가 언제든 다른
이름으로 바꿀 수 있다.

7) 마우스로 모니터에 음표를 찍어 볼까?

[스텝 아이콘] 각각을 '스텝'이라고 부른다.
'스텝 시퀀서'에서는 패턴의 스텝을 만든다. 마우스로 하나씩 찍어서 음을 표시한다.

8) 마우스로 찍은 음표들이 모인 곳

소스그룹이라고 부르는데, 스텝 영역 제일 아래에 놓인 기능 영역이다.

소스그룹을 지정 설정하는 기능, 현재 재생 위치를 표시해 주는 기능으로 구분된다.

패턴 만들기 기능 사용법은 간단하다.

위 브라우저와 스텝 영역을 띄워 두고, 브라우저 영역에서 사용하고 싶은 악기나 음을 마우스로 선택하여 그대로 스텝 영역으로 드래그 앤 드롭하면 스텝 영역에 방금 가져온 악기나 음 표시가 나타난다.

가져온 음이 놓인 스텝 영역을 4개에서 16개 사이에서 수를 설정하고, 마우스로 하나씩 찍어 가며 패턴을 만드는 게 전부다. 스텝에 마우스를 대고 왼쪽 버튼을 누르면 스텝 표시가 되고, 오른쪽 버튼을 누르면 스텝이 삭제된다.

이렇게 만들어진 음과 패턴이 모여서 노래 만들기의 박자, 리듬, 멜로디가 된다.

9) 플레이리스트를 알아 보자.

브라우저, 스텝 시퀀서, 플레이리스트 영역까지 동시에 작업화면에 표시했다.
처음부터 전체 화면을 한 번에 봤다면 머리가 빙글빙글했겠지만 하나씩 순서대로 설명
했으므로 한눈에 들어오는 편안함을 느꼈을 것이라 기대한다.

a. 음표 찍기 : 그리기 draw

패턴을 그리는 메뉴다. 한 칸씩 칠할 수 있다. 마우스 왼쪽 클릭과 동일한 기능이다.

b. 여러 음표 찍기: 칠하기 paint

패턴을 칠하는 기능이다. 마우스 왼쪽 버튼을 누르고 드래그해서 끌어가는 기능이
랑 같다. 영역 설정하는 기능도 되는데, 한 행에서 여러 칸을 색칠할 수 있다.

c. 음표 지우기 : 지우기 delete

패턴을 지우는 기능이다. 마우스 오른쪽 클릭과 동일한 기능이다.

d. 음표 자르기 : 자르기 slice

패턴을 자르는 기능이다.

e. 음표 고르기 : 선택 select

만들어 둔 패턴을 재사용할 수 있는 기능이다. 패턴들을 선택할 수 있다.

확대해서 보기 위해 '이동'시키려는 패턴을 마우스로 선택해서 드래그하고 원하는 위치에 갖다 놓으면 된다. 삭제할 경우에는 마우스 오른쪽 버튼 클릭, 만들려면 마우스 왼쪽 버튼을 누른다. 피아노 롤에서 만든 음을 가져와서 사용할 수도 있고, 미리 만들어둔 음을 가져와서 불러놓기 해 두고 사용해도 된다.
플레이리스트에서 만든 음원을 들어 보려면 '도구창'에 가서 재생 모드를 음악 모드로 바꿔서 들어야 한다.

가령, 에 와서 를 패턴 또는 노래로 구분해서 듣는다.

f. 화면 확대하기 : 확대 zoom

작업 화면을 확대하는 기능이다.

> ### TIP
>
> **작곡에 무슨 봉투가 필요한가요?**
> Envelope이란 용어가 낯설어서 사전에 검색해 보면 '봉투'라는 뜻이 나온다. 작곡에 무슨 봉투가 필요한가 싶지만, MIDI 용어로 Envelope은 '사용량 조절 기능'이란 의미다. 피아노 롤에서 벨로시티(강세)를 조절하는 기능도 엔벨롭이라고 부를 수 있다.

"FL 스튜디오 안에 피아노가 있다고요?"

'피아노 롤'은 피아노 건반처럼 생겼다. 피아노 롤에서 마우스로 음표를 찍어가며 기본 멜로디를 만들고, 피아노를 치듯 다양한 작곡 작업을 즐길 수 있다. 피아노 롤 영역에 대해 알아 두자.

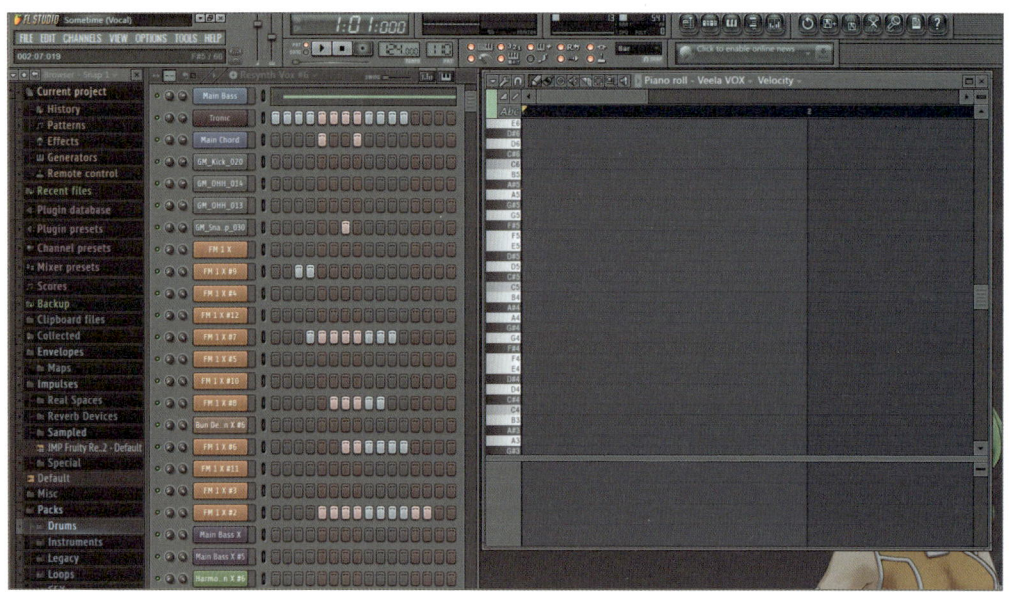

1) 건반 찍기 : 그리기 draw

노트를 그리는 메뉴다. 한 칸씩 칠할 수 있다. 마우스 왼쪽 클릭과 동일한 기능으로

플레이리스트와 피아노 롤 메뉴의 차이점은 메뉴 명칭이 다르다는 점이다.
플레이리스트에서는 '패턴'이라고 부르고, 피아노 롤에서는 '노트'라고 부른다.

컴퓨터에서 작곡은 '찍기'로 한다.

이게 무슨 소리?

가령, 기타(guitar)를 치는 사람은 기타로 작곡한다. 악기를 다루는 사람은 악기로 작곡한다는 이야기다. 그럼 악기를 다루지 못하는 사람은 어떻게 할까? 악기를 먼저 배워야만 작곡이 가능할까? 작곡을 먼저 하고 싶은데 악기를 또 배워야 한다니? 시작도 못해보고 포기하는 사람들이 생길 수 있다.

'악기를 배우기보다는 나는 작곡을 하고 싶은 거야!'

물론, 작곡을 하려면 악기를 배우는 게 도움이 된다. 어떤 음(음)이 어느 느낌을 주는지 아는 게 중요하기 때문이다. 하지만 작곡을 하는 데 반드시 악기를 다룰 수 있어야만 되는 것도 아니다. 그럴 때 FL스튜디오에서는 피아노 롤 메뉴를 사용할 수 있다.

언젠가 TV를 보는데 유명 작곡가가 출연한 프로그램이 있었다. 그 방송에서 들은 이야기인데 작곡가가 말하기를 "갑자기 어떤 느낌이 쫙 오는 거예요! 그래서 얼른 연습실에 와서 컴퓨터 켜고 마우스로 음을 찍기 시작했어요."라는 게 아닌가? 그 작곡가가 말하는 '찍기'라는 게 FL스튜디오 같은 작곡프로그램에서 작곡하는 방식을 가리킨다. FL스튜디오에선 '피아노 롤' 기능이다.

사용방법도 간단하다.

피아노 롤 메뉴를 열고 마우스로 '점' 하나를 찍어보자. 그리고 '플레이'를 누르면 내가 찍은 '음'의 소리가 나온다. 이번엔 점 여러 개를 찍어보자. 각 음을 연결한 소리가 흐른다. 이와 같은 방식으로 점들을 찍게 되면 그 점들이 모여 하나의 멜로디가 된다.

2) 여러 건반 찍기 : 칠하기 paint

노트를 칠하는 기능이다. 마우스 왼쪽 버튼으로 누르고 드래그해서 끌어가는 기능과 같다. 영역을 설정하는 기능도 되는데, 한 행에서 여러 칸을 색칠할 수 있다.

3) 건반 지우기 : 지우기 delete

노트를 지우는 기능이다. 마우스 오른쪽 클릭과 동일한 기능이다.

4) 건반 구분하기 : 자르기 slice

 노트를 자르는 기능이다.

5) 건반 고르기 : 선택 select

복사하기, 붙여넣기랑 같다. 노트 여러 개를 선택하는 기능이다.

6) 건반 크게 보기 : 확대 zoom

작업 화면을 확대하는 기능이다.

사용법도 간단하다.

피아노 롤에서 노트를 그리고 마우스로 두 번 클릭하면 새 창이 나타난다.

노트 위의 새 창에서 [image] 이 영역은 색상을 설정하는 메뉴다.

Start time [1:01:000] 노트가 시작되는 시간이다. 최대 24분의 1마디를 선택한다.

Duration [0:02:000] 노트가 종료되는 시간이다. 마찬가지로 최대 24분의 1마디를 선택한다.

TIP

벨로시티(Velocity)에 대해 알아 두자

피아노를 두드리는 힘의 세기를 벨로시티라고 부른다. 음의 높낮이가 바뀌는 게 아니라 피아노 건반을 두드리는 힘의 강약으로 음을 표현하는 방식이다. 피아노 롤에서 곡의 느낌에 따라서 벨로시티에 강약을 주게 되면 곡의 느낌을 더 살릴 수 있다.

5. 세상의 소리를 섞어 볼까?

믹서 Mixer

소리를 섞어 주는 믹싱 작업에 대해 알아 두자. 믹서 화면을 열고 각 기능에 대해 살펴보면 작곡의 마무리 완성 단계가 보인다. FL Studio의 믹서 기능에 대해 알아 두면 간단한 믹싱 작업은 따로 믹서를 살 필요가 없이 FL Studio에서 해결할 수 있다.

1) 모든 소리를 공유해 : 마스터 채널

마스터 믹서 채널이다. 여기에 연결하면 모든 트랙에 적용된다.

2) 특별한 소리만 골라 볼래 : 트랙 채널

선택한 트랙에 사용하는 믹서 칸으로 해당
하는 트랙에만 효과가 적용된다.

3) 소리를 만지는 방법 : 믹서 사용

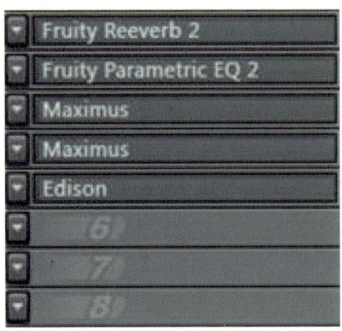

연결할 믹서를 선택한다.

4) 소리를 골라서 표시해 줘 : 버튼

 사용할 믹서를 선택하면 초록색 표시가 된다.
초록색 버튼 옆 조절 버튼은 믹서를 트랙에 적용할 때 적용량을 조절하는 기능이다.

6. 이제부턴 악기를 추가해야지

"박자, 멜로디, 리듬을 만들었어요! 노래가 된 건가요?"

아니다. 제대로 된 노래를 완성하려면 소리가 풍성해야 한다. 드럼으로 박자를 만들었다면 이제부턴 여러 가지 악기를 추가해 소리를 풍성하게 해 보자. 전문가들은 실제 연주자들을 녹음실에 모아 놓고 작곡을 하면서 실제 악기 소리를 노래에 넣는 경우도 있다. 하지만 1인 콘텐츠 제작자로서는 그렇게까지 하기란 불가능한 일, 가상 악기 프로그램에서 미리 만들어진 악기 소리를 가져다 사용하도록 한다.

악기 불러오기
다음은 악기 사용 기능이다.

> **TIP**
>
> **VST(i)에 대해 알아 두자.**
> VST란 Virtual Studio Technology의 약자로, 독일의 Steinberg사가 개발한 가상스튜디오를 말한다. 컴퓨터로 만드는 음악 작업에서 컴퓨터의 하드웨어와 프로그램의 소프트웨어를 연결해 주며 다양한 효과를 만들어 주는 고마운(?) 존재다.

VST를 설치해 두고 필요할 때마다 음원에 다양한 효과를 입혀 가며 노래를 만들 수 있다.

출처: http://www.ymck.net/download/

위 사이트에서 VST를 다운로드 받는다. 무료 프로그램이다. 자신의 컴퓨터 종류에 따라 선택해서 다운로드 한다.

VST 또는 VSTi는 그 종류가 무수히 많다. 가상효과, 가상 악기를 다루는 프로그램이 많으므로 직접 들어 보고 사용해 보면서 나에게 맞는 프로그램을 골라서 설치하는 게 좋다.

7. 똑같은 재료로 다른 느낌을 내는 방법

편곡

편곡이란 노래에서 작곡과 자사를 뺀 부분을 가리킨다. 가령 악기를 추가/변경하거나 리듬이나 멜로디를 바꿔서 색다른 분위기의 곡으로 만들어 주는 작업을 편곡이라고 말한다.

리메이크

기존의 노래를 새로운 느낌으로 만드는 것을 리메이크라고 한다. 댄스곡을 발라드곡으로 만드는 것은 편곡이라고 부르는데, 일정 부분에서 리메이크와 편곡은 의미가 같다.

8. 마무리가 중요하다는 거 알지?

마스터링

작곡을 할 때 여러 소리들을 모아서 하나의 통로로 내보내 주는 작업으로 믹싱(mixing)이 있는데, 이렇게 완성된 곡들을 하나의 앨범에서 청취자가 듣기 편하도록 곡들의 순서와 앞뒤 음들을 조정해 주는 작업을 마스터링(mastering)이라고 부른다. 마스터링은 리미터, 컴프레서 등의 이펙터를 사용하는 작업이다.

마스터링이 중요한 건 사실 예전에 실제 연주자들이 노래를 만들 때 일이다. 당시엔 한 곡마다 노래를 만들더라도 전체적으로 앨범에 수록할 때는 음의 높낮이 등을 부드럽게 맞춰줘야 할 필요가 생겼는데 이 작업을 마스터링 전문가가 했다. 하지만 요즘엔 컴퓨터 작업이 대부분이라서 마스터링의 필요성이 줄어들었다.

밸런싱이나 더블링이란?
밸런싱은 음의 높낮이나 강약을 조절하여 음의 균형을 맞춰주는 작업이다. 밸런싱 다음에 패닝이란 작업이 이어지는데 음원이 좌우 스피커를 이동할 때 서로 충돌하지 않도록 통로를 잡아 주는 일이다. 밸런싱과 패닝은 믹싱의 일부이다.

'더블링'은 '겹침'이란 의미로 이해할 수 있다. 노래 한 곡에 필요한 악기가 여러 개인데 모든 연주자들이 한 번에 녹음할 수 없을 경우, 소수의 연주자들이 번갈아가며 악기 연주를 하고 이 소리들을 모아서 하나의 노래에 넣는 작업이다.

9. 세상에 없던 소리를 만들었어

"작곡이 프로듀싱인가요?"

요즘엔 두 용어가 혼용되는 경우가 빈번하다. 정확한 표현으로는 프로듀싱이란 노래 제
작을 말한다. 작곡이 compose란 단어라면 프로듀싱은 producing을 사용한다.

프로듀싱

노래를 작곡할 때 과정을 총괄하는 것을 말한다. 작곡자의 멜로디나 리듬을 더욱 효과
있게 살려 주기 위해 다른 소리나 음을 붙여 주는 작업을 말하기도 한다. 요즘엔 작곡자
들이 전과정을 담당하면서 작곡자를 가리켜 프로듀서라고도 부른다.

 ## 하나의 노래가 만들어지는 과정

왕초보를 위한 작곡 순서다.

"노래 만드는 데 순서가 있나요?"

없다. 작사를 먼저 하기도 하고 작곡을 먼저 하는 경우도 생긴다. 노래를 먼저 부르고 나중에 음을 붙이는 경우도 있다. 그러나 일반적으로는 작곡을 먼저 하고 가사를 붙인 다음 노래를 부르는 순서로 진행된다.

1. 분위기 잡을까? 춤출 때 들을까?

장르 정하기

만들려는 노래의 빠르기를 정하는 게 가장 먼저 해야 할 일이다. 댄스곡인가? 발라드곡 인가? 빠르기를 정한 다음에 리듬악기, 드럼 스타일 등을 추가해서 작곡하게 된다.

2. 속도제한 또는 무제한 고속도로

속도(BPM: 분당 박자 수) 정하기

비피엠(BPM)이란 beat per minute를 뜻하는 용어로 음악의 속도를 숫자로 표시한 것을 말 한다. 문자 그대로 1분이란 시간 내에 나타나는 박자의 개수를 표시한 수치이며 BPM이

높을수록 빠른 음악이다.

참고로 알아 두자면 beat(비트)란 말이 있는데, 몇 박자의 비트로 한 마디를 나눌 것인지를 나타낸다. 4/4박자에 4비트는 4분 음표로 한 마디를 4박자로 나누는 걸 말한다. 8분 음표는 한 마디를 8분 음표 8개로 나누는 걸 말한다.

말하자면, bpm이 60이라면 1분에 60번 비트가 생긴다는 말이다. 4분 음표 기준이다. bpm 60일 경우 8분 음표를 기준으로 8비트로 계산하면 1분에 120비트가 된다.

3. 박자를 맞출래! 드럼 어디 있지?

박자 만드는 드럼 고르기

작곡에선 박자를 만드는 드럼이 중요하다. 그런데 정작 드럼을 쳐 본 일이 없다면? 배운 적도 없다면? 난감한 일이다. 마우스로 툭툭 건드려 보면 분명 이건 드럼 소리인데 도대체 어디서부터 쳐야 할지 모르겠다. 어떻게 할까?

드럼을 빨리 숙달하는 방법이 있다.

우선 자기가 좋아하는 노래를 고른다. 그리고 FL 스튜디오를 실행하고 작곡하려는 노래의 빠르기 bpm을 정한 후에 골라둔 노래를 불러와서 실행해 본다. 그 노래의 박자 등이 프로그램에 표시된다. 그러면 그 노래의 드럼 박자 부분을 보면서 같은 박자로 박자를 찍어본다. 이 과정을 통해서 드럼 박자에 대해 빠르기, 소리, 강약 등의 느낌을 알 수 있게 된다.

4. 드럼인데 이름이 많다고?

드럼 명칭 알아두기

박자는 드럼으로 만든다. 작곡 프로그램에서도 드럼이 중요하다. 드럼의 각 부분 명칭에 대해 알아 두자.

1) 킥 드럼(Kick drum) : 베이스 드럼, 1박 3박에 찍는 드럼

발로 차서 소리를 내는 드럼이 킥 드럼이다. 드럼 소리를 나타내는 일반적인 명칭을 말하기도 한다. 재즈에서는 드럼이나 피아노, 베이스를 사용해서 강조되는 악센트를 말하기도 한다. 베이스드럼의 플레이 파트를 킥 드럼이라고 한다.

2) 스네어(Snare drum) : 2박, 4박에 찍는 드럼

막대기로 두드려서 내는 소리의 드럼이다. 원통처럼 생겼고 안쪽에 내피를 붙여 만든 드럼이다. 세밀한 기법이 중요한 드럼으로 작곡할 때 다른 악기들에게 영향력이 크다.

3) 탐탐(Tom Tom)

한 쌍으로 된 두 개의 드럼이다. 재즈 연주에서 주로 사용된다. 스네어 드럼에 사용하는 스틱을 같이 사용한다. 일반적인 드럼을 연주하는 것과 같은 방식으로 연주한다.

4) 하이햇

심벌즈가 두 개 맞물린 모양의 드럼이다. '칫' 소리가 나며 스틱으로 치거나 발로 밟아서 소리를 낸다. 주로 리듬 연주를 한다.

5) 심벌 : 4마디, 8마디 처음에 시작을 알림

라이드 심벌은 크고 크래시 심벌은 작다. 위치는 드럼을 치는 사람의 편의에 따라 자유롭게 두는데 주로 라이드 심벌은 오른쪽에 둔다. 짧고 날카로운 소리를 낼 때 사용하고

'챙' 소리가 나는 게 특징이다.

5. 너랑 나랑 코드가 맞니?

반주 진행은 '코드'를 알아 두면 도움되거든

작곡에서 '코드(chord)'란 높이가 다른 두 개 이상의 음이 동시에 울리는 것을 말한다. 우리말 표기로 코드 또는 화음이라고도 부른다. 작곡을 할 때는 코드의 진행, 그러니까 화음의 진행을 아는 게 중요하다. 코드의 종류에 대해 알아 두도록 하자.

단, 이번 단락에서 설명하는 '코드'는 왕초보에게는 이해하기 쉽지 않은 내용이다. 전문적으로 음악을 공부하고 화성학을 배우는 사람들로서도 코드 부분을 어려워하는 경우가 있으니 말이다. 그러므로 여기서 알아보는 코드는 '이런 게 있구나!' 하는 정도로 이해해 두도록 하자. 가령, 음이 진행될 때 사용되는 일정한 법칙이라고 해 둘까? '화음에 맞게, 코드에 맞게' 등의 표현을 사용하기도 하는 데 '음의 진행을 법칙에 맞게'라는 의미로 이해해도 좋겠다.

그리고 최근에는 반드시 화음과 코드에 따라 음을 진행해야 된다는 것보다는 '만드는 이의 귀에 좋은' 음의 진행도 괜찮다고 인정해 주는 흐름이 있다.

C장조 코드를 보자.

C D E F G A B
도 레 미 파 솔 라 시

단조 코드로 CM7 Dm7 Em7 FM7 G7 Am7 Bm7가 있다. 장조 코드에서 각 음 사이에 m(마이너) 코드를 추가한 걸 말한다.

위 장조, 단조 코드를 1도, 2도, 3도, 4도, 5도, 6도, 7도로 구분할 경우, 1도, 3도, 6도를 '토닉'이라고 부르고, 2도, 4도를 '서브도미넌트', 5도, 7도를 '도미넌트'라고 부른다.

이 경우, 1도, 3도, 6도에 이어서 2도, 4도가 화음(코드)으로 이어질 수 있고, 역방향으로도 진행할 수 있다. 5도, 7도에서 1도, 3도, 6도로 진행할 수 있고 역방향으로도 진행할 수 있다. 다만, 5도, 7도에서 2도, 4도로 진행하는 건 어색하다.

코드 진행을 할 때는 1도, 3도, 6도로 시작하고 마무리도 짓는 게 바람직한데, 그 중간에 5도, 7도를 넣어 진행시키거나 2도, 4도를 넣었다가 다시 1도, 3도, 6도로 마무리 짓는 게 일반적이다.

6. 오늘 하루 종일 흥얼거리는 그 노래

노래는 역시 '멜로디'

FL 스튜디오에서 '피아노 롤' 화면을 띄워 놓고 멜로디를 만든다. 피아노 롤에는 코드들이 표시된 작업화면이 나타난다. 마우스로 원하는 대로 음을 찍는다. 이때부터 당신은 무언가 세상에 없던 걸 창작하는 중이다. 당신의 머릿속에서 나오는 노래가 아니라 가슴에서 나오는 소리를 담도록 노력해 보자. 당신의 노래에 같이 즐거워하고 같이 감동할 사람들이 생긴다.

피아노 롤에서 음표를 찍어 보면서 '들어 보고' 다시 찍고 '들어 보고' 마음에 드는 음이 나올 때까지 반복한다. 피아노 롤에서 벨로시티는 피아노 건반을 두드리는 힘의 세기를 나타내는데, 여러 가지 음을 들어보고 건반 두드리는 힘(벨로시티)을 다르게 바꿔가며 느낌을 만든다.

그리고 나서 가상 악기를 사용한다. CHANNEL ﹥ ADD ONE ﹥ 3x OSC라는 걸 불러 오자.

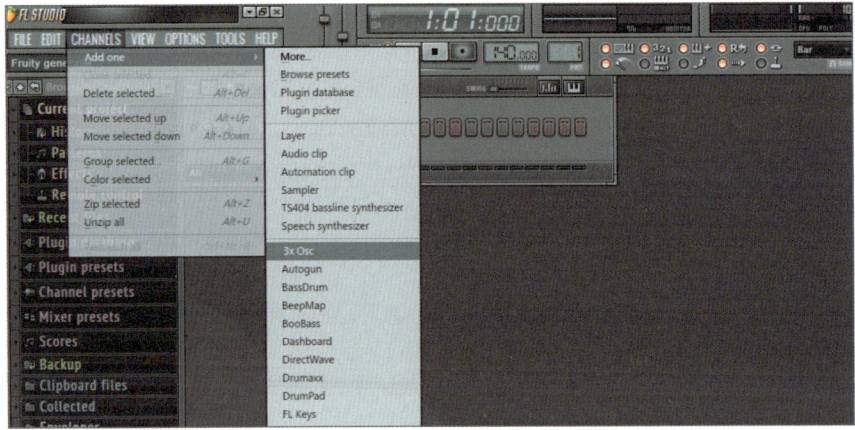

브라우저 영역에 표시된다.

여기에 다시 마우스를 대고 오른쪽 버튼 눌러주면 피아노 롤이 표시된다.

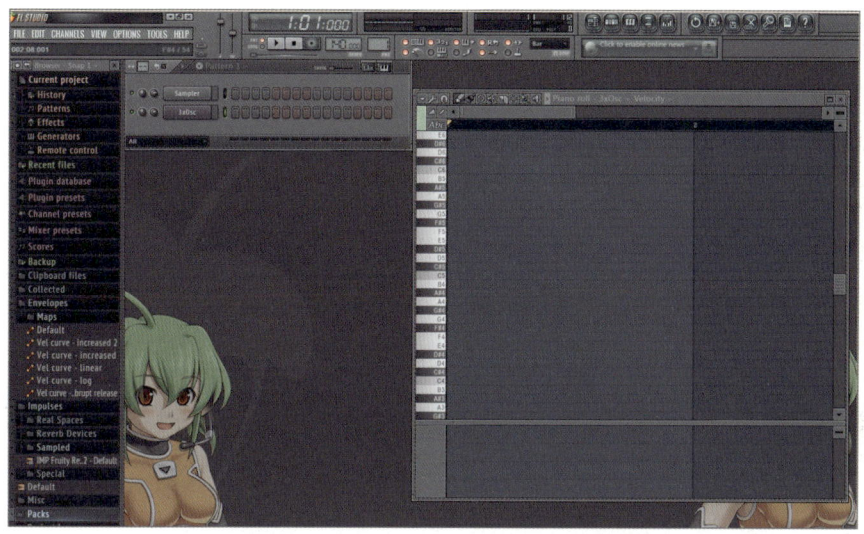

여기까지가 FL Studio에 내장된 가상 악기에서 피아노 롤을 불러오는 과정이다. 피아노
롤 스텝 시퀀서가 표시되었다. 여기에 각 음표를 찍어보며 나만의 멜로디를 만든다.

마우스 왼쪽 버튼을 클릭하면 음표를 찍을 수 있고, PAT 상태를 선택한 다음 플레이를
누르면 내가 찍은 음표를 들을 수 있다.

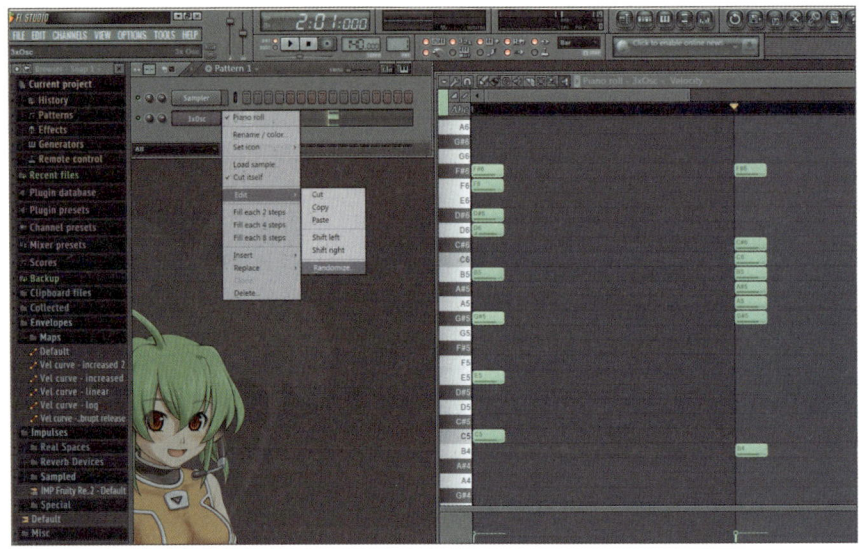

피아노 롤 멜로디를 만들며 들어 보다가 3xOsc 위에 마우스를 올리고 마우스 오른쪽 버튼을 누르면 편집 기능이 표시된다. 여기서 Randomize(랜더마이즈)를 눌러서 언제든 각 음표 높낮이 등을 조절할 수 있다.

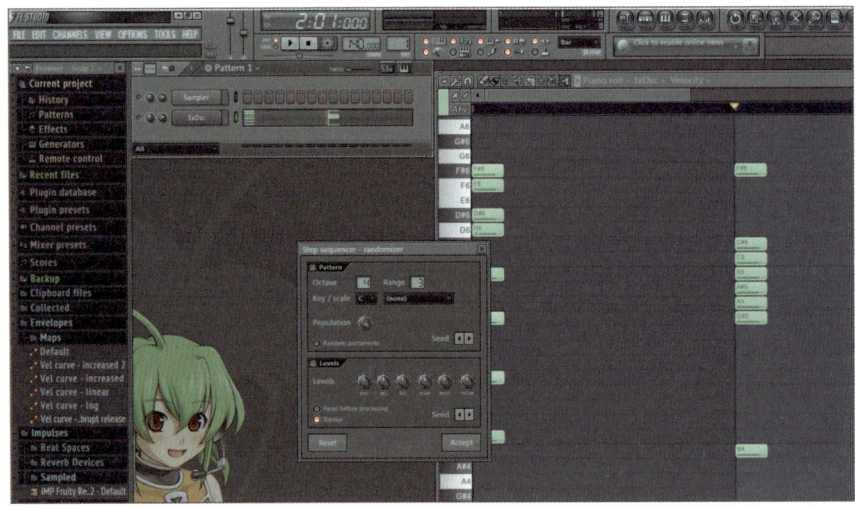

스텝 시퀸서 랜더마이저가 표시되었다. 여기선 피아노 롤 음표를 들어 보면서 다양한 레벨을 조절해 작곡자의 느낌에 맞는 설정을 맞춘다.

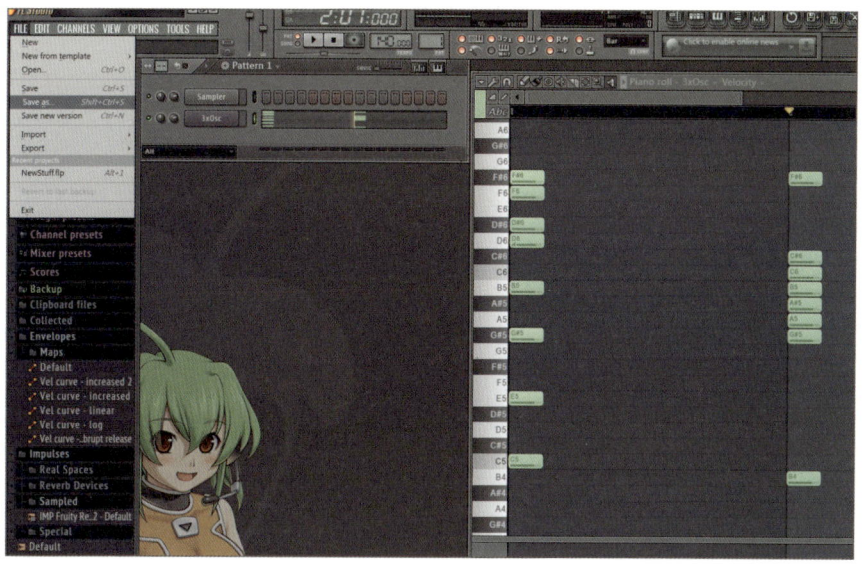

완성된 멜로디나 이벤트(작업)를 Save(저장) 기능을 사용해서 파일로 보관해 둔다.

7. 가수가 노래를 해야지

'녹음' 그리고 '믹싱'이 뭔가요?

'녹음'이란 가수가 노래를 불러서 음원(MR)에 가사를 입히는 작업을 말한다. 가령, 반주곡이 있으면 가수가 녹음실에서 노래를 부르고 그 노래를 반주곡에 넣는 걸 말한다.

'믹싱'이란 글자 그대로 소리를 섞는 작업이다.
자주 사용하는 프로그램 중에는 '쿨에디트' 프로그램이나 'FL 스튜디오' 프로그램으로도 믹싱 작업이 가능하다. 믹싱 작업에서 자주 사용하는 용어를 알아 두면 도움이 되는데, EQ란 이퀄라이저의 약자로써 음역대를 조절해서 원하는 톤을 얻는 기능을 말하고, 컴프레서(Compressor)는 음의 레벨을 일정 수준에서 깎아서 음의 크기를 일정하게 유지해 주는 기능이며, 필터(Filter)는 특정한 음의 음역대를 걸러 주는 기능을 말한다.

FL Studio에서는 Export 할 때 '옵션'에서 Split Mixer Track을 선택하고 렌더링을 걸면 믹서에 각각 할당된 멀티 트랙이 저마다의 wave 파일로 저장된다.

8. 뭔가 좀 부드럽게 연결되었으면 좋겠어

이 책에서는 FL Studio를 사용하여 나만의 곡을 만들어 보는 데 초점을 두고 있다. 왕초보로서는 사실 스텝 영역에 마우스로 음 찍는 것조차 부담스러운 경우가 있기 때문이다. 그래서 작곡 관련 전문적인 설명이나 구체적인 업무를 일일이 설명하기보다는 작곡 프로그램 FL Studio에서 마우스로 음을 찍어 나만의 곡 흐름을 만들어 보기까지 편하게 경험할 수 있도록 해 두었다.

가령, 믹싱이나 마스터링 등의 곡 작업은 초보 작곡자들에게는 어려운 부분이고, 전문적인 스태프들이 있으므로 그들에게 도움을 받는 게 더 효과적인 경우가 많은 이유도 있다. 이 단락에서는 곡을 완성해 나가는 과정에서 이러저러한 업무들이 있고, 어떤 용어를 사용하는지에 대해 알아 두도록 한다.

'마스터링' 배우기

필터, 보코덱스 등의 이펙터(효과 기능)를 사용해서 내 노래에 효과를 다양하게 줄 수도 있다. 이펙터를 잘 활용한다면 당신의 노래가 더욱 풍성하게 된다.

보컬(노래)은 목소리 패턴을 넣어 줘야 한다. FL studio에서 f9를 눌러서 나오는 Mixer – Master 화면의 '인서트 1부터 16까지'가 오디오(악기 소리 등)가 들어가는 곳이다. 믹싱 작업을 하면 보컬 목소리에 보코덱스란 이펙트 기능을 사용해서 다양한 효과음을 만들 수 있다.

마스터링이란 하나의 앨범에서 선후 곡의 순서가 있을 때 곡들이 앞뒤로 무난하게 연결될 수 있도록 곡들의 마무리와 시작 부분의 음을 맞춰 주는 작업을 말한다. 1번 곡부터 순서대로 듣는 것이 아니라 1번 곡 다음에 5번 곡처럼 무작위로 곡을 들을 경우에도 자연스럽게 이어지도록 음을 잡아주는 것을 말한다.

1) 내 노래를 방송에서 듣고 싶어

나만의 앨범 완성!!

노래가 완성되었다면 이제 영상에 넣어 유튜브 채널에 올리기만 하면 된다. 노래는 대부분 4분 이내다. 영상도 그에 맞춰 4분 이내 영상이면 충분하다. 짧게는 2~3분짜리 영상도 좋다. 스마트폰 환경에서 시청하고 듣는 영상과 음악은 서로 어울리면 무엇이든 좋다.

"노래를 만들었는데 유튜브 채널뿐만 아니라 방송국에 신청해서 들을 수 없나요?"

가능하다. 유튜브 채널에 업로드할 노래를 만들어서 자유롭게 올리면 된다. 그건 UCC라고도 부른다. 방송국에 심의를 신청해서 다른 이들이 내 노래를 방송에 신청할 수도 있다. 어떻게 하면 될까? 우선 방송국에 심의를 넣어야 한다. 방송에 적합한지, 방송에 내보내도 되는지 여부를 심의하는 과정이다.

"내가 무슨 실력이 있어서 방송에 나오겠어? 그건 꿈이지!"

미리 걱정하고 염려할 필요는 없다. 방송에서 내보내도 되는지 안 되는지 여부는 방송국에서 심의한다. 당신은 그저 당신이 소중하게 만든 노래를 방송에서 듣고 싶을 뿐이다. 그렇다면 당신의 노래를 방송국 심의에 넣어야 한다.

(1) 음반 심의 자료

방송국 음악 프로그램이나 라디오방송국에서 내 노래를 들을 수도 있다. 노래를 만들고 방송국 심의를 통과하면 심의번호를 기재하고 각 프로그램 제작 PD들에게 음반을 건네

주자. 시청자나 청취자들이 음악을 신청할 때, 프로듀서들이 음악을 듣고 가수를 방송에 초대하거나 작곡자를 초대해서 방송에서 소개할 수도 있다. 유튜브 채널에 업로드한 영상과 음악에서 멈추는 게 아니다. 방송 활동을 하고 스타가 될 수도 있다.

음반에는 데이터 CD를 만드는 게 우선이다. 가사, 앨범 이미지, 앨범 소개, 가수 소개, 음원 등이 포함된 자료를 넣는다. 가사 내용을 적은 종이를 만드는 것도 필수다. 가수의 이름과 기획사, 연락처 등을 적어 준비하고 아래 준비물까지 챙긴다.

> – 준비물
> 음악CD 13장 : MBC 5장, SBS 1장, CBS 4장, KBS 3장
> 가사CD (TEXT 파일 형태) 2장 : KBS 1장, CBS 1장

(2) 심의 접수

> – MBC : MBC 통합 심의정보 시스템(http://mbcreview.mbcmedia.net)에서 접수 또는
>   MBC 레코드실 '음반심의' 신청접수(음악CD 5장 제출)
> – SBS : SBS아카이브팀 '음반심의' 담당자에게 음악CD 1장 제출
> – KBS : 한국음원제작자협회(http://kapp.or.kr) 방문 (음악CD 3장, 가사CD 1장 제출) 한
>   국음원제작자협회 심의부 (02)3270–5987, ☎ KBS 음반심의부 (02)781–1314

2) 노래에도 저작권이 있다고!

음악저작권협회에 저작권 등록하기

내가 만든 노래 한 곡은 이익을 얻어 주는 소중한 콘텐츠다. 내 곡을 음저협(음악저작권협회)에 등록하고 저직권료를 받아 보자. 작곡가, 작사가, 가수로서 저작권자로 신청할 수도 있다. 내가 노래를 만들면서 혼자 작곡하고 작사하고 노래를 불렀다면 세 가지 모두를 저작권자로 등록하면 된다.

카페에서, 백화점에서, 경기장에서, 인터넷 사이트에서 등, 언제 어느 곳에서라도 내 노래가 나오면 그에 대한 수익은 음저협에서 받아 준다. 나는 저작권자로서 정기적으로 저작권료를 받으면 될 뿐.

[준비서류]

① 음반 (음악CD 가능)

② 반명함판 사진 2매(신청서용 1매, 이력서 1매)

③ 주민등록등본 1통

④ 통장 사본 1통 (국민, 우리, 신한, 농협, 외환은행 중 택일)

⑤ 신탁계약 신청서 1부

⑥ 신탁자 프로필 1부

⑦ 신탁계약약관 2부

⑧ 계좌등록 신청서 1부

⑨ 작품신고서(작품당 1부)

⑩ 동의서

서식 다운로드 및 접수처: 한국음악저작권협회 : http://komca.or.kr

3) 노래방에서 내 노래를 만나는 기분

노래방 반주곡으로 나오도록 등록을 신청해 보자

내 노래가 노래방에서 나온다면 그 또한 행복이다. 노래도 만들고 내 노래를 노래방에서 사람들과 함께 부를 수 있다는 건 작곡의 부가수익이다. 내가 만든 노래를 노래방에서 들으려면 어떻게 해야 할까? 노래방 반주곡이 되는 방법을 알아 보도록 하자.

노래방 사이트 회사에서 신청한다. 태진미디어, 금영노래방 사이트에 가서 노래방 반주곡 신청을 해 보자.

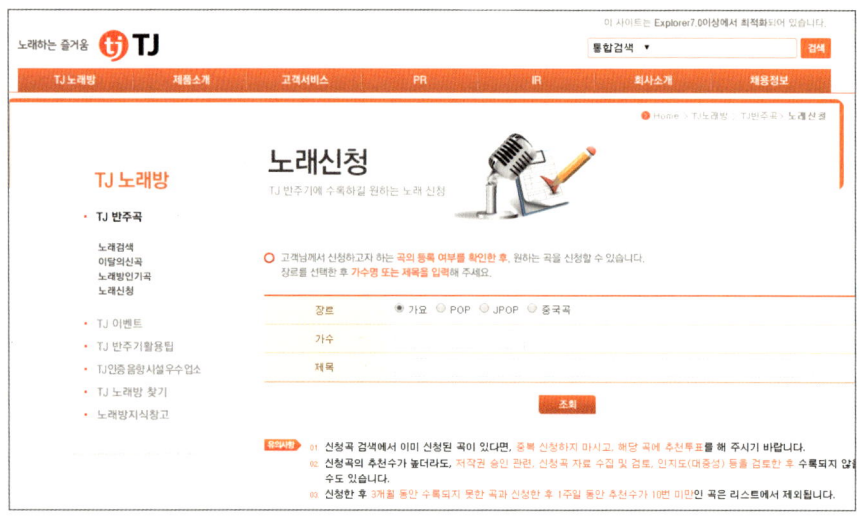

– 태진미디어 : http://www.tjmedia.co.kr/tjsong/song_songRequest.asp

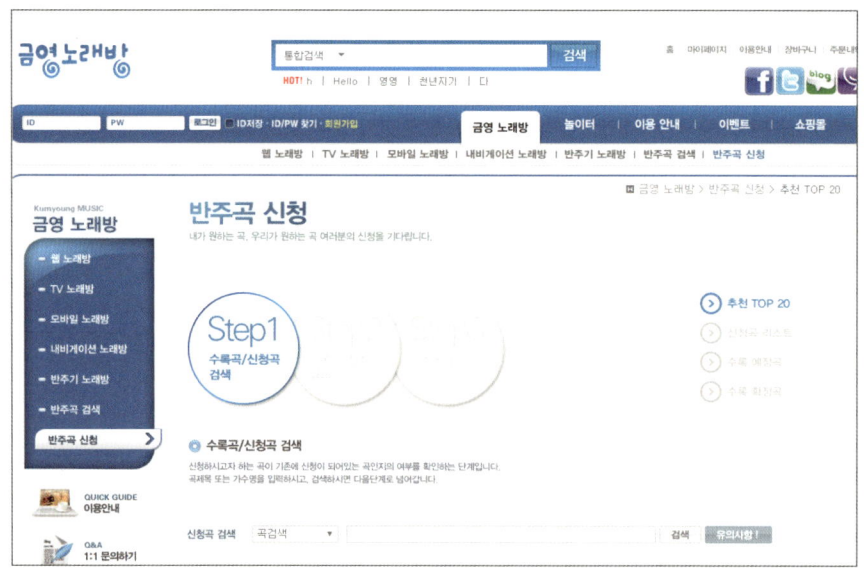

– 금영노래방 : http://www.ikaraoke.kr/isong/recommend_20.asp

지금까지 작곡하는 방법에 대해 알아 보면서 추가적으로 이익을 얻는 방법까지 소개했다. 유튜브 채널에 업로드 할 영상과 노래 그리고 영상에 넣을 반주곡을 작곡하는 법 외에도 노래방에서 내 노래 듣기, 방송국에서 내 노래 나오게 하는 방법에 대해서도 소개했다. 이처럼 유튜브 채널 만들기를 배우면서 콘텐츠를 만든다는 건 여러 가지 이익을 얻을 수 있는 노하우를 배우는 것과 같다.

이제 당신이 해야 할 일은 당신의 컴퓨터에 작곡 프로그램을 설치하고 마우스로 음표를 찍기 시작하는 일이다. 처음부터 잘 할 필요는 없다. 아마추어라도 괜찮다. 아마추어면 아마추어다운 서투른 솜씨가 또 하나의 재미가 되어 채널 구독자를 늘려 준다.

드럼으로 박자를 찍고 리듬의 빠르기를 정하며 피아노 건반 화면에서 멜로디를 만든다. 그리고 가상 악기 프로그램을 불러와서 여러 가지 악기로 멜로디를 연주하고 그 음들을 노래에 넣도록 해 보자. 처음엔 리듬, 박자, 멜로디만으로 이루어지면서 단조로웠던 곡에 음들이 섞이면서 풍성해진다. 노래에 중량감이 생기면서 웬만한 케이팝 저리 가라 할 정도가 된다.

생애 처음 쓴 곡이 인기곡이 되는 게 아니다. 노래를 만들다 보면 생기는 게 인기곡이다. 처음부터 무리해서 '난 무조건 세계 최대 히트곡을 만들 거야!'라고 생각할 필요는 없다. 단지, '나는 유튜브 채널에 영상을 올릴 건데 거기에 효과음을 넣어줄 반주 음악을 만들 거야!'라고 결심해도 좋다. 시작은 어디에서 하건 간에 중요한 건 당신에게 어느 순간 노래 한 곡을 만들 노하우가 생겼다는 사실이다.

4장

혼자서 만드는
전자책 콘텐츠

내가 만든 전자책이 수천 명의 독자들에게 팔린다?

이젠 1인 출판시대. 내가 쓰고, 내가 그린 그림으로 책 만들기를 배워 보자. 누구나 손쉬운 방법으로 나만의 책을 만들 수 있다. 한글 설명으로 배우는 프로그램 하나만 있어도 전자책 한 권이 뚝딱 생긴다.

전자책 시장은 애플의 아이북스, 교보문고의 e북스토어를 비롯하여 스마트폰과 모바일 기기에서 사용하는 리디북스, 북씨 등이 있다. 앞으로는 더욱 많은 전자책 시장이 형성될 것으로 보이는데, 미국의 온라인 서점 아마존(www.amazon.com)의 경우 자체 전자책 뷰어 '킨들' 제품까지 출시하면서 전자책 시장의 확산을 선도하고 있는 상황인 걸 보면, 앞으로 전자책 시장은 국내외를 비롯하여 출판시장이 종이책과 전자책으로 구분되어 발전시키는 구조를 갖게 될 것으로 보인다. 전자책은 ePUB 형태의 전자책이나 PDF 형태의 전자책을 바탕으로 시장을 형성하는 데, 이전에도 디지털 프로그램을 활용해서 1인 출판이 가능했지만 전자책 시장이 형성되어 있지 않았던 터라서 유통이나 판매에는 한계가 있었다. 그런데 2010년이 지나면서 전자책 시장의 분위기는 달라졌고, 애플이 2011년 출시한 전자책 제작 도구 아이북스 어서(iBooks Author)는 서비스 출시 초기에는 60만 건을 넘는 내려받기가 이뤄지기도 했다. 또한 아마존 전자책 제작서비스인 '킨들 다이렉트 퍼블리싱(Kindle Direct Publishing)'을 활용해서 만든 전자책이 아마존 전체 베스트셀러 10위 안에 두 권이나 진입되면서 화제를 모으기도 했다.

자, 그럼 지금부터 전자책 제작 방법에 대해 알아보도록 하자. 가장 많이 사용되는 PDF 형태의 전자책을 만들어 보자. 두 전자책 형태 모두 PC와 스마트폰에서 읽을 수 있다.

TIP

ePUB란?

Electronic Publication(전자출판)의 약자를 뜻한다. 2007년 9월을 기점으로 이전에 있던 eBook 표준을 대체하기 위해 국제 디지털 출판포럼(IDPF)에서 제정한 개방형 전자책 표준이다. ePUB의 특징은 자동 공간조정 기능이 있어서 기계의 형식에 맞춰 화면이 자동으로 최적화된다는 점이다.

 **스마트폰에서 읽는 전자책 만들기**

Calibre 사용법

영어로 된 전자책 제작 프로그램 calibre를 알아 보자.

1) 프로그램을 설치해야지

설치하기

calibre 사이트에서 제공하는 무료 다운로드를 통해 컴퓨터에 설치한다.

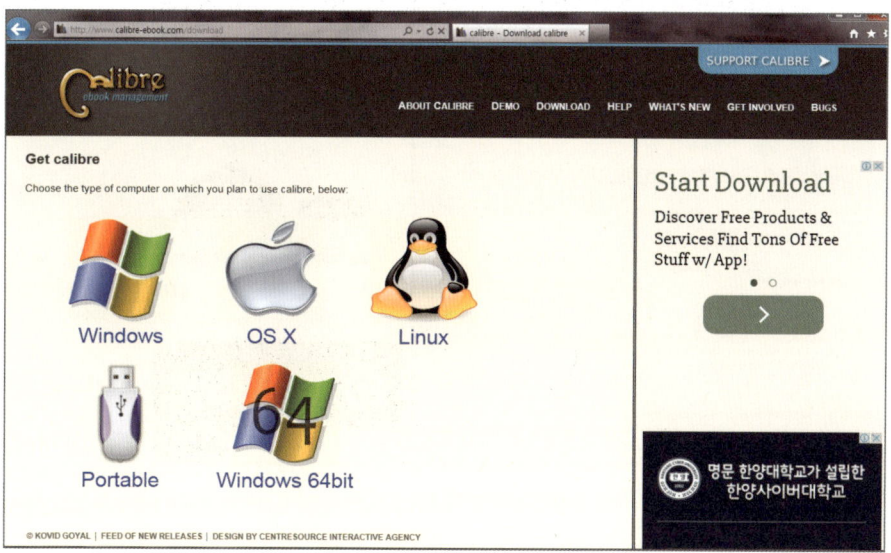

출처: http://www.calibre-ebook.com/download

자신의 컴퓨터에 해당하는 타입을 골라서 다운로드 한다.

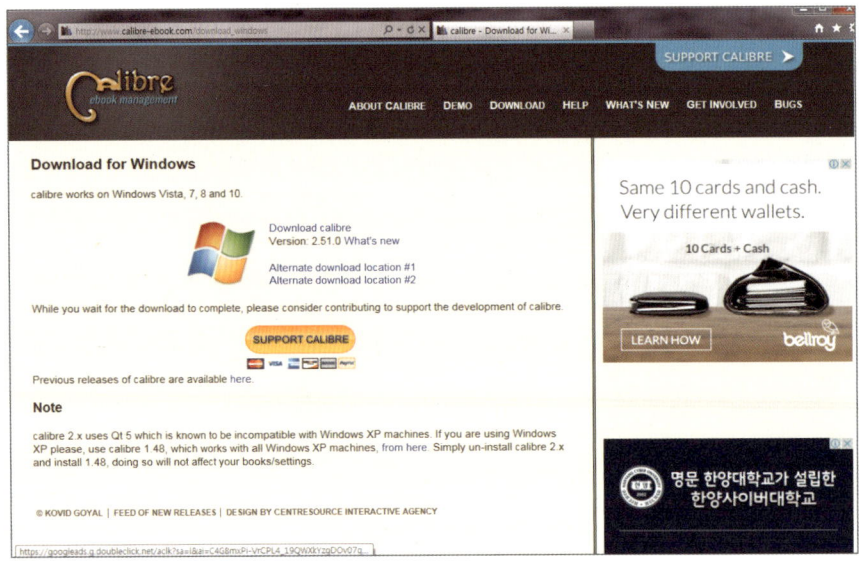

윈도우 타입을 선택했다. [Download calibre]를 누른다.

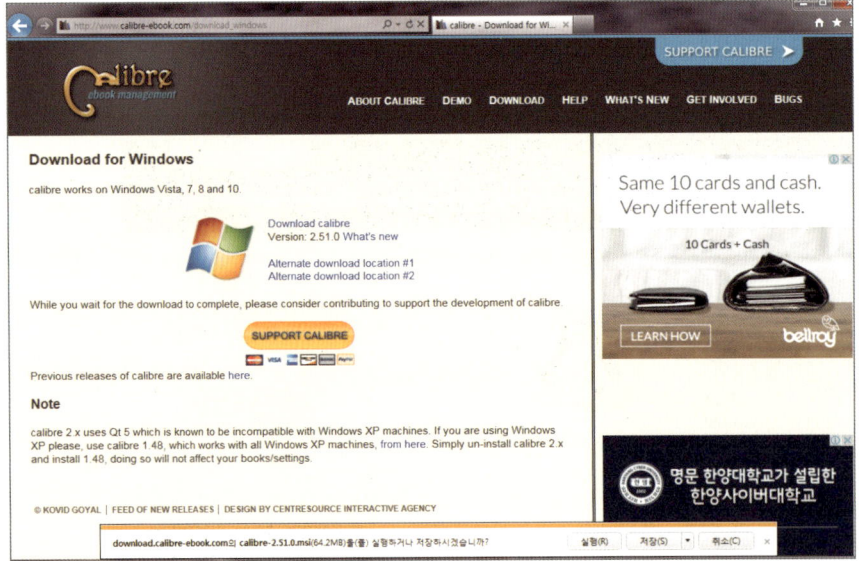

[실행]을 누른다.

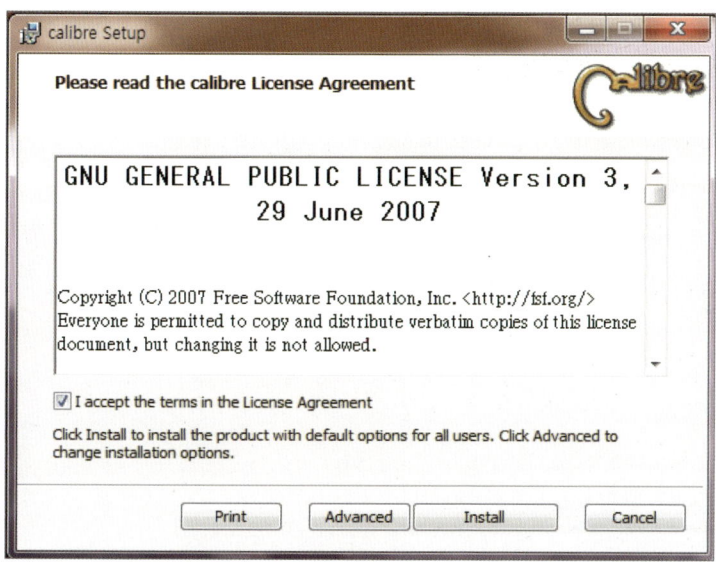

프로그램 사용규정에 동의를 체크하고 **[인스톨]**을 시작한다.

다운로드가 완료되었다.

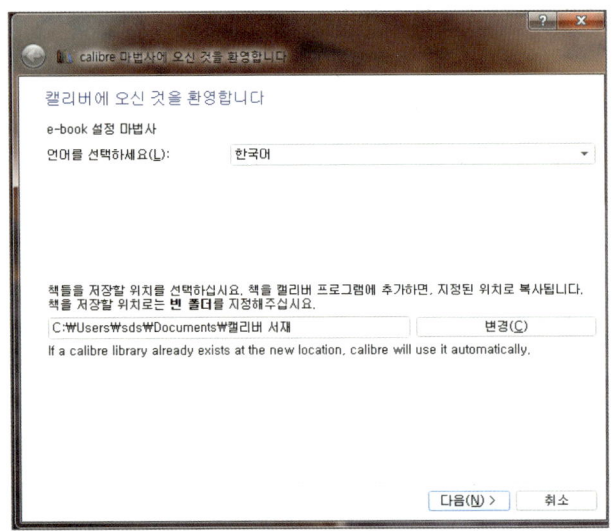

프로그램을 다운로드 한 후에 전자책들을 저장할 폴더를 설정한다.

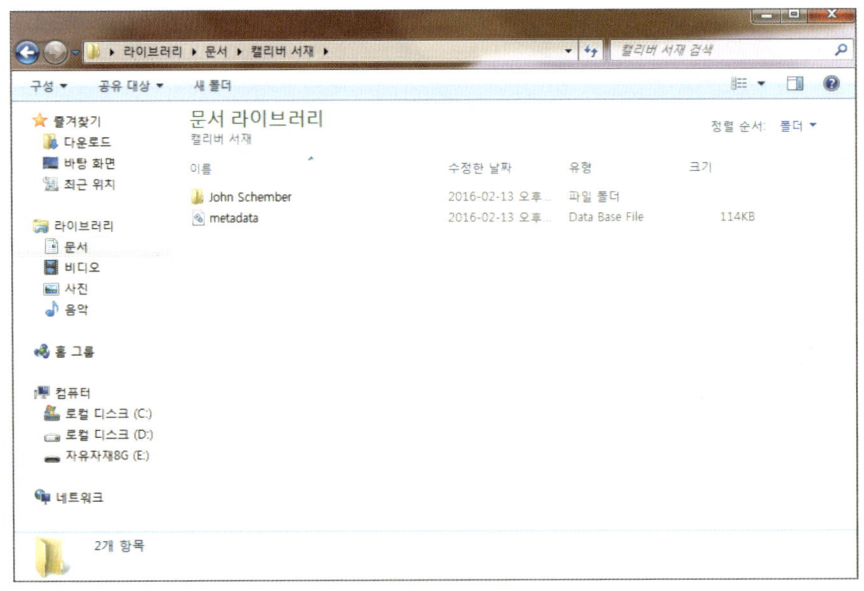

전자책을 저장할 폴더가 생겼다. 이제 파일을 실행해 보자.

2) 내가 써 놓은 원고를 가져 와

'원고'는 책으로 만들 수 있는 '글'을 가리킨다. 소설도 좋고, 시, 수필, 논문, 동화 등 어떠한 장르의 내용도 원고가 된다.

Q. "전자책은 어떻게 쓰나요?"
A. "종이책과 다를 바 없다. 소설이면 기승전결 구조로 구성된 이야기가 있을 것이다. 소설을 종이책으로 보느냐, 스마트폰이나 컴퓨터 모니터처럼 전자기기에서 보느냐의 차이다."

Q. "종이책과 전자책의 차이점은 없나요?"
A. "가장 큰 차이라면 그건 '종이인지, 전자화면인지의 차이다. 그리고 두 번째의 차이점이라면 크기다. 가령, 종이책의 크기에서 볼 수 있는 내용을 스마트폰 화면에서 본다고 해 보자. 한눈에 들어오는 내용 분량에 차이가 있다. 종이책의 경우, 일반적인 신국판(152mm×225mm) 사이즈의 판형 크기라고 할 때 한 쪽에 20여개의 행들이 들어있다면 스마트폰 화면은 3.5인치(320×480pixel) 크기라는 점을 감안해서 본문 내용 분량을 고려해야 한다. 스마트폰 화면과 종이책의 크기를 정확하게 비교하는 건 쉽지 않으므로, 염두에 둬야 할 것은 작은 화면에서 적절하게 볼 수 있는 글의 분량이다. 다시 말해서, 글의 작문법이나 내용 전개 등은 다를 바 없지만 독자 입장에서 편리하게 읽을 수 있는 분량을 고려해야 된다는 의미다."

전자책으로 만들고 싶은 글을 준비해서 전자책 만들기를 시작하도록 하자.

파일 불러오기
Calibre를 실행하자.

프로그램 첫 페이지가 나타났다. **[책 추가]**를 눌러서 파일을 불러 오자.

[책 추가]는 한 개 이상의 디렉토리에서 파일 형태로 된 책을 가져올 수 있으며, 적용 가능한 파일 형태 중에서 선택할 수 있다. TEXT 파일을 불러 오도록 해 보자.

불러 온 파일이 표시되었다. 해당 파일을 열려면 파일명을 마우스로 눌러 주면 된다.

3) 읽기 편하게 만들어 볼래

본문 편집하기

불러온 파일을 마우스로 클릭해 주면 파일이 열린다. 이때, 파일명은 임의로 정해지며 해당 파일을 수정하거나 내용을 추가할 수 있다.

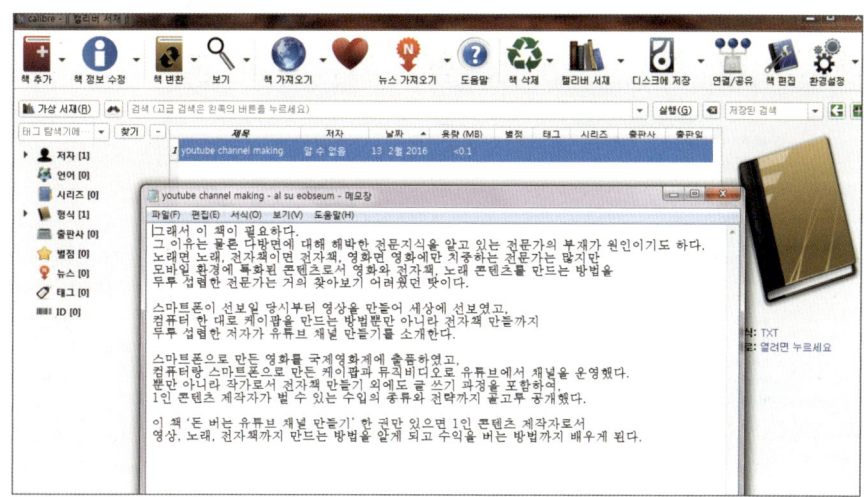

해당 파일은 프로그램 설치 시에 지정해 둔 빈 폴더에 임의의 파일명으로 저장되어 관리할 수 있게 된다. 파일을 다른 형태로 변환해 보도록 하자.

만들려는 전자책 파일의 기본 정보를 설정하고 페이지 설정, 디자인 구성 등을 설정한다. 또한, TXT 입력과 다른 책 파일 검색 및 교체할 수 있다.

Calibre 프로그램의 [책 변환] 메뉴를 실행하고 전자책의 다양한 만들기 기능을 알아 보도록 하자. 각 기능에 대해서 익숙해질 때까지 반복적으로 사용해 보기를 추천한다.

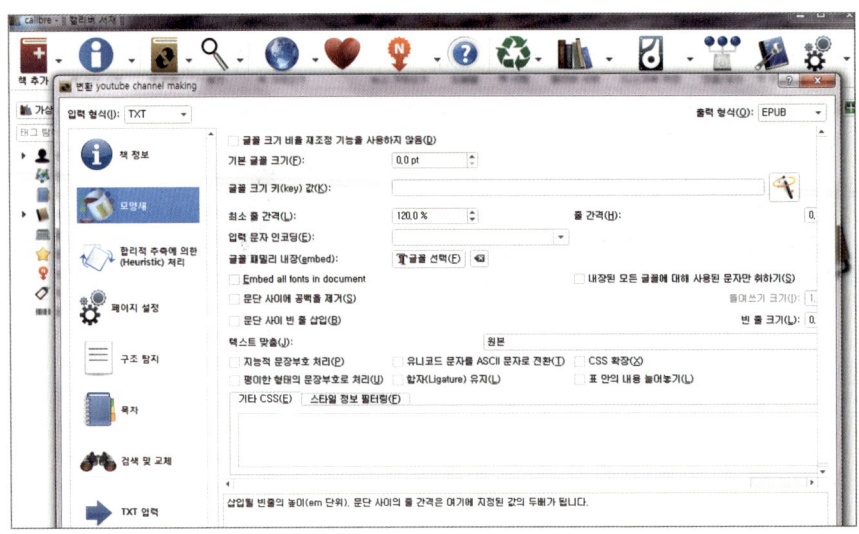

a. [모양새]

전자책 본문 내용의 디자인 구성을 설정하는 과정이다. 기본 글자 크기를 정하고 폰트 사이즈 값을 설정한다. 최소 행간과 줄 여백을 설정하여 가독성에 도움되도록 만든다.

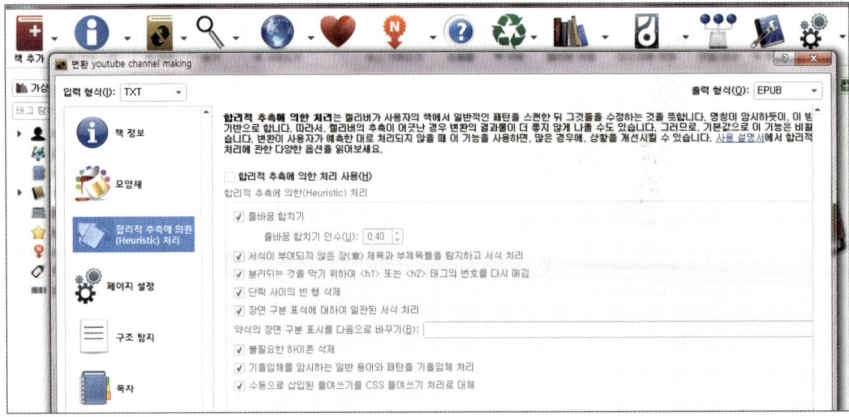

b. [지능적 처리]

Calibre 프로그램이 책 원고의 윤문, 오탈자, 불필요한 하이픈 연결 등을 체크하는 기능이다. 예를 들어, 한글 워드프로세서를 사용할 때의 비문이나 오탈자를 표시해 주는 기능과 유사하다. 특정한 패턴을 적용하여 문서 본문과 구조를 수정할 수 있다.

c. [페이지 설정]

전자책 리더기에 맞게 페이지를 설정해 주는 기능이다. 가령, 아마존의 킨들과 교보문고의 전자책 리더기는 기기 디스플레이와 화면 사이즈가 다르다. 이에 대해 Calibre는 미리 모든 종류의 전자책 리더기를 등록해 놓고 사용자가 설정하는 리더기에 맞춰 전자책의 페이지를 설정할 수 있다.

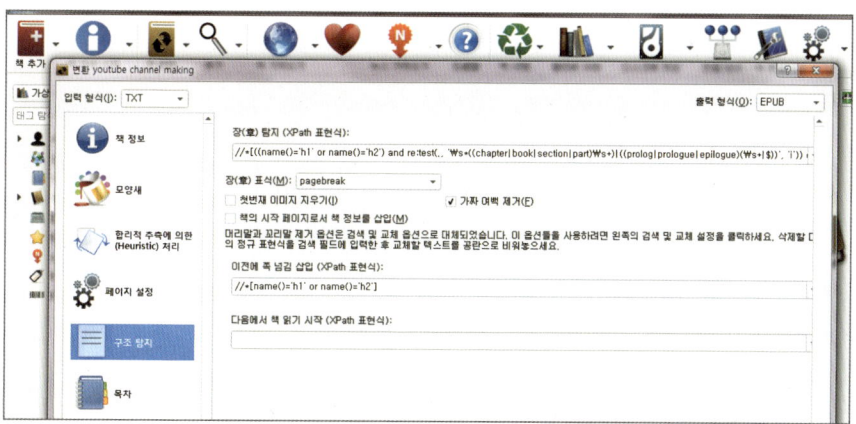

d. [구조 탐지]

각 챕터의 표제와 문서 구조를 탐지할 때의 방식을 조정하는 기능이다.

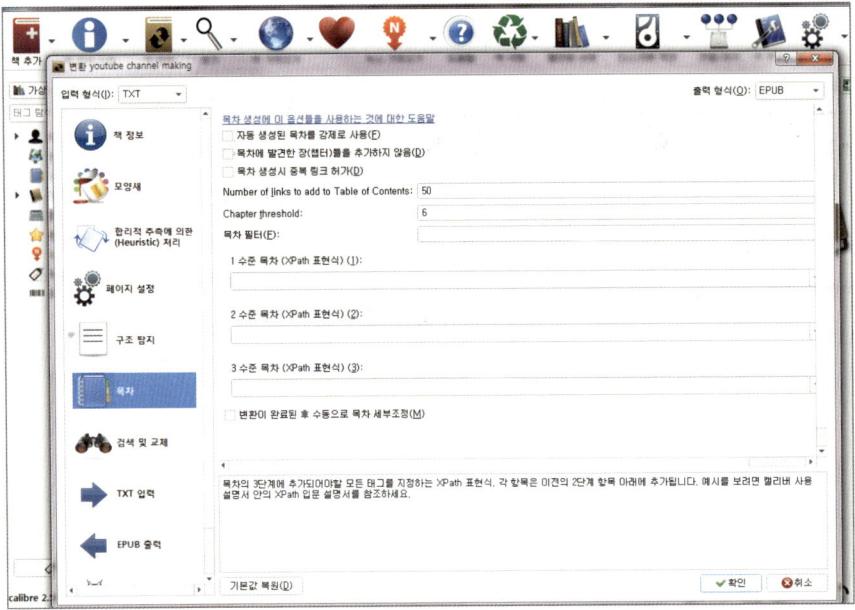

e. [목차]

전자책 원고의 목차와 변환을 관리하는 기능이다.

4) 전자책에도 얼굴이 필요해

표지 만들기

책 표지는 사용하고자 하는 이미지 파일을 불러 와서 적용한다. 표지를 지정한 후에 **[확인]**을 눌리 주면 된다.

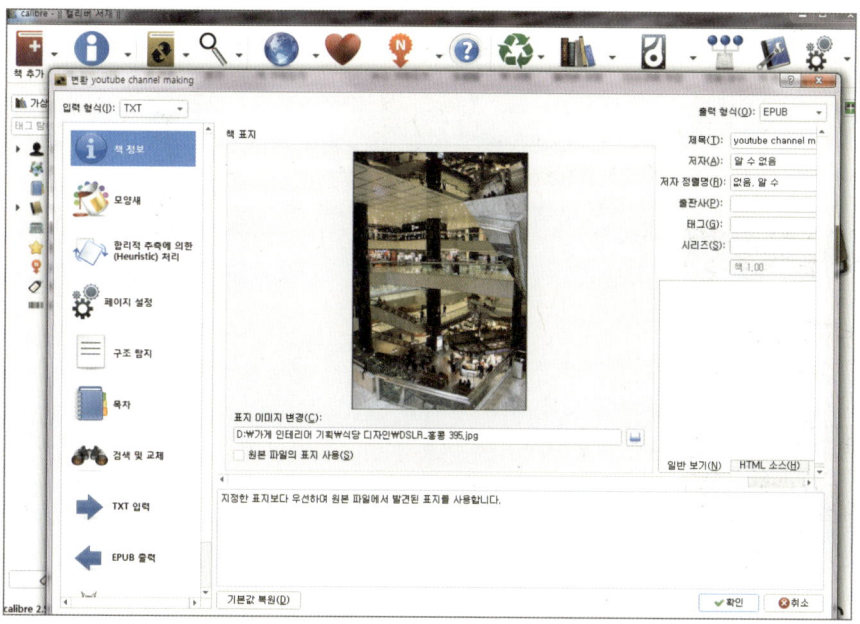

책 표지가 표시되었다.

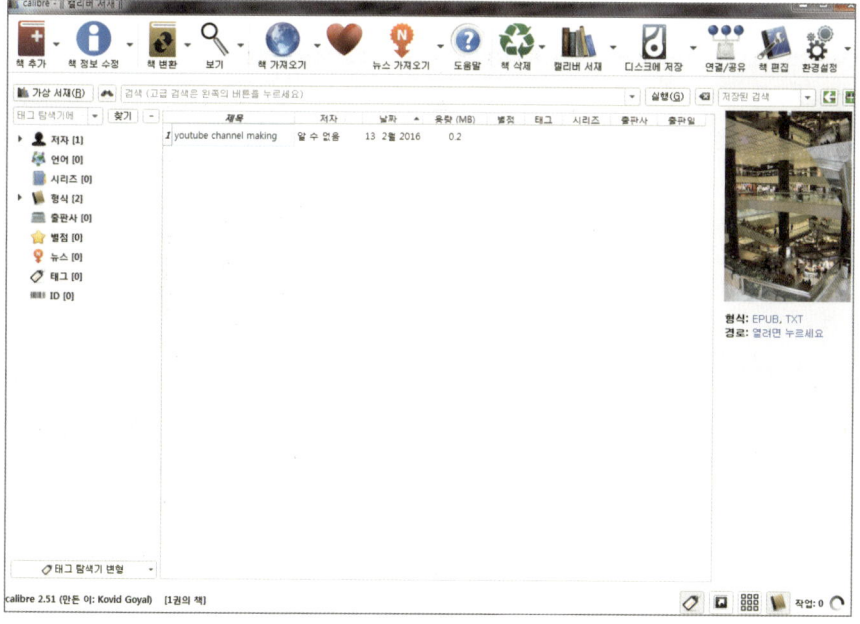

책 정보를 수정하고자 할 경우엔 책 이름을 한 번 선택하고 **[책 정보 수정]**을 누른다.

책 정보를 수정할 수 있는 페이지가 열렸다. 설명을 넣어 보자.

[확인]을 눌러서 완료한다.

책표지 아래에 책 설명이 추가되었다.

Calibre에서 해당 책 파일의 정보가 표시된다.

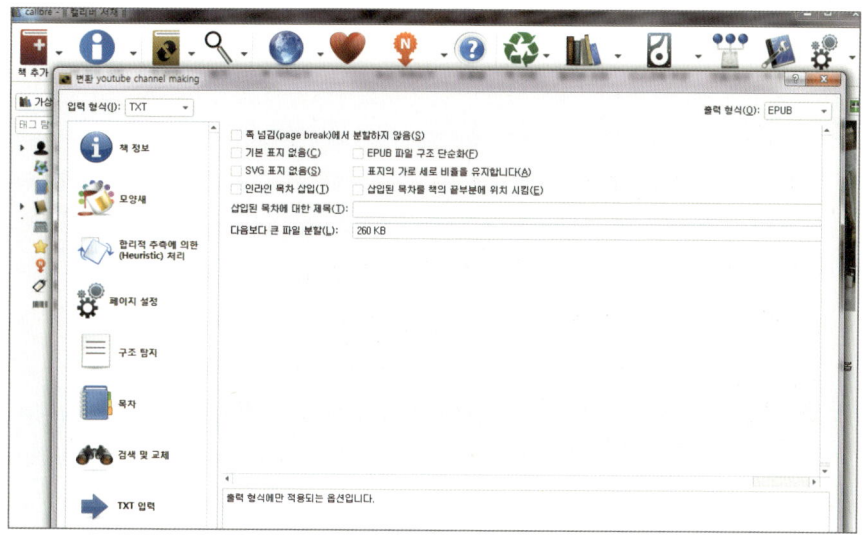

책 표지까지 넣는 데 성공한 다음에는 해당 전자책 파일을 보관할 전자책 리더기의 종류를 정해서 그에 맞는 파일 형태로 출력하도록 한다.

5) 드디어 완성이라고!

완성하기

Calibre 프로그램으로 만든 전자책을 확인해 보자. 전자책 파일은 앞서 만들었던 빈 폴더에 저장되어 있으며, 서브 폴더들은 전자책 만드는 과정에서 입력하는 저자 정보를 활용하여 이름이 지어진다.

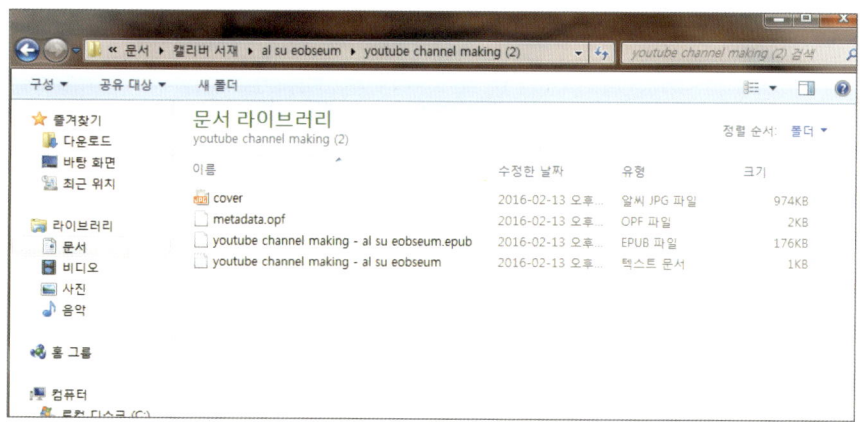

전자책 파일이 생성된 폴더에는 cover 파일로 표기된 책 표지 이미지 파일이 있으며, 생성된 전자책 파일로 저장되었음을 알 수 있다.

이렇게 만든 전자책은 자신의 전자책 리더기에 넣어 보관할 수 있으며 언제든 기기 안에서 활용할 수 있다.

유튜브에서 돈 버는 1인 제작자 시대

1인 콘텐츠 제작자란 1인 방송, 동영상, 음악, 영화, 전자책 등의 콘텐츠를 혼자서 만드는 개인을 말하는 데 대표적으로는 유튜브에서 1인 방송을 진행하거나 동영상 콘텐츠를 만들어 유튜브에서 이익을 얻는 사람들을 일컫는다. 그리고 이들의 수익은 개인이라고 무시할 수준을 뛰어넘어 크게 보면 웬만한 중소기업 적게 보면 자영업자 이상의 수입을 기록하기에 많은 이들이 주목하는 상황이다.

스마트폰 사용자들의 확산과 더불어 등장한 새로운 직업군 1인 콘텐츠 제작자들의 미래와 전망은 어떻게 될까?
이에 대한 해답을 얻고자 한다면 우선 시기적으로는 스마트폰이 국내에 도입되기 시작한 2009년 이후의 시점이고 기존 방송 업계에서는 종합편성채널이 등장하기 시작한 무렵으로 거슬러 가야 한다. 이 당시엔 기존 미디어 채널과 구분하여 종편 채널로 일컬어지는 채널에 걸맞는 차별화된 콘텐츠가 필요하다고 업계 사람들 누구나 고심하던 시기였는데 이렇다 할 콘텐츠가 나오지 않은 상황에서 대부분의 종편사들이 수익 부진의 늪에서 헤어 나오지 못하던 상황이었다.

그런데 모 지상파 방송국에서 여행 콘텐츠를 방송으로 만들어 히트 친 PD가 종편 채널로 옮겨오면서 종편 채널만의 콘텐츠 차별화가 선을 보이기 시작하게 되었다. 스마트폰에서 성공한 콘텐츠를 방송에 접목시켜서 만든 게 시초인데 여행과 농작물 기르기, 게임하듯 즐기는 미션 수행 프로그램 등이 대표적이다. 바야흐로 종편 채널만의 콘텐츠가 각광받기 시작한 시기다.

이와 더불어 인터넷 방송에서 활동해 오던 BJ들이 게임방송을 필두로 또 다른 시청자들을 확보하는 데 성공하면서 유료 아이템을 선물로 받는 수익구조를 개발하고 시장에 안착시킴으로써 새로운 콘텐츠 시장을 만들어 내는 데 성공하게 되었다.

여기에 기름을 부은 것이 강남스타일의 유튜브 뮤직비디오 조회 수 기록이다.

총 조회 수 대비 광고료 수입이 어마어마하다는 뉴스가 전해지면서 유튜브 동영상을 올리면 광고료 수입을 얻을 수 있다는 사실이 사람들에게 전해졌고, 여기에 편승하고자 인터넷 방송 BJ들이 유튜브에 콘텐츠를 올리기 시작, 기타 가수들 팬덤과 방송 시청자들 그리고 학원 강사들처럼 일정한 시청자 수를 확보한 이들이 유튜브에 적극 진출하면서 '1인 제작자 = 유튜브 사용자'라는 등식이 성립하게 되었다.

종편채널만의 새로운 콘텐츠의 등장과 성공, 뮤직비디오 한 편만으로 거둬들인 막대한 수익, 인터넷 방송 시청자들이 이용하는 유료 아이템이라는 다각적인 콘텐츠 판로가 검증되면서 본격적인 '1인 콘텐츠 제작자' 시장이 열리게 된 것이다.

그래서 1인 제작자의 장래는 밝고 수익적으로도 전망은 기대 이상이다. 그 이유는 다음과 같다.

첫 번째, 우선적 '장비(도구)'의 편리성이다.
스마트폰 한 대만 있으면 영상 녹화와 편집, 업로드가 가능해졌다. 고가의 방송 장비에 손색없는 성능도 한몫했다.
스마트폰에서 실시간으로 촬영한 영상을 곧장 유튜브에 올리고 그걸 실시간으로 다른 이들과 공유할 수 있다는 장점이 부각되었다. 스마트폰과 '약간의 열정'만 있으면 누구나 '유튜브'에서 돈을 벌 수 있다는 파라다이스가 열린 상황이다.

두 번째, 잘 짜인 기획력이나 고도로 훈련받은 전문 연기자가 필요하지 않다.
애완동물로 키우는 동물의 모습이나 순간적으로 마주치게 되는 주변 상황을 촬영해서 업로드해도 시청자 수가 생긴다. 드라마나 영화가 아니라 사람들 삶 주변에 실제 이야기를 그대로 편집 없이 동영상 콘텐츠로 만들 수 있다.
나이 차이나 학력 차이 혹은 남녀노소 대상을 가리지 않고 누구나 제작자가 될 수 있다는 가능성이 커졌다.

1인 제작자가 되기 위한 시장진입의 장벽은 없는 셈이다. 1인 콘텐츠 제작자인지 아닌지 여부는 그 사람이 유튜브 채널을 사용하느냐 아니냐의 차이일 뿐이다.

그래서 이제부터가 중요하다.

동영상을 찍을 수 있다면 거기에 음악을 덧붙일 수 있어야 한다. 노래를 만들 수 있다면 영상을 만드는 방법을 익혀야 한다.

영상과 노래를 만들 수 있다면 거기에 이야기를 덧붙일 수 있어야 한다. 전자책이라는 이야기 시장이 열리는 이유다. 그래서 이 책이 세상에 나오게 되었다.

컴퓨터 왕초보도 가능한 돈 버는 유튜브 만들기에 대한 모든 것이 담겼다.

유튜브 채널을 만들고 동영상과 음악을 만들고 이야기를 붙이는 전략과 노하우가 담겼다. 여기에 추가적으로 필요한 건 당신 자신만의 아이디어 혹은 개성이다.

그 외에는 아무 것도 더하지 않아도 된다.

당신이 만든 음악이나 영상이 뛰어날 필요는 없기 때문이다. 재미있는 모습이나 감동적인 상황, 생활 속 이야기 그 자체를 여과 없이 콘텐츠로도 사용할 수 있어서다.

그래서 이 책은 당신이 만든 콘텐츠에 약간의 양념을 더하는 방법을 알려줄 뿐이다. 본격적으로 시작된 1인 콘텐츠 제작자 시대, 돈 버는 유튜브 만들기 하나만으로도 창업이 가능하고 전문적인 직업군이 형성된 상황이다.

이 책이 당신의 콘텐츠에 맛깔난 양념이 되어줄 것으로 기대한다.